JN337066

第二言語の音韻習得と音声言語理解に関与する言語的・社会的要因

シリーズ 言語学と言語教育

第1巻　日本語複合動詞の習得研究-認知意味論による意味分析を通して　松田文子著
第2巻　統語構造を中心とした日本語とタイ語の対照研究　田中寛著
第3巻　日本語と韓国語の受身文の対照研究　許明子著
第4巻　言語教育の新展開-牧野成一教授古稀記念論文集
　　　　鎌田修，筒井通雄，畑佐由紀子，ナズキアン富美子，岡まゆみ編
第5巻　第二言語習得とアイデンティティ
　　　　-社会言語学的適切性習得のエスノグラフィー的ディスコース分析　窪田光男著
第6巻　ポライトネスと英語教育-言語使用における対人関係の機能
　　　　堀素子，津田早苗，大塚容子，村田泰美，重光由加，大谷麻美，
　　　　村田和代著
第7巻　引用表現の習得研究-記号論的アプローチと機能的統語論に基づいて
　　　　杉浦まそみ子著
第8巻　母語を活用した内容重視の教科学習支援方法の構築に向けて
　　　　清田淳子著
第9巻　日本人と外国人のビジネス・コミュニケーションに関する実証研究
　　　　近藤彩著
第10巻　大学における日本語教育の構築と展開-大坪一夫教授古稀記念論文集
　　　　藤原雅憲，堀恵子，西村よしみ，才田いずみ，内山潤編
第11巻　コミュニケーション能力育成再考
　　　　-ヘンリー・ウィドウソンと日本の応用言語学・言語教育
　　　　村田久美子，原田哲男編著
第12巻　異文化間コミュニケーションからみた韓国高等学校の日本語教育
　　　　金賢信著
第13巻　日本語ｅラーニング教材設計モデルの基礎的研究
　　　　加藤由香里著
第14巻　第二言語としての日本語教室における「ピア内省」活動の研究
　　　　金孝卿著
第15巻　非母語話者日本語教師再教育における聴解指導に関する実証的研究
　　　　横山紀子著
第16巻　認知言語学から見た日本語格助詞の意味構造と習得
　　　　-日本語教育に生かすために　森山新著
第17巻　第二言語の音韻習得と音声言語理解に関与する言語的・社会的要因
　　　　山本富美子著
第18巻　日本語学習者の「から」にみる伝達能力の発達
　　　　木山三佳著
第19巻　日本語教育学研究への展望-柏崎雅世教授退職記念論集
　　　　藤森弘子，花薗悟，楠本徹也，宮城徹，鈴木智美編

シリーズ 言語学と言語教育 17

第二言語の音韻習得と音声言語理解に関与する言語的・社会的要因

山本富美子 著

ひつじ書房

まえがき

　本書は、第二言語としての日本語の音韻習得、音声言語理解にどのような要因が関与するのか探ったものである。実際に研究対象としたのは中国語系話者が中心である。しかし、それは、日本語音声の知覚および音声言語の意味理解において、中国語系話者が他の母語話者と比較して最も劣っていることを検証した上でのことである。

　中国語系話者の聴覚上の問題については、もうすでに周知の事実であると思われる方もいるであろう。しかし、少なくとも私が日本語教育を始めた20年以上前のころは、中国語系話者の発音上の問題が話題に上ることはあっても、聴覚上の問題が取りざたされることはなかった。中国語系話者は「漢字が読めてよく理解できる」から大丈夫、発話がしばしば聞き取りにくくても、いずれは慣れて上手に言えるようになるだろう。そんな暗黙の了解があったかのようだ。実際、文法・語彙・読解の筆記試験では高得点をとって上位クラスに配属されていることが多いため、日本語教師の関心は自然に下位クラスの中国語系以外の母語話者に向いていた。

　この状況は、今も案外それほど変わっていないのではないだろうか。大衆化した今日の日本の大学教育では、講義の聞き取りが悪くても文字が読めれば何とか切り抜けられる。参考文献などの文字資料が読めればかなりカバーでき、聴覚的な問題が表面化することはほとんどない。しかし、グローバル化、日本の少子化に伴い、日本人大卒と同程度の高度な日本語能力を持つ外国人人材に対する需要が高まっている今日、音声によるコミュニケーション能力の高い中国語系人材に対する需要はこれまで以上に高まっている。中国語系話者の聴覚上の問題を正しく把握した上で、適切な音声教育を取り込んでいくことは、緊急の課題として認識される必要があろう。

　本書では、初期段階における音声・音韻教育が、その後の中級・上級段階における聴解力の伸びを決定するほど重要であることを示した。これは、私自身まったく予測していなかった結論である。教師の言語観、言語教育観の違いが学習初期段階における教育方法に反映され、学習者の学習観、学習方

法が形成されていく。その結果、アカデミックなジャンルの音声言語理解が必要とされる上級段階になって、日本語の音韻の弁別能力のみならず音声言語の意味理解においても、集団規模での大きな能力差が顕現する。それは、第一言語の音韻体系や個人差による影響にも優る大きな要因として作用し得る。第二言語習得もまた、人間の社会的行為の所産であることを雄弁に物語る結論であった。

　今、私は、そのことを少しでも早く初級担当の先生方に伝えることで日本語の音声教育に資することができないか、そんな思いにとりつかれている。

目　次

第1章　序論　1
1. 日本語破裂音というミクロ的存在の重み　1
2. 日本語破裂音の弁別能力が意味理解の
   前提的要因ではないかという仮説　3
3. 第二言語の音韻習得と音声言語理解に関与する要因の分析と方法　5
4. 本書の全体構成　7

第2章　先行研究の検討から仮説モデルへ　11
1. 日本語の音声言語理解における母語別差異　11
2. 第二言語の音声言語理解に関与する言語的要因　16
   2.1　第一言語の言語体系　16
   2.2　第一言語の破裂音の音韻体系　17
   2.3　第一言語の音韻獲得理論と第二言語の音韻習得理論　28
   2.4　第二言語の類似音と新音の習得理論　30
   2.5　音韻の知覚と聴解力の相関に関する先行研究　31
   2.6　音声情報処理に関する先行研究　32
3. 第二言語の音声言語理解に関与する言語外的要因　33
   3.1　学習環境の影響　33
   3.2　教室環境の影響　35
4. 第二言語の音声言語理解に関与する要因の仮説モデル　37

第3章　日本語の音声言語理解に関与する要因　43
1. 調査1　学習者の言語知識と聴解力の関連　43
   1.1　調査方法　43

1.2	調査対象者	45
1.3	結果と考察	45
1.4	まとめおよび課題	48
2. 調査2　中国語系話者と非中国語系話者の比較		50
2.1	調査方法	51
2.2	調査対象者	51
2.3	結果と考察	52
3. 調査3　学習者の音声言語理解過程の分析		52
3.1	調査方法	52
3.2	調査対象者	57
3.3	結果と考察	58
3.4	まとめおよび課題	63
4. 調査4　音声言語のテキスト分析		64
4.1	日本語の音声言語の分類	64
4.2	日常会話とアカデミックな音声言語の言語的・非言語的メッセージの違い	68
4.3	日常会話とアカデミックな音声言語に共通する語彙・文法構造	70
4.4	日本語の音声言語に生起する破裂音の頻度	73
4.5	まとめおよび課題	76
5. アカデミックな音声言語理解に必要な言語的構成要因とその階層性		77

第4章　第一言語の音韻転移と第二言語の音声言語理解　　81

1. 調査方法		82
1.1	日本語破裂音の弁別能力の測定	82
1.2	聴解力および文法知識の測定	84
1.3	ディクテーションによる誤聴傾向の分析	85
1.4	聴解得意意識の測定	86
2. 調査5　北方方言話者の日本語破裂音の弁別能力と聴解力		86
2.1	調査対象者と調査時期	87
2.2	結果と考察	87
2.3	まとめおよび課題	91
3. 調査6　北方方言話者と上海語話者の聴解力の構成要因		93
3.1	調査対象者と調査時期	93

	3.2	結果と考察	94
	3.3	まとめおよび課題	104
4.	調査7 習得差のある2群の北方方言話者の聴解力の構成要因		106
	4.1	調査対象者と調査時期	107
	4.2	結果と考察	107
	4.3	まとめおよび課題	116
5.	調査8 日本国内・国外の学習環境の影響		118
	5.1	調査対象者と調査時期	119
	5.2	結果と考察	120
	5.3	まとめおよび課題	124
6.	第二言語の音韻習得に関与する第一言語の音韻体系と学習環境		126
	6.1	調査結果5〜8のまとめ	126
	6.2	日本語の音声言語理解の前提的要因	131
	6.3	第二言語の破裂音の習得順序	132
	6.4	第二言語の類似音と新音の習得と化石化現象	134
	6.5	第二言語の音韻習得に関与する言語的・言語外的要因	136
	6.6	聴解得意識・聴解力と言語的・言語外的要因の関係	138

第5章　第一言語の音韻転移を促進・抑制する社会的要因　143

1.	2調査地域の特徴		144
2.	調査9 2機関の日本語教師の言語観・言語教育観		146
	2.1	調査方法	146
	2.2	調査対象者と調査時期	147
	2.3	結果と考察	147
	2.4	調査9のまとめ	156
3.	調査10 学習者側の要因と聴解力との関連		158
	3.1	調査方法	158
	3.2	調査対象者と調査時期	160
	3.3	結果と考察	160
	3.4	調査10のまとめ	166
4.	調査11 授業観察による教育方法調査		167
	4.1	調査方法	167

4.2　調査対象としたクラスの授業内容　　　　　　　　　　　167
　　4.3　結果と考察　　　　　　　　　　　　　　　　　　　168
　　4.4　調査11のまとめ　　　　　　　　　　　　　　　　　179
　5.　第二言語の音声・音韻習得に影響を及ぼす教師の言語観・教育方法　181
　　5.1　学習初期段階における音声・音韻教育の効果　　　　181
　　5.2　言語観・言語教育観・教育方法の影響　　　　　　　182
　　5.3　情報摂取のための能動的学習方法の影響　　　　　　183

第6章　第二言語の音声言語理解に動的に関与する複合的要因　　187

　1.　調査1–11のまとめ　　　　　　　　　　　　　　　　　　187
　2.　第二言語としての日本語の音声言語理解のメカニズム　　189
　　2.1　第一言語の音韻転移と第二言語の意味理解を担う
　　　　　音韻習得との関係　　　　　　　　　　　　　　　189
　　2.2　第一言語の音韻転移に関与する言語外的要因　　　　191
　3.　第一言語の音韻転移と第二言語の音韻習得のメカニズム　193
　　3.1　第二言語の破裂音の習得順序と有標性仮説　　　　　193
　　3.2　第二言語の類似音・新音の習得理論　　　　　　　　194
　　3.3　化石化現象のメカニズム　　　　　　　　　　　　　195
　4.　第一言語の音韻転移を促進・抑制する言語的・社会的要因　198
　　4.1　言語的・社会的要因の動的関与のメカニズム　　　　198
　　4.2　学習者の聴解得意意識と聴解力に関与する言語的・社会的要因　201
　5.　今後の課題　　　　　　　　　　　　　　　　　　　　　204

参考文献　　　　　　　　　　　　　　　　　　　　　　　207

あとがき　　　　　　　　　　　　　　　　　　　　　　　219

資料1　聴解力調査の資料　　　　　　　　　　　　　　　223
　1.1　聴解授業で用いた音声言語（ビデオ）のスクリプト　　223
　1.2　3種のビデオの内容理解テスト　　　　　　　　　　　251
　1.3　語彙知識測定のための語彙表　　　　　　　　　　　　253

1.4　破裂音の弁別能力測定用テスト　　　　　　　　　　254
資料2　学習者・教師に対するアンケート調査に用いた資料　258
　　2.1　日本語教師に対するアンケート調査　　　　　　　　258
　　2.2　学習者に対するアンケート調査　　　　　　　　　　259

索引　　　　　　　　　　　　　　　　　　　　　　　　263

第1章
序論

1. 日本語破裂音というミクロ的存在の重み

日本語教育学会編（1995–1999）では、外国人日本語学習者を対象とした「日本語能力試験」の結果を6つの母語グループ別に比較している。

1. SOV アルタイ系（Korean, Turkish 等）
2. SOV 南アジア系（Hindi, Perusian 等）
3. SVO 中国系（Chinese 等）
4. SVO 東南アジア系（Indonesian 等）
5. SVO ヨーロッパ系（English, German 等）
6. VSO 太平洋系（Fijian, Samoan 等）

3. の中国系は、例年、聴解試験の成績が日本国外・国内の受験者ともに6グループ中最も低く、文字・語彙試験の成績が最も高い。1. の韓国語話者が大半を占めるアルタイ系は、日本国外では中国系に次いで聴解試験の成績が低いが、日本国内では一転して聴解試験の成績が最も高く、6グループ中でも最高になる。その他の4つの母語グループは中国系とは対照的な傾向を示し、日本国外・国内の受験者ともに聴解試験の成績が最も高く、文字・語彙試験が最も低い。この比較で興味深いのは、毎年多少の差はあるものの、各グループが同じような傾向を示すことである。このことから、目標言語とする日本語の習得には学習者の母語の影響が強いのではないかと指摘さ

れている。

　いま仮に、中国語系話者の中級・上級レベルの聴解試験の成績が日本国外・国内ともに低い要因として、母語の音韻の影響を考えるとしよう。その場合、まず挙げられるのが、破裂音の有声・無声の対立を持たないという、中国最大方言である北方方言の音韻体系と日本語の音韻体系との違いである。北方方言は破裂音に有声・無声の対立を持たない代わりに、日本語にはない有気・無気の対立を持つ。この母語の音韻転移によると見られる日本語破裂音の知覚・産出上の問題が、上級レベルの中国語系話者にも残ることは経験的にもよく知られるところで、近年ではその方面の研究成果も報告されてきている。一方、韓国語も語頭に有声破裂音が立たず、無気無声音（平音）と有気無声音（激音）、声門破裂を伴う無声音（濃音）の三項対立となっている。そして、中国語系話者と同様、その音韻転移と見られる日本語破裂音の知覚・産出上の問題が報告されている。これらのことを考えると、第二言語としての日本語の音声言語理解には、破裂音の弁別能力が強く関与するのではないかと予測される。

　しかしながら、前述したように韓国語系話者は中国語系話者とは傾向が異なる。日本国外では聴解試験の成績は低いが、日本国内では非常に高くなる。これはどう説明されるのであろうか。また、日本語の文字・語彙や文法知識の高い中級・上級課程の中国語系話者や韓国語話者にとって、日本語破裂音というミクロ単位の知覚の問題が、音声言語の意味理解というマクロ単位の言語行動に本当に影響するのであろうか。

　私が聴解研究を始めたのは、こうした素朴な疑問からであった。

　中級・上級の日本語クラスで行った第一回目の破裂音の聴取テスト終了後、普段の授業ではむしろ「できる」と思っていた中国人学習者が、テストの惨憺たる結果を恐れて悲痛な思いを訴えてきた。その訴えは、概ね次のようなものである。

　①同じような言葉が繰り返されていることはわかる。しかし、それらが同じなのか違うのかまったくわからない。
　②漢字の多い文章は、多少難しくても漢字の意味から推測してだいたい理解できる。それにひきかえ、クラスの皆が理解できるような、先生

の簡単な指示が、自分だけ聞き取れないことが多い。

　破裂音の聴取テストは、「ぱん」、「とん」、「あた」、「いか」など、語頭・語中に破裂音を含む2音節の無意味語262語である。日本語初心者用のひらがな教育で行われるミニマル・ペアの聞き取りのようで、「ごく簡単な聞き取りテスト」である。非中国語系の中・上級の母語話者の中には、なぜこんなに簡単で退屈な初級学習者用テストをするのかと、途中居眠りしそうになる者も現れる。それに対して、中国人学習者の訴えはあまりにも切実であった。また、日本語教育を始めてすでに10年近くたっていた私には、こうした中級・上級段階の中国人学習者の切実な悩みに気づいていなかったこと自体が、大きな衝撃であった。

　以来、日本語破裂音というミクロ的存在は私の中で日に日に重みを増し、日本国内・外で学ぶ中級・上級段階の中国北方方言話者、さらに破裂音の有声・無声の対立を持つ上海語話者を対象として同様の調査を繰り返した。そしていつしか、日本語の音声言語理解には、日本語母語話者が自然に習得しているがために盲点となっている破裂音の弁別能力こそが重要な前提的構成要因であると、確信にも似た仮説を抱くようになり、その後、10年近い歳月を経て本研究の結論を得るに至った。

2. 日本語破裂音の弁別能力が意味理解の前提的要因ではないかという仮説

本研究では日本語の音声言語理解に限って調査研究を進めるため、ひとまず以下に示す3つの作業仮説をたてる。

　　仮説1　日本語の音声言語を意味理解する上で、破裂音の弁別能力は重要な前提的構成要因である。
　　仮説2　破裂音に有声・無声の対立を持たない母語話者は、母語の負の音韻転移[1]によって日本語破裂音の弁別に困難を伴うために、日本語の音声言語理解に支障をきたす。
　　仮説3　破裂音に有声・無声の対立を持たない母語話者に対して、日本語学習の初期段階で適切な音声教育を行うと、母語の負の音韻転移

を抑制する効果がある。

これらの作業仮説は、より普遍的に言えば、次のようになる。
1) どの言語も音声言語を意味理解する上で、それぞれ重要な任務を果たす特定の音韻対立を持つ。
2) 第二言語習得においては、第二言語の最も重要な特定の音韻対立を第一言語に持たない場合、第一言語の負の音韻転移により、第二言語の音韻対立の弁別能力および音声言語の意味理解に支障をきたす。
3) 第一言語の負の音韻転移を抑制するには、第二言語学習の初期段階における適切な音声教育が効果的である。

　仮説1、2は、前節で述べた、日本語教育の現場で得た経験的知見に基づいている。仮説3は、仮説1、2の検証を進める中で、仮説1を覆すかのような結果を前にして生まれたものである。中国の大連市と黒龍江省哈爾浜市の2つの異なる日本語教育機関で学ぶ2群の北方方言話者間には、中級課程でも上級課程でも日本語破裂音の聴取テストおよび聴解試験の結果に大きな習得差が見られた。この結果に驚き、両機関でそれぞれ3度の調査を行ったが、結果はいずれも同じであった。その差は、北方方言話者と上海語話者の間の差よりも大きく、日本語破裂音の弁別能力および聴解力には、第二言語の負の音韻転移以外の要因のほうが強いと考えざるを得ないような結果であった。
　しかし、その後、この仮説3を設けたのは、破裂音の知覚上の問題が北方方言話者と上海語話者では大きく異なる上に、大連市と黒龍江省の2機関で採用されている教育方法にも大きな違いが認められたことによる。仮説3は、日本語学習の初期段階における音声教育を重視した教育方法が第二言語の負の音韻転移を抑制する効果をもたらし、その後の中級から上級段階における聴解力の伸びを決定すると仮定したものである。この仮説3が実証されれば、母語の負の音韻転移を受けている北方方言話者の中にも日本語破裂音の知覚・産出および聴解力にさほど問題のない学習者がいるのはなぜかという疑問も解消される。

3. 第二言語の音韻習得と音声言語理解に関与する要因の分析と方法

本研究の目的は、音声言語理解に支障のある日本語学習者の問題解消に資するため、前節に示した3つの仮説の検証を通して、以下3点を明らかにすることである。

(1) 第二言語としての日本語の音声言語理解のメカニズム
(2) 第一言語の音韻転移と第二言語の音韻習得のメカニズム
(3) 第一言語の正・負の音韻転移を促進・抑制する言語外的要因

この3つの目的を達成するため、まず日本語能力試験の過去6年間分の母語別データを通して、日本語の音声言語理解に問題のある母語話者を特定し、音声言語理解に関与する要因を推論する。その後、関連の先行研究を通して中国語系話者の日本語破裂音の知覚の問題について論じ、本研究の問題の所在を明らかにするとともに、音声言語理解に関与する要因の仮説モデルを提示する。

次に、以下のパイロット調査を通して、日本語の音声言語理解に関与する言語的構成要因を探求する。
1) 学習者の持つ日本語の文法、語彙の言語知識と聴解力との関係
2) 学習者の日本語の音声言語理解過程の分析
3) 日本語のさまざまなジャンルの音声言語自体のテキスト分析

そして、以下4組の調査対象者の日本語破裂音の弁別能力と聴解力との関連を比較・分析し、仮説1、2を検証するとともに、第一言語の音韻転移と第二言語の音声言語理解のメカニズムについて検討する。

1) 第二言語学習環境下で学ぶ中級・上級課程の、破裂音の有声・無声の対立を持たない中国北方方言話者と、同音韻対立を持つ非中国語系の複数の母語話者の比較

この調査では、学習環境の違いによる影響を統制するために、日本国内の第二言語学習環境下で学ぶ、言語体系の異なる中級・上級課程の学習者を調

査対象者とし、第一言語の破裂音の正・負の音韻転移がその他の言語的要因以上に第二言語の音声言語理解に関与するのか検証する。

2） 外国語学習環境下で学ぶ中級・上級課程の、破裂音の有声・無声の対立を持たない中国北方方言話者と、同音韻対立を持つ上海語話者の比較

この調査では、日本人、日本企業の進出度から判断して、日本・日本語関連の情報量が同程度であると思われる中国の上海市と大連市を調査対象地域とし、中級・上級課程の学習者のおかれている社会的・状況的要因の違いによる影響を統制している。また、母語の語彙・文法構造上の違いによる影響も統制して、第一言語の音韻転移が第二言語の聴解力にどの程度関与するのか検証し、そのメカニズムを考える。

3） 外国語学習環境下で学ぶ中級・上級課程の、日本語破裂音の弁別能力と聴解力に習得差のある2群の中国北方方言話者の比較

この調査では、同じ北方方言を母語とする中級・上級課程の学習者の内部で生じている習得差の言語的要因を究明し、第一言語の音韻転移と第二言語の音声言語理解のメカニズムを考える。

4） 第二言語学習環境下と外国語学習環境下で学ぶ、中級・上級課程の中国北方方言話者の比較

この調査では、中級・上級課程の北方方言話者の日本語破裂音の弁別能力と聴解力に、日本国内・国外の学習環境の違いがどのように影響しているのか見る。

最後に、外国語学習環境下で学ぶ、同一母語の2群の北方方言話者の間に生じた大きな習得差に対して、両北方方言話者のおかれている状況的・社会的環境を調査・分析し、第一言語の正・負の音韻転移を促進・抑制する言語外的要因を探る。具体的には、中級・上級課程の北方方言話者が所属する2教育機関の日本語教育カリキュラムや日本語教師の言語観・教育方法、またその下で培われた学習者の学習観・学習方法、学習意欲等を調査する。そして、それらの言語外的要因が第二言語の音声言語理解にどのように関与して習得差をもたらしているのか比較・分析し、仮説3および「音声言語理解に関与する要因の仮説モデル」を検証した上で、第二言語の音声言語理解

のメカニズムについて検討する。
　なお、本書では、次の用語は以下のように定義して用いる。
「聴解力」＝音声言語の意味理解を担う聴解能力を意味する。
「母語」＝子どもが最初に習得する第一言語と同じ意味で使用する。
「目標言語」＝第二言語と同じ意味で、「母語」と対置して使用する。
「習得」＝Krashen（1981）の定義に基づき、無意識的なプロセスを経て身
　　　　につけた場合を意味する。
「学習」＝Krashen（1981）の定義に基づき、意識的なプロセスを経て身に
　　　　つけた場合を意味する。
「第二言語学習環境」＝目標言語圏内で「第二言語」として学習する場合
「外国語学習環境」＝目標言語圏外で「外国語」として学習する場合
「自然習得」＝「第二言語学習環境」のもとで教室外の自然なコミュニ
　　　　　ケーションを通して身につけた場合
　図表内では第一言語はL1、第二言語はL2と表示する。

4. 本書の全体構成

本書は6つの章から成る。
- **序** 　第1章　本研究の仮説・目的・方法を示し、問題提起を行う。
　　　　第2章　本研究の問題の所在を明らかにし、第二言語の音声言語理解
　　　　　　　に関与する要因の仮説モデルを提示する。
- **本論**　第3章　日本語の音声言語理解に関与する要因を探求する。
　　　　第4章　第一言語の音韻転移と、第二言語としての日本語の音声言語
　　　　　　　理解のメカニズムについて検討する。
　　　　第5章　第一言語の正・負の音韻転移を促進・抑制する要因とそのメ
　　　　　　　カニズムについて検討する。
- **結論**　第6章　総合的考察から結論を示し、今後の課題を述べる。

　第1章では、本研究を行うに至った動機から仮説を導くまでの過程を示した。その上で、本研究の、目的、方法を示し、問題提起を行った。第2章

では、日本語能力試験の結果、および関連の先行研究を通して本研究の問題の所在を明らかにした上で、第二言語の音声言語理解に関与する要因の仮説モデルを提示する。

　第 3 章では、日本語学習者の言語知識と聴解力との関係、および音声言語テキスト自体の分析を通して、日本語の音声言語理解に関与する要因を探求する。その結果を踏まえて、第 4 章では、日本語破裂音の弁別能力と聴解力との関連について、母語に破裂音の有声・無声の対立を持たない、日本国内・国外の中国北方方言話者と、同音韻対立を持つ非中国語系話者および上海語話者の中級・上級課程の日本語学習者を調査対象とした実証的データに基づいて、仮説 1、2 の検証を行う。その上で、第一言語の音韻転移と第二言語としての日本語の音声言語理解のメカニズムについて検討する。

　第 5 章では、中級・上級課程の中国北方方言話者の日本語破裂音の弁別能力と聴解力に差を生む社会的・状況的環境について調査・分析し、初期段階の音声教育がその後の中級・上級段階の第二言語の音声言語理解にいかに影響するのか検証した上で、第一言語の正・負の音韻転移を促進・抑制する言語外的要因とそのメカニズムについて検討する。

　最終章の第 6 章では、11 の調査から得た結果を総合的に考察した上で結論を示し、今後の課題を述べる。

　なお、本書は 2007 年 3 月に名古屋外国語大学より授与された学位（論文博士）論文の一部を加筆修正したものである。また、以下の雑誌に発表した論文および学会発表は、原形をとどめないほど修正を加えているが、本書が完成するまでの軌跡を示している。

1. 「話し言葉の分類、及びその類型的特徴について―日本語学習者のための上級聴解テクストとしての観点から―」名古屋大学言語センター紀要『日本語・日本文化論集』2：1–22．1994 年．
2. 「上級聴解力を支える下位知識の分析―その階層化構造について―」日本語教育学会誌『日本語教育』82：34–46．1994 年．
3. 「講義・対談等の聴解のメカニズム―テクスト分析を通して―」日本語教育学会誌『日本語教育』86：13–25．1995 年．
4. 「聴解指導の視点と技法」藤原雅憲・籾山洋介編『上級日本語教育の方

法』第3章：91–122．凡人社．1997年．
5. 「母語干渉による異文化間コミュニケーション上の問題―中国語系日本語学習者の中間言語分析より―」『富山大学人文学部紀要』26：225–237．1997年．
6. 「日本語の有声・無声破裂子音の弁別能力と聴解力の関連―中国語官話話者に対する調査・分析より―」『日本語教育学会春季全国大会予稿集』165–170．1998年．
7. 「中国人日本語学習者の有声・無声破裂音の弁別能力について―北京語・上海語話者に対する聴取テストの誤聴比較分析より―」『日本音声学会全国大会予稿集』179–184．1999年．
8. 「中国語系日本語学習者の聴解力の習得研究」『アジア太平洋地域における日本語教育と日本研究：現状と課題』第4回国際日本語教育・日本研究シンポジウム．1999年．
9. 「中国人日本語学習者の有声・無声破裂音と聴解力の習得研究―北方方言話者に対する聴取テストの結果より―」日本語教育学会誌『日本語教育』104：60–68．2000年．
10. 『中国語系日本語学習者の聴解力と有声・無声破裂子音の弁別能力の調査・分析』平成10年～11年度科学研究費補助金（基盤研究（C）（2））研究成果報告書．2000年．
11. 「日本語談話の聴解力と破裂音の知覚との関係―中国北方方言話者と上海語方言話者に対する比較調査より―」日本音声学会誌『音声研究』8（3）：67–79．2004年．

注

1　第二言語習得において第一言語から何らかの影響がある言語転移には、第一言語と第二言語の類似点が習得にプラスに作用する正の転移（positive transfer）と、相違点がマイナスに作用する負の転移（negative transfer）があるとされる（Odlin 1989）。しかし、類似点が正の転移を引き起こすという見方については、類似音のほうが習得困難であ

る(Flege 1981, 1987; Major 1987)という報告もあることから、ここでは類似点か相違点かは問題にしない。

第 2 章
先行研究の検討から仮説モデルへ

第 2 章では、まず日本語能力試験の結果から、日本語の音声言語理解（＝聴解力）に問題のある母語話者を特定する。そして、関連の先行研究を通して本研究の問題の所在を明らかにし、音声言語理解に関与する言語的・言語外的要因の仮説モデルを提示する。

1. 日本語の音声言語理解における母語別差異

『日本語能力試験の概要』（日本語教育学会編）[1] では、毎年日本語能力試験の結果を受験者の母語グループ別に分析している。語順の違いを中心に文法的な観点を加味して、総受験者を以下 6 つの母語グループに分類し、比較している。

1. SOV アルタイ系（Korean, Turkish 等）
2. SOV 南アジア系（Hindi, Perusian 等）
3. SVO 中国系（Chinese 等）
4. SVO 東南アジア系（Indonesian 等）
5. SVO ヨーロッパ系（English, German 等）
6. VSO 太平洋系（Fijian, Samoan 等）

表 2–1 は、「日本語能力試験」（1993 年度）1・2 級の聴解試験、文字・語彙試験、読解・文法試験の成績を、母語グループ別に比較したものである。各

母語グループの下の数字は標準得点[2]で、それぞれ成績順に並べてある。表2-2は、同試験の母語グループ別受験者数である。太平洋系グループの国外受験者はわずか13名であったため、表2-1では除外している。図2-1〜2-3は、母語グループ別の結果をグラフ化したものである。

表2-1を見ると、中国語系話者と韓国語話者の聴解力の問題が浮かび上がる。

1) 中国語系話者：日本国内・国外受験者ともに3種類の試験のうち聴解試験の成績が最も低い。他の5グループの母語話者と比較しても最も低い。一方、文字・語彙試験の成績は最も高い。これは中国語系話者特有の傾向である。

2) 韓国語話者：韓国語話者が大半を占めるアルタイ語系話者は、日本国内と国外の受験者の差が著しい。日本国外の受験者は聴解試験の成績が中国語系についで低く、文字・語彙試験の成績が高い。すな

表2-1 「日本語能力試験（1993年度版）」母語グループ別比較（数字は標準得点）

		日本国外受験者					日本国内受験者			
		聴解試験									
1級		ヨーロッパ＞南アジア＞東南アジア＞アルタイ＞中国					アルタイ＞ヨーロッパ＞東南アジア＞南アジア＞中国			
		0.34	-0.32	-0.33	-0.4	-0.55	0.66	0.57	-0.01	-0.05	-0.08
2級		ヨーロッパ＞南アジア＞東南アジア＞中国＞アルタイ					ヨーロッパ＞アルタイ＞南アジア＞東南アジア＞中国			
		0.33	-0.2	-0.27	-0.42	-0.48	0.92	0.88	0.73	0.58	0.37
		文字・語彙試験									
1級		中国＞アルタイ＞東南アジア＞ヨーロッパ＞南アジア					アルタイ＞中国＞ヨーロッパ＞東南アジア＞南アジア			
		0.26	0.11	-0.75	-0.83	-1.37	0.06	0.05	-0.4	-0.43	-1.33
2級		中国＞アルタイ＞東南アジア＞ヨーロッパ＞南アジア					中国＞アルタイ＞東南アジア＞ヨーロッパ＞南アジア			
		0.44	0.17	-0.52	-0.64	-0.72	0.28	0.06	-0.42	-0.64	-0.72
		読解・文法試験									
1級		中国＞アルタイ＞ヨーロッパ＞東南アジア＞南アジア					アルタイ＞ヨーロッパ＞中国＞東南アジア＞南アジア			
		0.16	0.12	-0.32	-0.69	-0.83	0.32	-0.09	-0.18	-0.42	-0.72
2級		アルタイ＞中国＞ヨーロッパ＞南アジア＞東南アジア					アルタイ＞ヨーロッパ＞中国＞南アジア＞東南アジア			
		0.25	0.03	-0.28	-0.42	-0.49	0.38	-0.01	-0.17	-0.22	-0.24

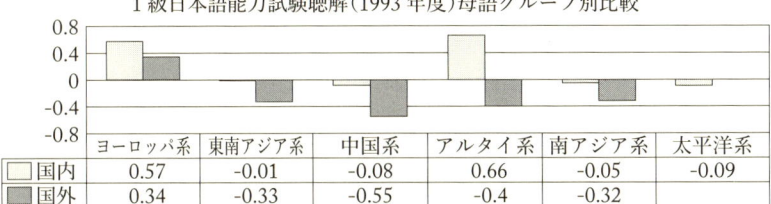

第2章　先行研究の検討から仮説モデルへ　13

1級日本語能力試験聴解(1993年度)母語グループ別比較

	ヨーロッパ系	東南アジア系	中国系	アルタイ系	南アジア系	太平洋系
国内	0.57	-0.01	-0.08	0.66	-0.05	-0.09
国外	0.34	-0.33	-0.55	-0.4	-0.32	

2級日本語能力試験聴解(1993年度)母語グループ別比較

	ヨーロッパ系	東南アジア系	中国系	アルタイ系	南アジア系	太平洋系
国内	0.92	0.58	0.37	0.88	0.73	0.26
国外	0.33	-0.27	-0.42	-0.48	-0.2	0.38

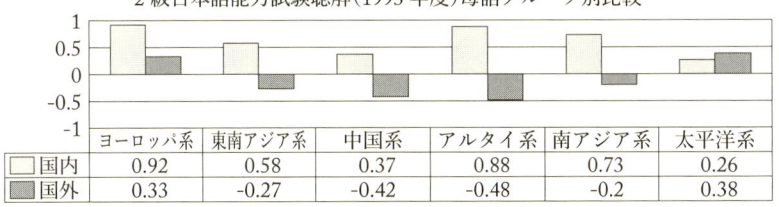

図2-1　聴解試験の成績比較

1級日本語能力試験文字・語彙テスト(1993年度)母語グループ別比較

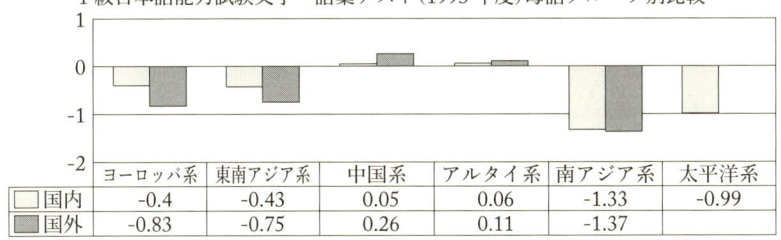

	ヨーロッパ系	東南アジア系	中国系	アルタイ系	南アジア系	太平洋系
国内	-0.4	-0.43	0.05	0.06	-1.33	-0.99
国外	-0.83	-0.75	0.26	0.11	-1.37	

2級日本語能力試験文字・語彙テスト(1993年度)母語グループ別比較

	ヨーロッパ系	東南アジア系	中国系	アルタイ系	南アジア系	太平洋系
国内	-0.2	-0.42	0.28	0.06	-0.8	-0.61
国外	-0.64	-0.52	0.44	0.17	-0.72	-0.32

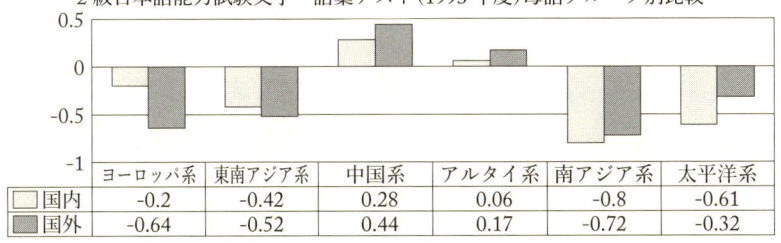

図2-2　文字・語彙試験の成績比較

1級日本語能力試験読解・文法テスト(1993年度)母語グループ別比較

	ヨーロッパ系	東南アジア系	中国系	アルタイ系	南アジア系	太平洋系
国内	-0.09	-0.42	-0.18	0.32	-0.72	-0.78
国外	-0.32	-0.69	0.16	0.12	-0.83	

2級日本語能力試験読解・文法テスト(1993年度)母語グループ別比較

	ヨーロッパ系	東南アジア系	中国系	アルタイ系	南アジア系	太平洋系
国内	-0.01	-0.22	-0.17	0.38	-0.24	-0.51
国外	-0.28	-0.49	0.03	0.25	-0.42	-0.42

図2-3 「読解・文法」試験の成績比較

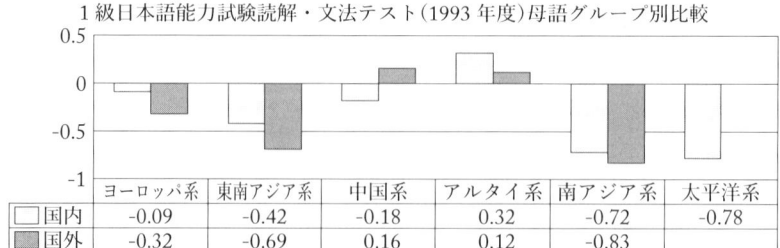

表2-2 1993年度日本語能力試験の受験者数(全種類の試験を受験した人数)

		総受験者	アルタイ系	中国系	ヨーロッパ系	東南アジア	南アジア	太平洋系
1級	国外	12,807	7,736	3,321	1,385	227	34	13
	国内	23,224	7,131	13,258	1,574	879	240	62
2級	国外	11,892	5,134	3,205	2,329	922	142	42
	国内	4,749	637	1,641	1,936	284	127	76

(日本語教育学会編(1995)より作成)

わち、中国語系話者と同様の傾向を示す。しかし、日本国内の受験者は一転して、3種の試験のうち聴解試験が最も高くなる。6つのグループの中でも1級では最高であり、聴解力の問題は解消されている。

因みに、中国語系、韓国語話者を除く4グループは、日本国内・国外受験

者ともに、聴解試験の成績が最も高く、文字・語彙試験の成績が最も低い。つまり、中国語系とは対照的な傾向を示している。

　日本語能力試験の過去6年分の母語別データ（日本語教育学会編 1995–1999）によれば、この日本語能力試験の結果は、多少の差はあるものの、毎年、同じような傾向を示している。そのため、第二言語習得では母語の違いや語学教育方法の違いが影響して、差が生じるのではないかと指摘されている。

　一般的な学習理論では、学習者に差を生む要因として次のようなとらえ方がある（市川 1995: 98–101）。

（1）属性的なとらえ方
　　・個人に備わった特性が学力を規定していると考える
　　・知能、創造性、認知スタイル（知覚的な判断のしかたのタイプ）、性格など
（2）状況的なとらえ方
　　・学習者の状態、置かれた状況が学力を規定していると考える
（3）情意的側面からのとらえ方
　　・ある状況下での学習の可能性や他者との人間関係などに大きく依存し、可変的であると考える
　　・学習意欲、興味など
（4）学習方法、学習観からのとらえ方
　　・どのように学習を進めるかという学習方法は、学習についての考え方や態度などの学習観に影響されると考える

　上記のとらえ方から、本研究では日本語の聴解力に習得差をもたらす言語的要因としては、学習者の1属性を示す母語の言語体系の影響について検討する。また、言語外的要因としては、学習者を取り巻く学習環境、および教室環境の違いによる影響について検討する。なお、個々の学習者の知能の影響については、本研究では高等教育機関で学ぶ知的レベルの高い日本語学習者を調査対象とするため、問題としない。

2. 第二言語の音声言語理解に関与する言語的要因

2.1 第一言語の言語体系

音声言語の意味理解には、多くの言語知識・技能を総動員して活用することが要求される（Anderson & Lynch 1988）。それは、第二言語の音声言語理解では、なおさらのことであろう。学習者は限定された第二言語の言語知識・技能を最大限に活用するために、第一言語の言語体系からの正の転移を活用しているにちがいない。しかしその一方で、負の転移によって第二言語の言語知識・技能に限界が生じ、結果的に音声言語理解に支障をきたしている可能性も考えられる。そこで、第二言語の音声言語理解に影響すると考えられる第一言語の言語体系について、①文字・語彙体系、②文法体系、③音声・音韻体系の順に検討する。

　第一言語の文字・語彙体系の影響については、前述の日本語能力試験の結果からも明らかなように、日本語の文字・語彙知識は中国語系話者が母語からの正の転移を受けて高いと見られる。目標言語の語彙知識は、上級レベルの英語学習では聴解力を構成する重要な言語的要因である（Kelly 1991）とされているが、日本語学習では、以下2点によりそれほど重要ではないと考えられる。

1) 日本語の文字・語彙知識の高い中国語系話者は、日本国内・国外受験者ともに、文字・語彙知識の低いヨーロッパ系などの母語話者より聴解力が低い点。
2) 漢語系語彙がより多く使用されている1級の聴解試験で、中国語系話者の成績が伸び悩み、他の母語グループとの差が2級よりも大きくなる傾向が見られる点。

では、第一言語の文法体系の影響はどうであろうか。中国語は語順からして日本語とはまったく異なることから母語の負の転移が予測され、中国語系話者の聴解力が劣るのはその結果とも考えられる。しかし、日本語とは大きく異なるSVO型のヨーロッパ語系話者は、負の転移が予測されるのに日本国外・国内のいずれの聴解試験でも高得点をとっている。また、日本語と同じSOV型の韓国語系話者は正の転移が予測されるのに、母語の影響がより

強く出やすいと言われる日本国外で聴解試験の成績が低い。このことから、第一言語の文法体系も日本語の音声言語理解に大きな影響を及ぼす要因ではないと考えられる。

　第一言語の音声・音韻体系は、James A. & L. Leather (1986)、Ioup G. & S. H. Weinberger (1987) によれば、第二言語の音声・音韻を習得する上で強く影響すると指摘されている。中国語系話者には、文字言語には強く音声言語には弱い、いわゆる「視覚型」の学習者 (Scarcella & Oxford 1992) が多いことから、中国語の音声・音韻体系が日本語の音声・音韻の習得および音声言語理解に関与している可能性は大いに考えられる。しかしながら、第一言語のアクセントやイントネーション、リズムなどは、皆川 (1995b, 1997)、鮎澤 (1995, 2003)、前川・助川 (1995)、福岡 (1998)、戸田 (2003)、鄭・桐谷 (2004)、薫他 (2004)、三木 (2004) などの先行研究から、さほど大きく関与してはいないと考えられる。なぜなら、これらの音声上の問題は、日本語の音声言語理解に問題を持つ母語話者、すなわち、中国語系話者や韓国語話者に限った問題ではないからである。一方、日本語とは異なる中国語および韓国語の破裂音の音韻体系は、日本語破裂音の習得上において、音声言語理解に問題のある両母語話者に共通の問題を引き起こしている。したがって、第一言語の破裂音の音韻体系は、日本語の音声言語理解に関与する言語的要因として最も強い影響力を持つのではないかと推論される。

2.2　第一言語の破裂音の音韻体系
2.2.1　中国北方方言と上海語の破裂音の音韻体系
中国語は、次に示す①〜⑦の7方言に大別される (詹 1983; Ramsey 1987)。しかし、音韻体系から見ると、1) 有声破裂音 [b, d, g] を消失している多くの方言と、2) 有声破裂音 [b, d, g] を保存している方言、3) 有声破裂音 [d] を消失しているが [b, g] は保存している方言に分けられる。

1) 有声破裂音 [b, d, g] を消失している方言
　①北方方言：北部全域、西南地域
　②贛方言：江西省
　③客家方言：四川省から台湾にかけて

④粤方言：広東省、広西省、海外の華僑社会
　　⑤湘方言（新湘語）：湖南省の北西部の比較的大きな町や都市
　2）　有声破裂音［b, d, g］を保存している方言
　　⑤湘方言（老湘語）：湖南省の山間部、農村部
　　⑥呉方言：上海周辺の沿岸地域、浙江省
　3）　有声破裂音［d］を消失しているが、［b, g］は保存している方言
　　⑦閩方言：福建省、南部沿岸地域

　上記、1）①の北方方言は、現在、中国全土の四分の三以上を占める広範な地域で、漢民族[3]人口の70％以上、8億人以上が使用している中国最大の方言である。かつて「官話」と呼ばれた漢民族共通の基礎方言で、北京語は北方方言の代表とされる。この北方方言をはじめとする中国語の大半の方言は破裂音に有声音を持たず、有気無声音と無気無声音の二項対立となっている[4]。

　それに対して、⑥呉方言[5]と⑤湘方言の一部をなす老湘語は、日本語破裂音と同様、［p-b, t-d, k-g］の有声音と無声音の対立を持つ。呉方言は上海語を含み、今日、8000万人以上の人々に使用されている。上海語は、昔は蘇州の上流階級の言語である「蘇州語」と似た音韻体系と語彙を持っていたとされる。しかし、今日では日常的に用いられることばはかなり変化し、Ramsey (1987: 119) によれば、「呉語地域内のさまざまな場所から取り入れた要素の混合体」であるという。また、南方の近隣地域や社会集団、世代の違いによって多様な様相を示し、近年、特にここ20年間で、学校教育、マスコミの影響により「普通話」が急速に浸透し、上海語も標準化が進んでいる（彭 2001）。しかしながら、今なお上海語を中心とする呉方言の一大特徴となっているのが、「濁声母」、すなわち有声子音を保存し、有声音、有気無声音、無気無声音の三項対立になっている点である。「濁声母」には、有声破裂音［b, d, g］、有声破擦音［dz, dʑ, v］、有声摩擦音［z, ɦ］があり、これらの有声子音は呉方言と老湘語に比較的完璧に保存されている（詹 1983; Ramsey 1987; 銭 1992）[6]。これは、「濁声母」が消失して二項対立となっている北方方言から分かち、呉語を定義づける一大特徴であるとされる。

第 2 章　先行研究の検討から仮説モデルへ　19

その他、3)⑦閩方言は、[d] が消失し [t, d] の対立がないが、[b, g] は保存している。

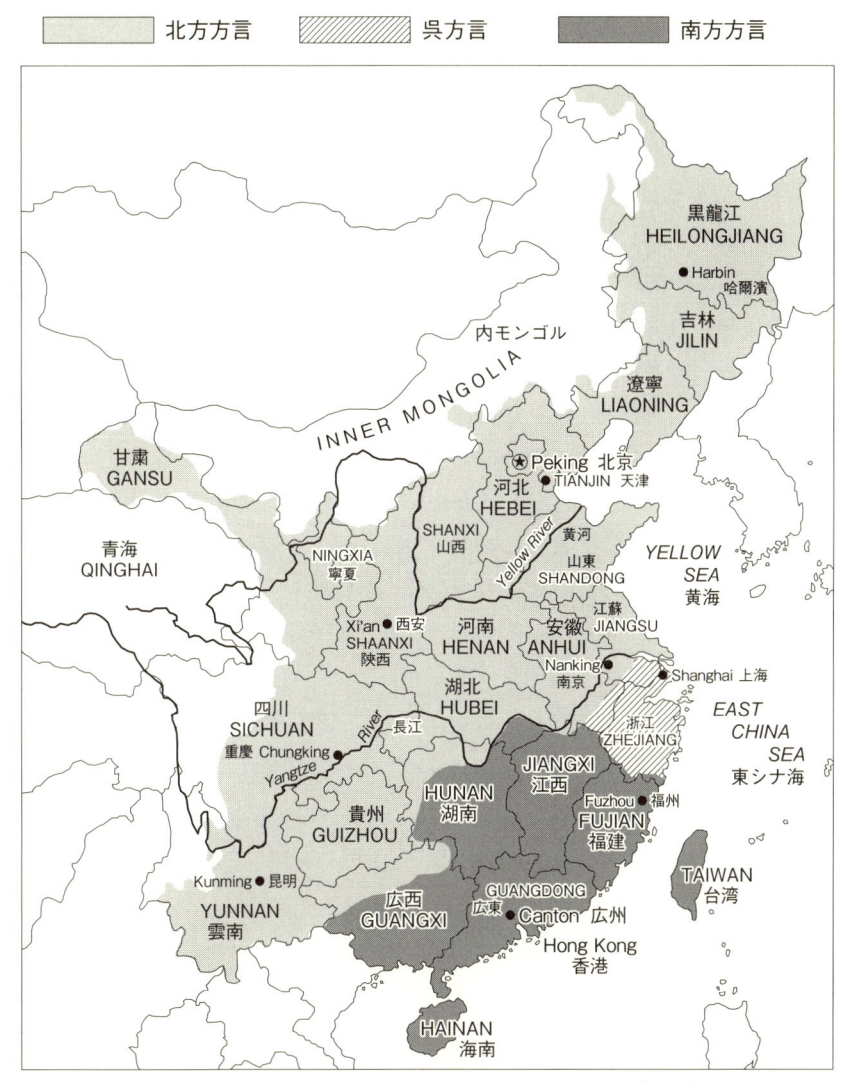

S. R. Ramsey 著、高田時雄訳（1990）p.22 より作成

図 2-4　中国語の南北区分

2.2.2 中国北方方言、上海語、韓国語、日本語の破裂音の比較

表2-3は、本研究の調査で取り上げる中国北方方言と、上海語、韓国語、日本語の破裂音の対照表である。これら4言語の破裂音は、微妙に異なる体系を有している。

中国北方方言には有声音が欠如し、無声の有気音と無気音の二項対立となっている。上海語は有声音を持つが、その他に無声の有気音と無気もあり、三項対立になっている。また、韓国語は、語頭に有声破裂音が立たず、無声の無気音である平音と、有気音である激音、そして声門破裂を伴う濃音の三項対立となっている。ただし、平音は語中で有声化する。日本語は有声音を持つ点、上海語と同じであるが、無声の有気音と無気音の対立はなく、有声音と無声音との二項対立となっている。

音声的特徴も微妙に異なる。中国北方方言の有気無声音は、語頭・語中ともに日本語より呼気が強い。有気音の呼気流量は無気音の2倍以上で、有気音の強い呼気は後続母音にまでかぶさるという。後続母音が[u]のとき以外は、語頭よりむしろ語中のほうが呼気が強い（朱 1994）とされる。一方、無気無声音は呼気が弱い。語中の母音間にある無声音は一般に有声化する傾向がある（Keating, Linker & Huffman 1983）が、軽声音節中の無気音（曹 1982）や、先行音節の声調が第3声で先行母音が[i][u][ei]以外の母音に後続する無気音も有声化する率が高い（朱・杉藤 1998）と報告されている。上海語の有声破裂音は、気息音または呟き音を伴って発音され、日本語の有声破裂音とはかなり異なる。音声的には特殊な「有声有気音」である（Ramsey 1987）とされる。

表2-3　北方方言／北京語、呉方言／上海語、韓国語、日本語の破裂音

		北方方言			上海語			韓国語				日本語		
有声音		—	—	—	b	d	g	有声音		—	—	—	b	d	g
無声音	有気	p^h	t^h	k^h	p^h	t^h	k^h	激音：無声有気		p^h	t^h	k^h			
	無気	p	t	k	p	t	k	平音	語頭：無声無気	p	t	k	p	t	k
									語中：有声無気	b	d	g			
								無音：無声無気＋声門破裂		^hp	^ht	^hk	—	—	—

韓国語の無気無声音の平音は、語中で有声化する。声門破裂を伴う濃音は気音を伴わない無気無声音である。一方、有気無声音の激音は、語頭・語中ともに強い気音を伴う。日本語の語頭無声音も、強勢母音に先行する無声破裂音［p, t, k］は一般に有気音が多い（Keating, Linker & Huffman 1983）ことから、特に高ピッチアクセントの母音に先行する場合は有気性を伴いやすいと思われる。しかし、朱（1994）の調査では、日本語は語頭と語中で気息の強さにそれほど明確な差がなく、しかも恣意的であるという。日本語の破裂音は、一般に、有声・無声ともに、語頭でも語中でも、中国語や韓国語の有気音ほど強い気音を伴うことはないとされる。

有声性・無声性の弁別には、破裂から声帯振動に要する時間（Voice Onset Time, 以下 VOT）の値が有用な尺度となる。Lisker & Abramson（1964：403）によれば、有声音は声帯震動が破裂に先行し、無気無声音はほぼ同時に進行、有気無声音は遅れ、VOT 値はそれぞれ − 100、＋ 10、＋ 75ms を中心に分布する。清水（1993：167）の北京語話者、韓国語話者、日本語話者に対する調査では、それぞれの VOT 値は、表 2-4 に示す範囲に分布している。日本語の有声破裂音は、破裂の前に声帯振動がはじまる一方、無声破裂音は破裂の時点より少し遅れて声帯振動がはじまる。2 範疇がプラスとマイナスの領域に、それぞれ 1 範疇ずつ広い範囲にわたっており、北京語や韓国語の破裂音と音響的に全く異なっている。

北京語の無気無声音は、日本語の有声音と無声音との間に位置しているが、プラスの無声領域にあり、破裂後の声帯振動は日本語の無声音より早く始まる。一方、北京語の有気無声音は、日本語の無声音より声帯振動が遅れて始まる。韓国語の濃音と平音の VOT 値には重なりが見られ、この 2 音韻の弁別については VOT 値は有用な尺度ではない。濃音と平音は、日本語の無声破裂音の VOT 値とも重なっている。特に、平音は日本語無声破裂音の分布領域内にあり、平音と日本語無声破裂音は音響的特徴が極めて似ている。

以上、中国北方方言、上海語、韓国語、および日本語の破裂音の音韻体系は互いに微妙に異なっていることを示した。この第一言語と第二言語の音韻体系の微妙な異なりは、第二言語の音韻習得および聴解力にプラスに作用す

表 2–4　北京語、韓国語、日本語の破裂音の VOT 値の分布

		無気無声破裂音		有気無声破裂音	
北京語		p	5〜10	p^h	80〜115
		t	10〜15	t^h	80〜120
		k	12〜25	k^h	90〜130
	声門無声破裂音（濃音）		無気無声破裂音（平音）		有気無声破裂音（激音）
韓国語	$^h p$	0〜30	p	20〜40	p^h	75〜95
	$^h t$	5〜20	t	15〜25	t^h	75〜105
	$^h k$	15〜40	k	20〜70	k^h	85〜110
	有声破裂音		無声破裂音		
日本語	b	−65〜−125	p	15〜65	
	d	−40〜−135	t	15〜50	
	g	−35〜−125	k	50〜100	

※表中の数字は VOT 値（ms）で、口腔内の破裂と声帯振動の開始時間を示す。一般に、有声音では声帯振動は破裂よりも先行し、マイナス（−）で表示される。無声破裂音では同時か遅れ、プラス（＋）で表示される。
〔清水（1993）より作成〕

るのか、あるいはマイナスに作用するのか。前述したように、日本語の聴解力は中国語系話者と韓国語話者とで問題の傾向が異なり、韓国語話者は第二言語学習環境下では他のどの母語グループよりも聴解力が高い。したがって、第一言語の破裂音の音韻体系の違いが日本語の聴解力に関与すると考えるには、この韓国語話者の日本国内と国外の聴解力の差を理論的に説明する必要がある。そこで、次に、中国語と韓国語の音韻体系が日本語破裂音の習得上においてそれぞれどのような問題をもたらしているのか、先行研究を通して両母語話者の問題の違いを検討する。

2.2.3　中国語系話者と韓国語話者の日本語破裂音の習得上の問題

2.2.3.1　日本語破裂音の発音と知覚に問題のある中国語系話者

中国語系話者の日本語破裂音の習得に関する先行研究には、杉藤・神田（1987）、朱（1994）、福岡（1995）などがある。杉藤・神田（1987）は、初級と思われる北京語話者 5 名（台湾市出身 4 名、北京市出身 1 名）に対して知覚・

発話実験を行い、数量的・音響的分析を行っている。被験者は北京語を公用語とする5人としているが、そのうち4人は母語に有声破裂音の[b, g]を持つ閩南方言話者である。福岡(1995)は、初級(学習期間0.4～0.7年)・中級(0.9～1.6年)の北京語話者各5名ずつ計10名(北京市出身)と、初級(0.3～0.7年)・中級(1.4～1.5年)の上海語話者各5名ずつ、計10名(上海市出身)を被験者として、横断的・縦断的習得調査を行っている[7]。また、朱(1994)は、超上級レベルの北京語話者(北京市出身)と日本語母語話者を被験者として、北京語の有気音・無気音と、日本語の有声音・無声音との生理的・音響的・知覚的特徴を調査している。これらの先行研究から得られた、破裂音の発音の問題を表2-5に、知覚の問題を表2-6に、それぞれ整理してまとめ、中国語系話者の日本語破裂音の発音と知覚の問題を別々に見る。

まず、表2-5の日本語破裂音の発音の問題を見る。北京語話者は、日本語の語頭無声破裂音を北京語の無声有気音で発音するために呼気が強過ぎる(朱1994; 福岡1995)という問題が指摘されているが、比較的問題が少な

表2-5　中国語系話者の日本語破裂音の発音の問題[8]

日本語破裂音の発音		中国語系被験者		日本語話者による判断〈発話の音響分析〉	調査者による解釈
^		方言(人数)	レベル		
有声	語頭	北京語10	初中級	聞き間違いは語中より少ない〈プラスのVOT値〉	北京語の無声無気音で発音して中級でも習得困難(福岡)
^	語中	北京語10	初中級	10人中8人が無声音に聞き間違えた〈プラスのVOT値〉	*北京語の無声無気音で発音するが、語中は有声化しやすいので、習得が早い(福岡)
^	^	閩南語4北京語1	初級?	無声音に聞きまちがえる率が高い	呼気が弱く内破の持続時間の短い有声音が出ない(杉藤・神田)
^	^	上海語10	初中級	10人中1人が無声音に聞きまちがえた〈マイナスのVOT値〉	
無声	語頭	北京語10	初中級	きつい	無声有気音で発音する(朱・福岡)
^	^	北京語4	超上級	^	^
^	語中			—	—

い。一方、日本語の有声破裂音の発音については多くの問題が指摘されている。北京語話者は日本語の有声破裂音を母語の無声無気音として発音する傾向があるため、内破の持続時間が短く、呼気の弱い有声音が出にくい（杉藤・神田 1987；朱 1994）とされる。また、日本語の有声破裂音の調音では破裂に先行する無音部分がなく、破裂以前の内破部ですでに声帯振動が始まっているのだが、北京語話者は日本語有声破裂音の発音の際に不自然な長めの無音部分を挿入してしまうために、有声音に聞こえたとしても、非常に長い無音部分が観察されて不自然に聞こえてしまう（皆川 1995a）。特に、語中有声破裂音の発音は、日本人に無声音と聞きまちがわれる率が語頭より高いことが、杉藤・神田（1987）、福岡（1995）の両調査で報告されている。福岡（1995）の調査では、初中級レベルの北京語話者が発話した日本語の語中有声破裂音は、日本語母語話者10人中8人に無声破裂音として聞かれたという。（ただし、表2–5の＊の福岡の解釈は、日本語話者による判断の結果と予盾している。）

次に、表2–6の日本語破裂音の知覚の問題を見てみよう。杉藤・神田（1987）の調査では日本語の語中有声破裂音の誤聴が多いと報告されてい

表2–6　中国語系話者の日本語破裂音の知覚の問題[9]

日本語母語話者の破裂音		中国語系調査対象者			調査者による解釈
		方言(人数)	レベル	誤聴(率)	
有声	語頭				／d／を／t／と聞く率が3〜5割、他は1〜3割、帯気が弱いため（杉藤・神田 1987）
	語中	閩南語(4)北京語(1)	初級？	30〜50%	
無声	語頭				日本語の語中無声破裂音は帯気が弱く、北京語の無声無気音のVOT値と似ているために有声音として誤聴する（福岡 1995）。
	語中	閩南語(4)北京語(1)	初級？	10〜30%	
		北京語(5)	初級	71.7%	
		北京語(5)	中級	72.7%	
		上海語(5)	初級	37.2%	
		上海語(5)	中級	7.8%	

る。特に、語中有声破裂音［d］を無声破裂音［t］と誤聴するケースが約3〜5割で多い。それに対して、福岡（1995）では、初級・中級レベルの北京語話者は上海語話者に比べて破裂音の誤聴が多いこと、特に日本語の語中無声破裂音を有声破裂音に聞きまちがえる誤聴が多いことを報告している。福岡の聴取テストで使用した刺激語の語中無声破裂音のうち、北京語話者は初級で71.7％、中級でも72.7％の高い誤聴率である。上海語話者も、それよりは少ないが、語中無声破裂音の誤聴率は比較的高く、初級で37.2％、中級で7.8％である。一方、日本語の有声破裂音や帯気のある語頭無声破裂音は、北京語話者も上海語話者も比較的正聴率が高い。

　この他、崔（1992）は、中国における日本語の音声教育の新方策として、日本語の無声破裂音において実現する無気音と有気音の二種類の異音については、音声記号を用いて教えることを提案している。これは、気音を伴わない日本語の無声破裂音を、濁音と認識してしまう中国語系学習者が多いことに対する方策として提案されたものである。この提案から、日本語の有声破裂音については無気音として認識するので聞き間違いが少ないと捉えていることもうかがえ、中国人日本語教師は一般に、有声破裂音より無声破裂音のほうが聞き取り困難であると捉えていることがわかる。この認識が福岡（1995）の調査結果に合致していることを考えると、杉藤・神田（1987）の指摘している知覚の問題点の異なりは、調査対象者の母語方言や学習時間数などの違いが影響しているのではないかと推察される。

　福岡（1995: 45）は、北京語話者に日本語無声音、特に語中無声音を有声音と聞く誤聴が多い要因について、「日本語の語中無声音は帯気が弱くVOT値も北京語の無気無声音と類似している」からであるとしている。つまり、北京語話者は日本語の語中無声音を母語の無気無声音として聞いた結果、日本語の有声音に聞き間違えるということである。日本語の語中無声音と北京語の無気無声音はVOT値がプラスの無声領域にあり、たしかに類似していると言えよう。しかし、北京語の無気無声音と日本語の有声音はVOT値もプラスの無声領域とマイナスの有声領域にあり、音響的には大きく異なる。実際、福岡（1995）では、北京語話者は日本語有声破裂音については知覚能力が高いと指摘している。したがって、北京語話者は、日本語有声破裂音を

母語の無気無声音で発音する傾向があったとしても、その逆に、母語の無気無声音を日本語有声破裂音に聞き間違えているわけではないと推測される。つまり、破裂音の発音と知覚では問題が異なると見られる。このことから、本研究では日本語破裂音の知覚の問題に焦点を当て、知覚の問題が聴解力にどのように関連しているのかという側面から研究を進めることにする。

2.2.3.2　日本語破裂音の発音に問題のある韓国語話者

次に、韓国語話者の破裂音の習得上の問題に関して、中東(1998)とUemura(2002)の先行研究を取り上げ、中国語系話者の問題と比較・検討する。

　中東(1998)は、日本語学習歴1.5年の韓国語話者に対して行った知覚テストで、語中より語頭の日本語破裂音に聞きまちがいが多いことを報告している。しかし、誤聴率は語頭33.2％、語中6.1％で、中国語系話者に比べるとかなり低い。語中より語頭の日本語破裂音に聞きまちがいが多い要因としては、日本語の語頭破裂音は有声も無声も一般に強い気音を伴わないために、両音の識別の手がかりが得られないからであるとしている。つまり、有声・無声の弁別ではなく、母語の有気・無気の弁別が作用しないために誤聴が多いというのである。一方、語中の日本語破裂音に聞きまちがいが少ない要因としては、日本語の有声破裂音は、語中で有声化する韓国語の「平音」として認識されるが、日本語の無声破裂音は一般に気音を伴わないので韓国語の「濃音」として認識されるからであるとしている。つまり、日本語の語中有声・無声破裂音は、韓国語の語中有声無気音の「平音」と無声無気音の「濃音」の対立として識別されるために聞きまちがいが少ないというのである。

　一方、Uemura(2002)は、アメリカに在住する中級〜中上級のKoreanの日本語学習者(以後、Korean話者)を対象に、語頭の有声・無声破裂音の知覚・発話テストを行っている。調査対象者18名のうち、5名は6ヶ月〜3年間日本に滞在した経験を持つ。この調査結果では、日本語話者の発話した語頭の日本語破裂音の誤聴率はわずか5％であり、語頭破裂音であっても有声・無声の弁別能力は低くないことを示している。

　また、Uemura(2002)は、Korean話者が自ら発話した語頭の日本語破裂音

を、有声か無声か正しくセルフモニターできなかったことを報告しているが、この報告は何を意味しているのであろうか。Korean 話者は、自ら発話した破裂音を本当に「正しく」聞けなかったのであろうか。Uemura (2002)は、同じ調査で、Korean 話者の発話した語頭有声破裂音の9割近くが、日本語母語話者には無声音ないしは中間音にしか聞こえていないことを報告している。ということは、Korean 話者は、日本語の有声語頭破裂音をおそらく韓国語の平音ないしは濃音で発音したことになる。そして、その自ら発話した破裂音を、2週間後に日本語の無声音か有声音かの識別を求められて無声音と弁別したことになる。先に示した VOT 値からも明らかなように、平音も濃音も無声音である。つまり、Korean 話者は、少なくとも自ら発した音は有声音ではないと「正しく知覚した」ことになる。その結果、かえって、「正しくセルフモニターできなかった」と結論されてしまったと言えよう。

　以上、中東 (1998) と Uemura (2002) の調査結果を総合的に考えると、韓国語話者の場合は、日本語破裂音の「発音」には問題があるものの、「知覚」においては中国語系話者のような大きな問題はないと結論される。第一に、韓国語話者は、語中の日本語破裂音の誤聴率は問題にならないほど低い。Uemura (2002) では、語中破裂音は調査項目にも入れていない。これは、語中の日本語破裂音が対照研究の観点からも困難な音ではないと認識されているからであろう。第二に、韓国語話者は、語頭の日本語破裂音の誤聴率も、北京語話者に比べればそれほど高いわけではない。中東 (1998) の調査で誤聴率 33.2%、Uemura (2002) ではわずか 5% にすぎない。北京語話者は、福岡 (1995) の調査によれば、初級・中級ともに語中破裂音の誤聴率は約 7 割、初級の上海語話者でも 4 割近い誤聴率であった。この違いを考えると、韓国語話者の日本語破裂音の弁別能力は、少なくとも中級から上級以上、あるいは第二言語学習環境下では、特に学習しなくても自然に習得されるものと見られる。

　ただし、このことは必ずしも韓国語話者が日本語破裂音の有声・無声の対立を正確に知覚していることを意味するものではない。中東 (1998) が指摘しているように、韓国語話者は語中日本語破裂音の有声・無声の対立は、母

語の平音と濃音の対立として捉えている可能性が高い。あるいは、韓国語の平音と濃音の対立が、目標言語の類似の音韻対立を正しく知覚する上で誘導的な役割を担い、学習段階が進むにつれて、特に日本語の音声情報量が多い第二言語学習環境下では早く習得されるのかもしれない。

以上から、本研究では次の点を踏まえた上で、中国語系話者の日本語破裂音の知覚の問題が聴解力にどのように関連しているのかという点に焦点をしぼり、研究を進めていく。

1) 個々の音韻の発音と知覚の問題は切り離して考えることはできないが、鏡の裏表のように扱うこともできないという点。
2) 第二言語の音声言語理解では、個々の音韻を正しく知覚しているか類似音として知覚しているかは問題ではなく、第一言語の音韻対立を代用するなど、第二言語の音韻対立を把握する何らかの手段があればいいという点。

2.3　第一言語の音韻獲得理論と第二言語の音韻習得理論

閉鎖音は世界の言語の多くにあり、最適子音（optimal consonant）である（Jakobson & Halle 1956: 42）と言われる。とりわけ、破裂音は、日本語も含む UPSID（UCLA Phonological Segment Inventory Database）の 317 言語のうち 92%が持っている。そして、その約半数の言語が二項対立になっていて、有声・無声の対立を持つ言語は 72.2%で最も多い。

この破裂音の有声性・無声性の獲得と習得に関しては、Eimas et.al.（1971）、Lasky et.al.（1975）、ヤーコブソン（1976）、清水（1983）などの先行研究がある。Eimas et.al.（1971）、Lasky et.al.（1975）によれば、閉鎖子音の有声性・無声性を pre-voicing、voicing、post-voicing の 3 つの範疇に分けて知覚する能力は生得的なものである。しかし、これは刺激音の連続体をいくつかの範疇に分ける能力であって、大人の持っている音素範疇の概念ではない。範疇化は生得的なものであるが、「特定言語の習得の過程において弁別範囲を調整して」（清水 1983）いくなかで、乳幼児期に生得的に持っていたかもしれない範疇化の能力は失われる。

ヤーコブソン（1976）は、有標の有声音は獲得が遅いとする「有標性仮説」

を提示している。また、Eckman (1977) は、母語と目標言語の有標性の関係から、母語と異なる項目で母語より有標の項目（＝有声破裂音）は習得困難であるとする「有標性差異仮説」を提示している。しかし、これらの有標性仮説、有標性差異仮説は、前述の日本語学習者の日本語破裂音の習得に関する先行研究の結果と完全に一致しているわけではない。発音に関しては、無声性より有声性のほうが困難であるとする杉藤・神田 (1987)、福岡 (1995) の報告と一致するが、知覚に関しては、杉藤・神田 (1987) とは一致するものの、有声性より無声性のほうが困難であるとする福岡 (1995) とは矛盾している。

　また、破裂音の調音点の獲得・習得順序については、窪薗 (2003) は、前述の UPSID の生起頻度から見た有標性スケールがヤーコブソン (1976) の第一言語の音韻獲得仮説と一致しないことに疑問を投げかけている。UPSID の生起頻度とは、UCLA Phonological Segment Inventory Database の有声・無声の対立を持つ言語の破裂音の生起頻度を調べたもので、無声音は $[t] > [k] > [p]$、有声音は $[d] > [b] > [g]$ の順に頻度が高いというものである (Maddieson 1984: 27-28, 34-37)。一方、ヤーコブソン (1976) の第一言語の音韻獲得仮説とは、口腔の前寄り（唇・歯茎）の無標の音から、後寄り（硬口蓋・軟口蓋）の有標の音へと段階的に獲得されるというものである。つまり、第一言語の音韻獲得仮説では、無声破裂音は $[p] \rightarrow [t] \rightarrow [k]$ の順に獲得されるが、これが生起頻度から見た有標性スケール、$[t] > [k] > [p]$ と一致しないというのである。

　音韻以外の第二言語習得では一般に、第一言語で、より無標の項目に転移が生じやすく (Gass 1981)、習得困難であるとされる。Kellerman (1979) は語の意味領域において、また、Zobl (1983, 1984) は文法領域においてこれを立証している。使用頻度の高い無標の文法・語彙項目は生まれてこのかた慣れ親しんでいるために、大人になってから変えるのは容易ではないというのである (Ferguson 1984)。

　日本語の破裂音の習得順序と、その習得順序が有標性・無標性および日本語の音声言語理解のメカニズムにどのように関連しているのか、先行研究の矛盾を踏まえた上で、検証する必要がある。

2.4　第二言語の類似音と新音の習得理論

Odlin (1989) は、第二言語習得において、第一言語から何らかの影響がある言語転移には、第一言語と第二言語の類似点が習得にプラスに作用する正の転移 (positive transfer) と、相違点がマイナスに作用する負の転移 (negative transfer) があると指摘している。

しかし、この第一言語と第二言語の類似点が正の転移を引き起こすという見方に対して、Flege (1981, 1987) や Major (1987) は疑問を呈している。Flege (1981, 1987) は類似音のほうが新音より習得困難であるという仮説を提示し、Major (1987) もこの仮説を支持している。

Flege (1981: 448–449) は、成人の外国語の発音の訛りについて、以下のような仮説を提示している。

> I would like to propose that a tendency by mature speakers to interpret sounds occurring in a foreign language in terms of sounds found in their native language may be a more important cause of foreign accent than any limitation on phonetic learning imposed by neurophysiological maturation (Lenneberg 1967).

外国語の発音にいつまでも訛りが残るのは、生理学的な機能低下によるわけではなく、母語の確立した成人は母語の類似音を転用する傾向が強いからだというのである。

また、Flege & Port (1981) では、無声破裂音 [p] を持たないサウジアラビアの英語学習者は、発音より知覚のほうが習得困難であったと報告している。このことから、Flege & Port (1981)、Flege & Hillenbrand (1987) は、「第一言語の類似音で産出した音が、第二言語の音韻であると知覚するようになる」という仮説を提示している。

中国北方方言、上海語、韓国語と、日本語の破裂音の類似性は、第二言語としての日本語の破裂音の習得にプラスに作用するのか、マイナスに作用するのか。これまでの先行研究から考えると、そのどちらにも作用する可能性があると考えられる。では、どういう条件の下でプラス、あるいはマイナスに作用するのであろうか、検証する必要がある。

2.5 音韻の知覚と聴解力の相関に関する先行研究

音声言語の理解は、聴覚を通して音韻が知覚されなければ実現しない。しかし、それはすべての音韻を聞き取っていなくてはならないというわけではない。文の一部に雑音が入って物理的に聞こえていない状態であっても、その前後の文脈から得られる情報を十二分に活用し、総合的に判断して理解できる (Warren 1970) ことが報告されている。では、どの程度の音韻が知覚できていれば、談話全体の意味理解ができるのであろうか。

日本語母語話者に対する日本語の聴覚実験では、単音節がだいたい70%程度明瞭になると、文章了解度がほぼ100%に達する（三浦 1955: 49-50）という報告がある。つまり、明瞭に聞こえない部分が30%あったとしても、その部分は全体の文脈、あるいは談話の冗長性などによってほぼ100%理解できるというのである。ただし、これは日本語母語話者が母語の日本語音声言語を理解する場合である。日本語を母語としない日本語学習者の場合は、この割合はどのくらいになるのであろうか。また、もし聴覚実験に用いた談話が冗長性の少ないテクストであった場合、理解が落ちるのであろうか。

英語学習者の場合については、外国語や専門用語などあまり知らない言語の聴解では、音の欠損が文脈情報による修復を妨げ、予測不能に陥りやすい (Miller 1963) ことが指摘されている。また、日本人母語話者に対する英語教育では、岡 (1979) は聴解力と音素識別力との間には低い相関しか認められなかったと報告しているが、板倉・後田 (1971) は、学習初期段階では相関が見られないものの、学習を重ねるにしたがって相関性が高まり、両技能はかなり密接に連合しあって養成されると報告している。さらに、生駒・山田 (2004)、駒木・山田 (2004)、山田 (2004) 等は、日本語母語話者の英語の [r] - [l] 音の知覚と意味処理に関する一連の研究で、音韻の混同が意味の混同を引き起こし、音韻知覚能力が音声単語の認知処理のボトルネックになり得ることを示している。

decoding の初めの段階で必要となる音韻の識別は、母語と違って外国語学習では無視できない重要な処理過程であることが予測される。しかし、管見によれば、これまで音声言語を聞いて意味理解する聴解力と音韻の知覚との関連について実証的に論じた研究は、ほとんどないのが現状である。第二

言語の音声言語理解においてどの程度の音韻の知覚が必要か、音韻の知覚とどのような関係にあるのか、また、音声言語テキストの違いによって理解度が異なるのか、検証する必要がある。

2.6 音声情報処理に関する先行研究

日本語学習者の持つ日本語の言語的知識は限られている。したがって、彼らの日本語の理解過程は日本語母語話者とは大きく異なることが予測される。しかし、これまで、日本語学習者が日本語のさまざまなジャンルの音声言語を、どのように聞いて、それをどのように意味処理して理解に至るのかという点に関する研究はほとんどない。そこで、音声情報処理に関する先行研究から、第二言語としての日本語の発話音が理解されるまでの過程について考えてみる。

Clark & Clark (1977: 238) は、発話音が同定に至る段階を、①音響段階、②音声段階、③音韻段階の3段階に分けている。①音響段階では、まず「耳に届いた音響的信号を音響分析し、音響記憶へ入れ」て、一時的に蓄積する。次の②音声段階では、「音響手掛かり (acoustic cue)」をつかみ、それらを統合して、ある特定の音声分節を同定し、範疇性を有する音声記憶に入れる。この音声段階は、Dupoux et.al. (1999, 2000) や、筧 (2002) が提示している「音響処理より後の過程で、語彙的なトップダウンの影響を受けない前・語彙的レベルでの音声処理過程」に相当するものと考えられる。音声分節を同定する際には、Jusczyk (1993) によると、主に言語獲得の初期段階で蓄積しているとされる「具現的な音響パターン」が「心内辞書」内から引き出され、音響信号と照合されるという。そして最後の③音韻段階で、「英語の持つ音声分節連鎖の法則性に基づいて調整を加え」、短期記憶に入れる。この最後の段階のみ、被験者に表明させて意識的な検分をすることが可能だという。しかし、この短期記憶も一次的な記憶で、長くは記憶されない。この短期記憶を心内辞書内の長期記憶に移動させるには、短期記憶内にある材料を作為的に反復し、音声の音響レベルの信号を意味や映像などの他のレベルの情報と繰り返し結びつけることが必要である (高野 1995) という。

①〜③の段階を経て後、心内辞書内の長期記憶に蓄積された単語が、音声

とどのように結びつき意味化するかは、音声単語認知モデルとして知られる、Jackson & Morton (1984) の提唱している「ロゴジェンモデル」によって説明され得る。「ロゴジェンモデル」とは、「各単語候補がロゴジェン (logogen) と呼ばれる活性度を持つユニットで表現される。ロゴジェンの活性度は音声の音響的特徴処理によって得られるボトムアップ情報と、意味・統語処理によって得られるトップダウン情報のもっともらしさに応じて徐々に高くなる。そして一番早く活性度が閾値を越えたロゴジェンに対応する単語が認知されて」(天野 1999: 229)、特定の単語が絞り込まれるという仮説モデルである。

　以上の先行研究は、第二言語の音声情報処理にも適用されるのではないだろうか。言語学習の初期段階では、ボトムアップ情報の処理に大きく依存する (Kelly 1991) と指摘されていることから、第二言語の音韻対立を持たない母語話者であっても、また、外国語学習環境下であっても、もし初期段階に第二言語の音声情報が学習者の耳に繰り返し、大量に入力されてボトムアップ的情報処理が何度も行なわれれば、「第二言語の具現的な音響パターン」が学習者の「心内辞書」内に多く蓄積されるのではないだろうか。そのような「具現的な音響パターン」が蓄積されていれば、音声段階で音響信号と照合し、音声分節を同定することができる。この学習初期段階で「音響パターン」の蓄積ができているどうかという点において、教師の言語観・教育方法といった言語外的要因が関与してくることが予測され、検証を要する。

3. 第二言語の音声言語理解に関与する言語外的要因

3.1 学習環境の影響

表2-7に1993〜1995年度「日本語能力試験1・2級」の結果を示し、日本国内と国外の試験結果の比較を通して学習環境の影響を検討する。

　聴解試験は、日本国内の「第二言語学習環境」下のほうが、日本国外の「外国語学習環境」下より成績が高い。平均値で1級は約10％、2級は20％も高い。逆に、文字・語彙試験と読解・文法試験の成績は、外国語学習環境下のほうがわずかながら高い。例年同じような傾向を示すことから、聴解力

表 2-7　1993〜1995 年度「日本語能力試験」日本国内と国外受験者の比較

AV：平均値（%）、SD：標準偏差、α係数[10]

級	年度	国外国内	聴解試験 AV	SD	α係数*	文字・語彙試験 AV	SD	α係数*	読解・文法試験 AV	SD	α係数*
1級	1993	国外	65.59	19.11	0.832	68.47	15.54	0.884	129.93	30.81	0.847
		国内	75.50	16.04	0.805	67.92	15.05	0.877	126.84	31.79	0.855
	1994	国外	60.60	19.69	0.829	67.24	14.15	0.856	124.91	30.39	0.829
		国内	72.28	17.09	0.812	66.12	13.98	0.852	120.97	33.11	0.852
	1995	国外	46.39	18.30	0.777	70.32	14.46	0.858	115.60	30.09	0.831
		国内	58.88	16.97	0.755	69.20	15.04	0.870	118.27	31.85	0.848
2級	1993	国外	58.76	19.51	0.812	59.23	16.82	0.880	94.23	29.33	0.795
		国内	78.23	14.33	0.761	58.32	15.64	0.858	92.64	27.28	0.761
	1994	国外	51.41	19.43	0.780	69.60	15.86	0.885	122.00	32.36	0.847
		国内	72.17	16.25	0.739	67.00	15.59	0.877	117.28	31.64	0.830
	1995	国外	45.59	16.28	0.718	63.85	15.72	0.877	112.13	36.13	0.866
		国内	63.77	15.96	0.731	61.51	15.74	0.875	105.73	34.67	0.848

（日本語教育学会編 1997: 14–16 より作成）

は外国語学習環境より第二言語学習環境下のほうが身につきやすいのではないかと指摘されている（日本語教育学会編 1995: 21）。

　第二言語学習環境下で聴解力が伸びやすいことは想像に難くない。日本語・日本関連の情報が豊富な上に、目標言語が常に使用されている日本国内の学習環境では、日本語音声の情報量も日本国外に比べてはるかに多いことであろう。しかも、「話す・聞く」のコミュニケーション能力が常に求められるため、音声言語学習への動機付けも高いことが予測される。逆に、音声言語の情報量、音声言語学習への動機付けに限りがある外国語学習環境では、文字・語彙学習や読解・文法の解釈による読み書き中心の教育方法が主となる可能性は大きい。中国語系話者と韓国語話者の文字・語彙試験、読解・文法試験の成績が日本国内より自国のほうが高いことは、そうした可能性を示唆していよう。

　では、なぜ中国語系話者は第二言語学習環境下でも聴解力があまり伸びな

いのであろうか。また、文字・語彙や読解・文法試験より聴解試験のほうが成績が高い母語グループは、自国の外国語学習環境下で「話す・聞く」の音声言語を中心とした教育方法によって学習しているのであろうか。中国や韓国よりも日本から遠い国々では、日本語・日本関連の音声情報量はなおさらのこと限られているにちがいない。にもかかわらず、なぜ彼らは中国語系話者より聴解力が高いのであろうか。日本国外・国内の学習環境以外の要因が、複合的に関与しているのではないかと推論され、検証を要する。

3.2 教室環境の影響

市川 (1995) は、学習者の状態、置かれた状況が、学習者の学力を規定し、その状態、状況が変われば同じ個人でも結果が異なることを示唆している。つまり、同じ母語、同じ学習環境、同じ個人であっても、学習者の置かれている「教室環境」が違えば、音韻の知覚能力も変わることが予測される。

今、この「教室環境」について、Holliday (1999) の "large culture" と "small culture" という概念を用いて定義を試みる。まず、本研究の中心をなす調査対象者、中国大連市と黒龍江省の北方方言話者が置かれている「教室環境」を考えてみよう。大連市と黒龍江省の北方方言話者は、第二言語学習環境下の中国文化圏という共通の "large culture" に所属する同一母語話者である。しかし、同時に、大連市と黒龍江省の1高等教育機関における、教師や学習者仲間から成る小さな教室集団にそれぞれ所属し、異なる "small culture" を形成している。その "small culture" 内の「教室環境」が異なれば、学習者の第二言語の習得にも影響し、異なる結果が生じる。なぜなら、"small culture" 内では、教師が意識的・無意識的に抱いてる言語観、言語教育観が「教育方法」となって学習者に伝わる一方、学習者はそれに合った「学習方法」、「学習行動」を通して教師に接すると予測されるからである。こうした教師と学習者、および学習者同士のインタラクション (Holliday 1999) を通じて、一見個人的と思われる教師の言語観や言語教育観、学習者の学習観や学習方法が共通の "small culture" 内で育成されていく。その結果、同じ外国語学習環境下の同一母語話者であっても、それぞれの "small culture" 内でまったく異なる状況を作り出し、習得差を生む可能性が考えられる。つま

り、「教室環境」とは、こうした教師と学習者が一体となって作り出す環境のことで、それは、教師の言語教育観や教育方法、学習者の学習観や学習方法として反映されていると見られる。

　Ellis(1985)は第二言語の習得を促進する要因として以下7点を挙げ、積極的な理解行為を伴う学習方法、学習行動が言語能力を伸ばすのに効果的であるとする仮説を提示している(Ellis 1994)。

　①少なくとも初期段階では身の回りの状況に当てはめた会話中心の学習であること
　②多量の指示文(命令文)を聴くこと
　③説明の要求と確認、言い換えなど、学習者が発話を展開させられるような表現を多量に聴くこと
　④自由な練習の機会を与えること
　⑤母語話者、教師および学習者がさまざまな言語内行為(speech acts)を行うこと
　⑥学習者に、第二言語で意志伝達を図りたいという意欲があること
　⑦学習者が、話題の選択など自分で意味内容をコントロールすること

　さらに、近年、認知科学の分野では、いろいろな分野で優秀な成績を収める人々、いわゆる「熟達者」の知識・技能について実験的・事例的研究やエピソード分析が進められ、各分野で共通する熟達者は、次のような学習方法を好むことが指摘されている(大浦 1996)。

1)　能動的なモニタリングを伴った学習
　Ericsson, Krampe & Tesch-Romer(1993)が音楽の領域で技能の熟達に欠かせないとした、①「明確な目的意識」に基づいた練習と、②「よく考えられた」練習は、能動的なモニタリングを伴った学習の例である。

2)　意味のある文脈の中での学習
　Green & Oxford(1995)は、言語学習能力の高い学習者は、③「能動的な」練習で、④「自然な」練習による学習をしていることを実証している。ここでいう自然な練習とは、現実社会に即した自然な環境の中で行われる学習、すなわち意味のある文脈の中での学習ということ

である。

　もし、このような学習方法の違いが教室環境内に形成されていれば、音韻の知覚、聴解力にも差が生じるのではなかろうか。

　また、Shirai(1992)は、言語転移が起こりやすい条件として教育方法の違いを挙げ、言語転移は産出を強制する訳読法で起きやすく、既習の学習項目を中心としたコミュニカティブ・アプローチでは起きにくいと指摘している。これは、Ellis(1994)の仮説とも関連し、未習の語彙・文法事項の使用を促すより、まずは大量の理解行為から始めて自由な会話へと導く教育方法のほうが効果的であることを唱えるものである。

　日本人に対する英語教育では、生駒・山田(2004)が音声・音韻の初期教育効果について報告している。日本人英語学習者に対する /r-l/ の音韻対立の知覚学習において、学習初期段階で意味的文脈情報に頼らない音響的知覚訓練を行うと、学習効果が大きいというのである。これは、音声教育を重視する教師の言語観が、学習初期段階における音韻の知覚訓練という教育方法に結びつき、こうした教育方法のもとで音声情報を積極的に得ようとする学習態度、学習方法が学習者の側に形成された、つまり、教師、学習者相互によって構築された「教室環境」の影響の下に生まれた結果であるとみなすこともできる。日本語教育での検証が必要である。

4.　第二言語の音声言語理解に関与する要因の仮説モデル

　先行研究の検討内容を踏まえて、第二言語の音声言語理解に言語的・言語外的要因がどのように関与するのか、その仮説モデルを p.38 の図 2-4 に提示する。このモデルを使って、本研究の仮説 1 ～ 3 を説明すると、次のようになる。

　日本語の音声言語を意味理解する上で、破裂音の弁別能力は重要な前提的構成要因である(仮説 1)。しかし、破裂音に有声・無声の対立を持たない母語話者は、心内辞書に「日本語破裂音の具現的な音響パターン」がないため、それを引き出して新たに入る音響信号と照合し、音声分節を同定することができない。学習者の心内辞書内にたとえ文法・語彙知識が豊富に蓄積さ

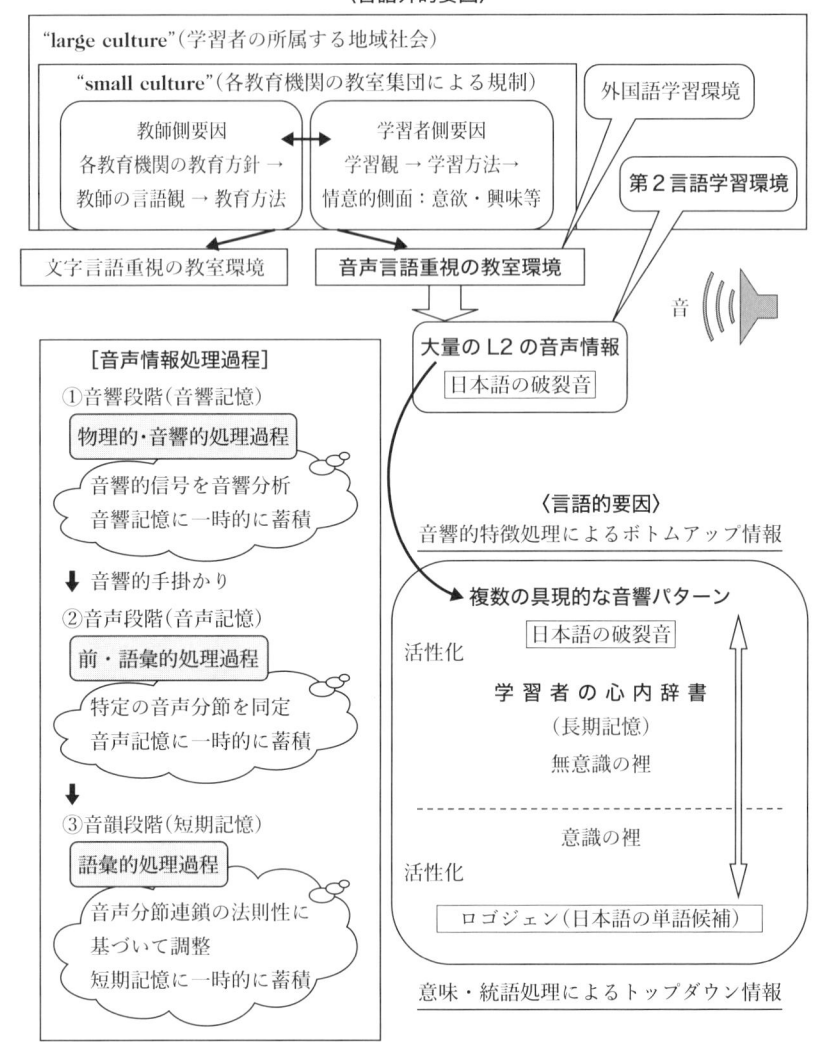

図2-4　第二言語の音声言語理解に関与する要因の仮説モデル

れていたとしても、この具現的な音響パターンがなければ、それらの文法・語彙知識を活性化させて最適なロゴジェンを選び出すことはできず、意味理解に至らない。つまり、破裂音に有声・無声の対立を持たない母語話者は、

母語の負の音韻転移によって日本語破裂音の弁別に困難を伴い、日本語の音声言語理解に支障をきたしていることになる(仮説2)。

しかし、破裂音の有声・無声の対立を持たない母語話者であっても、日本語学習の初期段階で日本語の有声・無声破裂音が繰り返し耳に入力され、ボトムアップ的情報処理が何度も行なわれていれば、「日本語破裂音の具現的な音響パターン」がいくらか心内辞書内に蓄積されるはずである。これは、外国語学習環境であっても同じである。学習者の所属する"large culture"、および"small culture"の中で、目標言語の音声情報が第二言語学習環境のように多く取り入れられるような教室環境が形成されていれば、学習者の心内辞書内には「複数の日本語破裂音の具現的な音響パターン」が蓄積されるはずである。

ただし、具現的な音響パターンの蓄積は、言語学習の初期段階でなければ有効に行われない。なぜなら、音響的特徴処理によるボトムアップ的情報処理は、言語学習の初期段階では頻繁に行われるが、意味・統語処理によるトップダウン情報に依存する中級から上級段階においてはあまり行われなくなってしまうからである。つまり、破裂音に有声・無声の対立を持たない母語話者に対して、日本語学習の初期段階で適切な音声教育を行なうと、母語の負の音韻転移を抑制する効果が得られる(仮説3)ことになる。

以上、第二言語の音声言語理解には多くの言語的・言語外的要因が関与する可能性を示し、その言語的・言語外的要因が関与する仮説モデルを提示した。次章からはこのモデルの下に仮説1-3の検証を進め、日本語の音声言語理解のメカニズムについて検討する。

注
1 日本語教育学会編(1994–1999)『日本語能力試験の概要 1993–1998年版』を参照。
2 標準得点では、平均を0、標準偏差が1になるように標準化がなされており、0を平均値として正の数値は平均以上、負の数値は平均以下であることを示している。標準得点を10倍して50をたした点が偏差値である。偏差値は平均を50点にして困難度の異なるテストの得点を同じ基準で比較しているものである。

［標準得点］× 10 ＋ 50 ＝ ［偏差値］

3 漢民族は、今日、中国全人口の93％、12億人を占める。すでに春秋戦国時代から共通の民族意識を持ちはじめ、BC3世紀の秦から漢王朝にかけて政治的統一を図るために官人の共通語である「官話」を普及させた。北方方言はその「官話」を引き継いでいる。1949年の中華人民共和国成立以後に普及した「普通話」は、北方方言を基礎方言とし、北京語音を標準語音として作られたものである。

4 北方方言は、さらに次の4つの下位方言に区分される。①華北方言（狭義の北方方言）：東北三省、河北（北京、天津を含む）、河南、モンゴルの一部、②西北方言：山西、陝西方言、甘粛、青梅、寧夏の漢族地区、河北の西編、内モンゴル西部及び河南北端、③西南方言：四川・雲南・貴州の三省、湖北の大部分、河南西南部、湖南西北部、及び広西北部、④江淮方言：江蘇・安徽の両省の長江以北、淮江以南、江蘇省江南の鎮江以西、九江以東の長江沿岸地帯。しかし、これらの下位方言は言語的には大差なく、音韻体系においては2つの共通点を持っている（詹 1983; Ramsey 1987）。1つは、全「濁声母」、すなわち音節のはじめの有声子音が消失して、無声子音に変化している点である。もう1つは、「韻尾」、すなわち音節末の子音、母音、半母音が比較的少ないことである。

5 呉方言は、①上海を含む江蘇省の長江以南、鎮江を除いてその東部、②崇明島、③江北沿岸の靖江、啓東、海門などの県と南通東部、④安徽省南部の銅陵、太平など、⑤浙江省の大部分に分布している。北限は丹陽、靖江で北方方言区の江淮方言と境界をなし、南限は浙江南部の温州、金華、衢州の三地区で、閩方言に隣接している。

6 胡（1978）によれば、上海地域では1920年代から50年代にかけて有声破擦音 /dz/ が消失している。また、その他の有声子音も上海市の青少年層で無声化現象が報告されている（許他 1982; 中嶋 1983）。上海語の標準化がさらに進むと、破裂音の有声子音もいずれは消失するかもしれない。

7 福岡（1995）では、(1) 日本語母語話者（東京出身）の発話した有声・無声破裂音の知覚テスト、(2) 初級・中級の北京語話者・上海語話者の発話した有声・無声破裂音の日本人による聴覚印象テスト、(3) 初級・中級の北京語話者・上海語話者の発話のスペクトログラム分析を行っている。刺激語・文は、①日本語の無意味語 VCV6 語、②日本語の無意味語 C_1VC_2V6 語、③有声・無声破裂音のミニマルペアの有意味語（刺激語の数は不明）、④有声・無声破裂音のミニマルペアを含む一文（刺激文の数は不明）で、有意味語が多い。この他、母語の単語の発話もスペクトログラム分析により比較している。

8 杉藤・神田（1987）、朱（1994）、福岡（1995）の調査結果のうち、発音の問題点のみ示

した。
9　杉藤・神田(1987)、福岡(1995)の調査結果のうち、誤聴の多かった分だけを示した。
10　α係数は信頼性係数の下限の値を示す。因みに、本研究で用いている 1993 年度「日本語能力試験」の 1・2 級聴解試験は、表中の α 係数からも明らかなように、比較的信頼性が高い。

第3章
日本語の音声言語理解に関与する要因

第3章では、4つのパイロット調査を通して、日本語の音声言語理解にはどのような言語的・非言語的知識が、どのように関与しているのか見る。
1) 調査1　学習者の持つ日本語の文法・語彙の言語知識と聴解力との関係
2) 調査2　母語に破裂音の有声・無声の対立を持たない中国語系話者と、同音韻対立を持つ複数の非中国語系話者の言語知識と聴解力の関係
3) 調査3　学習者の日本語の音声言語理解過程の分析
4) 調査4　日本語の音声言語のテキスト分析

調査1～3では、音声言語の情報処理過程を母語の異なる聞き手側からの認知的システムとして捉えて、日本語の音声言語理解に関与する要因を探る。調査4の日本語の音声言語のテキスト分析では、テキスト自体の構造上の特性を捉えることはしない。テキストの含む音声・音韻・語彙・文法の言語構造上の特徴や、視覚的な非言語情報が聞き手にどのような意味を持って作用するかという視点から、音声言語理解に関与する要因を探る。

1. 調査1　学習者の言語知識と聴解力の関連

1.1 調査方法
学習者の持つ日本語の言語知識と聴解力を測定し、その関連を見ることによ

り音声言語理解に関与する言語的要因を探る。
(1) 聴解力の測定方法
次の①ドラマと②対談のビデオ[1]の内容理解テスト[2]の得点と、③の聴解試験の得点を、学習者の聴解力とみなす。
①ドラマ：「精神力〜世にも奇妙な物語〜」
②対談：筑紫哲也ニュース23「自衛隊海外派遣—法文・運用ここが問題」
③聴解試験：「外国人のための日本語能力認定試行試験C（1級）」の聴解試験[3]
(2) 言語知識の測定方法
言語知識は、学習者の持つ文法知識と語彙知識とし、以下のように規定した。
a．文法知識：上記(1)③の「外国人のための日本語能力認定試行試験C（1級）」の文法試験の得点を文法知識とみなした。
b．語彙知識：上記(1)①ドラマと、②対談のビデオの語彙表の既知語彙率を語彙知識とした[4]。表3-1に語彙表の語種別構成を示す。語彙表には上級の聴解クラスの学習者にとって困難だと思われる語を提示しているので、3〜4級レベルの語彙は少ない。①ドラマと②対談の語彙表の語種構成は、表3-1に示すとおりまったく異なっている。ドラマの語彙表は、和語系語彙が62.4%を占め、漢語系語彙は35.5%である。また、「日本語教育基本語彙七種」（国研 1982）のいずれかに含まれる基本語彙の含有率も37.2%と、全体の三分の一以上を占める。一方、対談の語彙表は政治分野の漢語系語彙が多く76.3%も占め、和語系語彙は15.8%と少ない。また基本語彙の含有率も24.9%と少ない。したがって、①ドラマの語彙既知率が高い学習者は和語と基本語の語彙知識が、②対談の語彙既知率が高い学習者は漢語系語彙知識が高いとみなされる。

表3-1　①ドラマと②対談の語彙表の語種構成

	和語	漢語	外来語	基本語彙率
①ドラマ	62.4%	35.5%	2.5%	37.2%
②対談	15.8%	76.3%	7.9%	24.9%

（3） 分析方法
上記（2）a.の文法試験の成績が 50% 以上の上位群と、50% 未満の下位群に分け、上・下 2 群の聴解力と文法・語彙知識との関連を見る。
（4） 調査時期
1991 年 6 月

1.2 調査対象者
（1） 上級課程の日本語学習者 21 名[5]
上位群 10 名（文法試験の成績が 50% 以上）
下位群 11 名（文法試験の成績が 50% 未満）
（2） 日本語学習歴
学習総時関数：700 時間以上
学習期間：3 〜 4 年
　（自国で 2 年以上学習した後に日本に留学。在日期間は調査時、8 ヶ月。）
（3） 調査対象者の母語
学習者の母語は以下に示すとおりである。

文法知識	上位群 n = 10	中国北方方言 3 名、タイ語 2 名、韓国語・英語・スペイン語・ポルトガル語・英語と広東語のバイリンガルが各 1 名
	下位群 n = 11	英語 2 名、ロシア語 2 名、イタリア語 2 名、韓国語・ポルトガル語・マレー語・インドネシア語・ドイツ語が各 1 名

1.3 結果と考察
1.3.1 文法知識と聴解力の関係
表 3–2 に、上位群と下位群の文法知識と聴解力を示す。また、表 3–3 には、文法知識と聴解力との相関関係、および①ドラマ、②対談、③聴解試験の 3 種の音声言語の聴解力間の相関関係を示す。

　表 3–2 に示すように、文法試験の平均は、上位群 68.0%、下位群 38.0%（$p < .01$）で、上位群の文法知識は下位群より有意に高い。文法知識の高い上位群は、聴解力も下位群より有意に高い（$p < .01$）。①ドラマの聴解力は上位群 70.5%、下位群 50.8%、②対談の聴解力は上位群 38.1 %、下位群

17.2%、③聴解試験では上位群72.3%、下位群45.7%である。

表3-3の文法知識と聴解力の相関関係では、上位群と下位群の間に顕著な違いが認められる。上位群は、［文法知識と聴解力の相関］、［①・②・③の聴解力の間の相関］がいずれも高い。［文法知識と①ドラマ、②対談、③聴解試験との聴解力］との相関係数は、それぞれ順にr = .78 (p < .01)、r = .72 (p < .01)、r = .80 (p < .01) である。［③聴解試験と①ドラマ、②対談の聴解力］との相関係数はそれぞれr = .85 (p < .01)、r = .78 (p < .01)、また、［①ドラマと②対談の聴解力］の相関係数はr = .72 (p < .01) で、異なる音声言語間の聴解力にも高い相関が認められる。

一方、下位群は、［①ドラマと②対談の聴解力］の間に中等度の相関（相関係数r = .62、p < .05) が認められるだけである。文法知識はどの音声言語の聴解力とも相関が認められない。②対談と③聴解試験の聴解力とは逆相関を示しているほどで、異なる音声言語の聴解力の間にも関連性がまったく認められない。

表 3-2　上位群と下位群の文法知識と聴解力（平均値(%)、標準偏差）

	文法知識 （文法試験の平均・標準偏差）	聴　解　力 （ビデオの内容理解テストと聴解試験の平均値・標準偏差）		
		①ドラマ	②対談	③聴解試験
上位群 n = 10	68.0 ± 13.3	70.5 ± 11.5	38.1 ± 19.1	72.3 ± 11.2
下位群 n = 11	38.0 ± 9.2	50.8 ± 14.0	17.2 ± 10.9	45.7 ± 11.8

表 3-3　［文法知識と聴解力］、［①、②、③の間の聴解力］の相関関係

		①ドラマ	②対談	③聴解試験
上位群 n = 10	文法知識	.78 **	.72 **	.80 **
	②対談	.72 **	———	.78 **
	③聴解試験	.85 **	.78 **	———
下位群 n = 11	文法知識	.23	- .52	.45
	②対談	.62 *	———	- .78 **
	③聴解試験	- .33	- .78 **	———

($**$ p < .01、$*$ p < .05)

1.3.2 語彙知識と聴解力の関係

表3-4に、上位群と下位群の語彙知識（①ドラマと②対談の語彙表の既知語彙率）を示す。また、表3-5には、［語彙知識と聴解力］、［語彙知識と文法知識］、［①ドラマと②対談の語彙知識］の間の相関関係を示す。

前述の表3-1の「ドラマと対談の語彙表の語種構成」に示したように、ドラマの語彙既知率が高い学習者は和語や基本語の語彙知識が高く、②対談の語彙既知率が高い学習者は漢語系語彙知識が高い傾向にあるが、表3-4から、上位群と下位群との間には語彙知識量とその傾向に大きな差はない。ドラマの語彙知識は上位群71.6%、下位群69.7%、対談の語彙知識は上位群61.3%、下位群53.3%で、両群とも対談よりドラマの和語系語彙知識のほうがわずかに高いが、2群間には有意差はない。

しかし、表3-5の語彙知識と、聴解力・文法知識との相関を見ると、上位群と下位群の間には顕著な違いが見られる。上位群は、和語系語彙の多いドラマの語彙知識は、［①ドラマ、②対談、③聴解試験］のすべての音声言語の聴解力との間に高い相関が見られる。相関係数は、それぞれ順にr = .71 (p < .01)、r = .86 (p < .01)、r = .79 (p < .01)である。また、ドラマの語彙知識は、文法知識との間にもr = .82 (p < .01)と、高い相関がある。ただし、漢語系語彙の多い対談の語彙知識は、［②対談］の聴解力との間に高い相関が見られるだけで (r = .70, p < .01)、［①ドラマ、③聴解試験］の聴解力、および文法知識との間には相関はない。一方、下位群は、和語の多いドラマの語彙知識が、漢語が多用されている［②対談］の聴解力との間に中等度の相関が認められるだけである (r = .68, p < .05)。

表3-4 上位群・下位群の語彙知識 （平均値 ％（標準偏差））

文法知識	上 位 群		下 位 群	
語彙表	ドラマ （和語系語彙）	対談 （漢語系語彙）	ドラマ （和語系語彙）	対談 （漢語系語彙）
語彙知識	71.6%（± 14.5）	61.3%（± 17.7）	69.7%（± 8.9）	53.3%（± 20.7）

表 3-5　上位群・下位群の語彙知識・聴解力・文法知識の相関関係（数値は相関係数）

		上位群の語彙知識		下位群の語彙知識	
		①ドラマ（和語系語彙）	②対談（漢語系語彙）	①ドラマ（和語系語彙）	②対談（漢語系語彙）
聴解力	①ドラマ	.71**	.45	.54	.14
	②対談	.86**	.70**	.68*	.48
	④聴解試験	.79**	.30	−.10	−.52
文法知識		.82**	.46	.02	.35
語彙知識	①ドラマ	—	.54	—	.43
	②対談	.54	—	.43	—

($**p < .01$、$*p < .05$)

1.4　まとめおよび課題

調査 1 の結果を図 3-1、3-2 にまとめて示す。

◆文法知識が高い学習者の傾向（図 3-1 参照）

　①文法知識は、ドラマ、対談、聴解試験のすべての音声言語理解に寄与する。

　②和語・基本語の語彙知識は、ドラマだけでなく、漢語が多用されている対談や聴解試験まで、すべての音声言語理解に寄与する。

　③漢語系語彙知識は、和語・基本語の語彙知識も高ければ、漢語系語彙が多用されている対談の理解に寄与する。

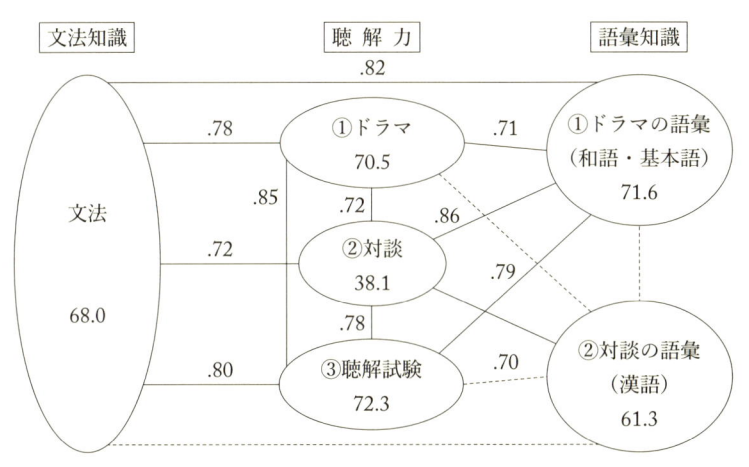

[図: 〈上位群〉の文法知識・語彙知識と聴解力との関連を示す相関図]

文法知識　　　聴解力　　　語彙知識

文法 68.0
①ドラマ 70.5
②対談 38.1
③聴解試験 72.3
①ドラマの語彙（和語・基本語）71.6
②対談の語彙（漢語）61.3

.82、.78、.85、.72、.80、.71、.72、.86、.79、.78、.70

※――は強い相関あり。……は相関なし。
※線の近くの数字は相関係数を示す。
※◯内の数字は各テストの平均値を示す。

図 3-1　〈上位群〉の文法知識・語彙知識と聴解力との関連

◆文法知識が低い学習者の傾向（図 3-2 参照）
①文法知識は、ドラマ、対談、聴解試験のどの音声言語理解にも寄与しない。
②漢語系語彙知識は高くても、どの音声言語理解にも寄与しない。
③和語・基本語の語彙知識だけが、漢語系語彙が多用されている対談の理解に寄与する。

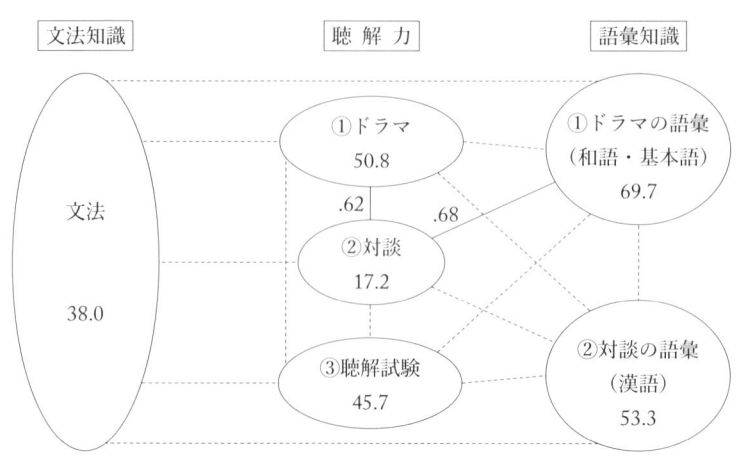

```
文法知識          聴解力          語彙知識

           ①ドラマ        ①ドラマの語彙
            50.8          （和語・基本語）
                               69.7
  文法      .62    .68
  38.0     ②対談
            17.2
                           ②対談の語彙
           ③聴解試験        （漢語）
            45.7            53.3
```

※ ──── は強い相関あり。------- は相関なし。
※線の近くの数字は相関係数を示す。
※◯内の数字は各テストの平均値を示す。

図 3-2 〈下位群〉の文法知識・語彙知識と聴解力との関連

　ここで、和語・基本語の語彙知識が、なぜ上位群も下位群も漢語が多用されている対談の理解に寄与するのか、また、下位群の学習者はなぜ和語・基本語の語彙知識が和語系語彙の多いドラマの理解に寄与しないのか疑問が生ずる。しかし、この点については4節の調査4、テキスト分析で言及する。
　調査1では調査対象者の母語がさまざまであるため、以上に示した傾向が中国語系話者にも共通して見られるのかはわからない。そこで、次節では、母語に破裂音の有声・無声の対立を持たない中国語系話者と、同音韻対立を持つ複数の非中国語系話者の言語知識と聴解力との関係を比較・検討する。

2. 調査2　中国語系話者と非中国語系話者の比較

前節に示した調査1から、学習者の文法知識が聴解力の最も有力な構成要因であることを確認した。しかし、第2章に示したように、中国語系話者の文法知識は、他の母語話者に比較して決して低いわけではない。そこで、

調査2では、破裂音の有声・無声の対立を持たない中国語系話者と、同音韻対立を持つ非中国語系話者の、文法知識と聴解力との関係を比較・検討する。

2.1 調査方法
破裂音の有声・無声の対立を持たない中国語系話者と、同音韻対立を持つ非中国語系話者の、聴解力と文法知識の関係を調べる。聴解力は「外国人のための日本語能力認定試行試験Ｃ（1級）」の聴解試験の結果、文法知識は同試験の文法試験の結果とみなし、それらの相関を見る。

2.2 調査対象者
（1） 上級課程の中国語系話者 22 名[6]
①日本語学習歴
　学習期間：3 〜 4 年
　滞日期間：18 名が 1.5 〜 2 年、4 名が 8 ヶ月。
　学習総時間数：18 名は 2000 時間以上（このうち 6 名は、自国で日本語教師をしている）。4 名は 1000 時間以上。学習時間数、実力から見て 22 名全員超上級レベルである。
②母語方言の内訳
　北方方言話者 20 名、広東語話者 1 名、福建語話者 1 名。いずれも破裂音の有声・無声の対立を持たない中国語方言話者である。

（2） 上級課程の非中国語系話者 76 名[7]
①日本語学習歴
　学習期間：3 〜 4 年
　滞日期間：8 ヶ月〜 1 年
　学習総時間数：700 時間〜 1000 時間。中国語系話者より少ない。
②母語の内訳
　英語（アメリカ・イギリス）、フランス語（フランス）、ドイツ語（ドイツ）、イタリア語（イタリア）、ロシア語（旧ソ連）、ヒンディ語（インド）、インドネシア語（インドネシア）、マレー語（マレーシア）、タイ語（タイ）、ポ

ルトガル語(ブラジル・アルゼンチン)、スペイン語(メキシコ)、各数名ずつ。いずれも破裂音の有声・無声の対立を持つ母語話者である。

2.3 結果と考察

文法試験と聴解試験の平均値(標準偏差)、およびその相関を、表 3-6 に示す。

表 3-6　非中国語系話者(上級)と中国語系話者(超上級)の文法試験と聴解試験の相関

	人数	聴解試験 平均値(標準偏差)	文法試験 平均値(標準偏差)	相関係数 聴解と文法
非中国語系話者	76	52.2%(± 17.9)	49.5%(± 18.1)	.77(p＜.01)
中国語系話者	22	73.5%(± 11.9)	74.3%(± 13.2)	.52

　中国語系話者 22 名の文法と聴解試験の平均値は、それぞれ 74.3%、73.5% である。一方、非中国語系話者 76 名はそれぞれ 49.5%、52.2% で、両試験ともに中国語系話者のほうが全体的に高い。これは、日本語学習の総時間数および在日期間が中国語系話者のほうが長いことに起因すると見られる。

　文法と聴解試験の成績の相関を見ると、非中国語系話者には高い相関が認められるが(r ＝ .77, p ＜ .01 で有意)、中国語系話者には認められない。

　以上から、非中国語系話者は文法知識が聴解力の重要な構成要因になっているのに対して、中国語系話者は文法知識が高くても、その文法知識が必ずしも聴解力の構成要因になっていない、つまり、文法知識が音声言語理解に関与していない学習者がいると考えられる。

3.　調査 3　学習者の音声言語理解過程の分析

3.1　調査方法

「漢語系語彙知識が高く聴解力が低い学習者」と、「漢語系語彙知識が低く聴解力が高い学習者」が、それぞれの言語知識をどの程度、どのように用いて、漢語が多用されている音声言語を理解しているのか、その理解過程を比較・分析する。

（1） 学習者の聴解力と言語知識の測定方法

学習者の聴解力、言語知識の測定方法は、調査1と基本的に同じである。ただし、語彙知識は、次の3)、4)に示すように、和語系語彙と漢語系語彙の知識量を厳密に分けて測定する。

1) 聴解力：「日本語能力試行試験C（1級）」の聴解試験の得点
2) 文法知識：「日本語能力試行試験C（1級）」の文法試験の得点
3) 和語系語彙知識：①ドラマと②対談の語彙表中の和語系語彙の既知率
4) 漢語系語彙知識：①ドラマと②対談の語彙表中の漢語系語彙の既知率

（2） 調査に用いたビデオ［対談］の文字化テキスト

調査1で用いたビデオ、②対談：筑紫哲也ニュース23「自衛隊海外派遣―法文・運用ここが問題」」のうち、次の部分を用いた。

【調査用音声言語の文字化テキスト】（ア：アナウンサー、ツ：筑紫、オ：小川）

01 ア： え、改正[1]されます自衛隊[2]法の法文、そしてその、運用[3]面に問題点あということで、その検討をすすめていただきます。
02 ア： え、まず、法文[4]からです。
03 ツ： このーおー、外務大臣[5]の要請[6]によりという点がーわたしー、
　　　　　　　　　　　　　　　　　　　　〈はい〉
まずーひっかかったんですけども、いままでーたとえばそゆー
　　　　　　　　　　　〈ええ〉
（そういう）決定ってのはーあの国防会議[7]とか、安全保障会議[8]
　　　　　　　　　　　　　　　　　　　〈はい〉
とか、そゆーものがったわけす（そういうものがあったわけで
〈はい〉
す）ねえ＼。
04 オ： そうです。
05 ツ： えー、そすとーおー（そうすると）、外務大臣[5]が要請[6]すると、これいまの法文（ほぶん）でいうと、自動的にこーなっちゃうんですかねえ＼。

06 オ：　そうですね＼。
07 オ：　えーあのー外交問題だからまー外務省のあつかう事項[9]であろ
　　　　　うってことなんですねえ＼。
　　　　　　　〈ええ〉　　　〈ふんふん〉
08 オ：　ただーあの、非常に矛盾[10]してるなと、ぼくはーおもってる点
　　　　　　　　　　　　　　　　〈ふふん〉
　　　　　があるんです。
　　　　　　　　〈ふふん〉
09 オ：　それはですねえ＼、これまでそのーえー戦争がおきたり、革命
　　　　　　　〈ふん〉
　　　　　あ（が）おきたりしたくにから、その日本人を、まつれてくる
　　　　　　　　　　　　　　　　　　　〈ふん〉
　　　　　ために、日本航空[11]の飛行機がとんでますね／。
　　　　　　　　〈ふふん〉　　　　　　　　〈えええ〉
10 オ：　ところが湾岸戦争[12]までは一回も外務大臣[5]の要請[6]ってのはな
　　　　　いんですよ。
　　　　　　　〈ああはあはあはあ〉
11 オ：　これは、わたしがしってるところではこれは、事実です。
　　　　　　　　　　　　　　　　　　　　　　　　〈ふうふうん〉
12 オ：　ですから、にっ日航[13]がわでは、臨時便[14]というかっこうで、
　　　　　自分とこのま、経費[15]を、ま、どんどんつかいながらですね
　　　　　え、もー自分の判断でとんだというかっこうだったんです。
　　　　　〈ふうふうん〉　　　　　　　　　　　　〈ああはあはあ〉
13 オ：　でほかのそのー便にー、影響がでて、お客さんへの説明で四苦
　　　　　　　　　　　　　　　　〈ええ〉
　　　　　八苦[16]したりですね、たいへんなことなんですね／。
　　　　　　　　〈ああはあ〉　　　　　　　〈ふうふうん〉
14 オ：　でー、外務省のそのときの論理というのは、そのくにに救援機[17]
　　　　　を、まー要請[6]（よーせ）してとばせば、そのくにが危険なくに
　　　　　　　　　　　　　　　　　　〈ふうふうん〉

だということを認定[18]することになるから
15 ツ： 外交上認定[18]することになっちゃうんですね↗。
　　　　　　　　　　　　　　　　〈ええ、よくないと〉
　　　　　はいはい。
16 オ： ところがもー、アメリカの飛行機とかなんとかどんどんとんで
　　　　きてー自分のくん（くに）の国民つれてくんですね。
　　　　　〈ふん〉　　　　　　　　　　　　　〈ふん〉
17 オ： でそれをみて日本のジャーナリズムが日航[13]はまだ救援機[17]を
　　　　だせないのかと、たたかれて、非常につらかったと、いうはな
　　　　　　〈ふん〉　　〈ふん〉　　　〈ああはあはあはあ〉
　　　　しをー、きかされたことあります。
18 ツ： あの、実際の運用[3]面では・・・・・・
　　　　　・・・・・・・・・・・・・・・・・・・・・・・・

【文字化のルールと記号の意味】
　①漢語系語彙は漢字で、和語系語彙はひらがな、外来語はカタカナで表記した。
　②01～18は、意味的、構文的、音声的特徴から、音声言語の1文とした。文末の音調により、応答文として1文とする場合と、相槌として1文としない場合がある。相槌の場合は〈　〉内に示す。
　③「___」は顕著なプロミネンス、「___」は弱いプロミネンスのある部分を表す。「、」は、息継ぎの短い「間（ま）」を表す。
　④「。」は文末、「↘」は下降、「↗」は上昇音調を表す。
　⑤「ー」は語末母音の長音化、「点」は強勢の置かれた音節を表す。「___」は音変化のある部分で、その後の（　）内に音声的に最も近いひらがなで音韻表記した。

（3）音声言語理解過程の測定方法
上記、音声言語の理解を以下の手順で進め、学習者の言語知識と内容理解テスト、ディクテーションの記述内容から、その理解過程を見る。
　1）背景知識の学習：「国際貢献－PKO法案をめぐって－」と題する2

時間の読解の授業で、調査に用いた音声言語の背景知識を与えた。
2) 内容理解テストの実施：調査用のビデオを視聴する前に、次の内容質問をした。
「今まで戦争や革命が起きた国にいる日本人の救出はどのように行っていますか。そのとき外務大臣は何かしましたか。」質問自体の意味を理解しているかどうか確認した後、ビデオを視聴し、解答を記述させた。
3) 漢語系語彙知識の調査：調査に用いた音声言語の語彙表を渡し、学習者が知らない語彙を申告させた。この語彙表の中で学習者が知らないと申告した漢語系語彙は、【調査用音声言語の文字化テキスト】に付した以下の1～18の漢語である。

　　1：改正　2：自衛隊　3：運用　4：法文　5：外務大臣　6：要請
　　7：国防会議　8：安全保障会議　9：事項　10：矛盾　11：日本航空
　　12：湾岸戦争　13：日航　14：臨時便　15：経費　16：四苦八苦
　　17：救援機　18：認定

4) 日本人母語話者の理解過程と比較：日本語学習者6名の理解過程と比較するため、日本人母語話者3名にも、上記2)の内容理解テストを実施した。
5) ディクテーション：【調査用音声言語の文字化テキスト】中の01～03、05、07～09の発話のディクテーションを行い、ひらがなで書かせた。ディクテーションは、ビデオからテープに落とした音声を、次のように1文につき4回聞かせて行った。

　　1回目：1文ずつ止めて、全文聞かせる。
　　2回目：1文を文節ごとに止めて聞かせ、書かせる。
　　3回目：1文を通して聞かせ、訂正させる。
　　4回目：1文ずつ止めて全文聞かせ、確認させる。

ディクテーションに用いた文は以下のとおりである。01、02は、アナウンサーの朗読調の音声で、音変化はほとんどしていない。その他の03～09は、筑紫と小川の対談で、音変化している語句が多い。

01：え、改正されます自衛隊法の法文、そしてその運用面に問題ありと

いうことで、その検討を進めていただきます。
02：え、まず、法文からです。
03：この、外務大臣の要請によりという点が、私、まず引っかかったんですけども、今まで、たとえばそういう決定というのは、あの、国防会議とか、安全保障会議とか、そういうものがあったわけですねえ。
05：えー、そうすると、外務大臣が要請すると、これ、今の法文でいうと自動的にこうなっちゃうんですかねえ。
07：えー、あの、外交問題だから、まあ、外務省の扱う事項であろうってことなんですねえ。
08：ただ、あの、非常に矛盾しているなと、僕は思ってる点があるんです。
09：それはですねえ、これまで、その、えー、戦争が起きたり、革命が起きたりした国から、その日本人を、ま、つれてくるために、日本航空の飛行機が飛んでますね。

（4） 調査時期
1991年6月、1992年6月

3.2 調査対象者

前節の調査2の上級課程の日本語学習者の中から、異なる2つのタイプをそれぞれ3名ずつ抽出し、計6名を調査対象者とした。
　Ⅰ群：3名（A、B、C）。漢語系語彙知識が高く聴解力が低い。
　Ⅱ群：3名（X、Y、Z）。漢語系語彙知識が低く聴解力が高い。
　調査対象者の素性、言語知識、聴解力を表3-7に示す。6名はいずれも「日本語・日本文化研修コース（1年）」の国費留学生（20–24歳）で、専攻分野はそれぞれ異なるが、日本語学習に対する学習意欲は高い。Ⅰ群のA、B、Cは、日本語学習期間は3～4年で、自国の大学の日本語科目で2年以上学習した後に日本に留学している。在日期間は調査時8ヶ月で、学習総時間総数は700時間程度である。全員、漢語系語彙知識は高いが、聴解

表 3-7　調査対象者の素性、言語知識と聴解力 (%)

Ⅰ群：漢語系語彙知識が高く、聴解力が低い学習者　3 名

	母語・教育言語	出身国・地域	専攻	漢語	和語	文法	聴解力
A	インドネシア語	インドネシア	日本語	59.2	42.8	42.4	38.6
B	英語・中国語(広東語)	香港	日本語	58.4	46.4	59.4	46.9
C	英語	アメリカ	日本経済	58.4	57.0	45.6	45.2
	Ⅰ群学習者の平均値			58.7	48.7	49.1	43.6

Ⅱ群：漢語系語彙知識が低く、聴解力が高い学習者　3 名

	母語・教育言語	出身国・地域	専攻	漢語	和語	文法	聴解力
X	スペイン語	メキシコ	観光経営	45.7	61.4	65.8	60.3
Y	英語	アメリカ	中等教育	48.4	50.8	65.8	60.3
Z	英語	アメリカ	日本語	38.2	53.5	56.2	51.9
	Ⅱ群学習者の平均値			44.1	55.2	62.6	57.5

※日本人母語話者 3 名：J1、J2、J3

力は低い。しかし、和語系語彙知識はCだけが、文法知識はBだけが高く、ばらつきがある。Ⅱ群のX、Y、Zは全員日系 3 世で、小学校時代、土曜日に 2 時間程度、日本語を学習した経験を持つが、それ以後は、自国の大学の日本語科目で 2 年間学習して日本に留学している。在日期間と学習総時間総数はⅠ群の調査対象者と同じで、調査時、8 ヶ月、700 時間程度である。家庭内で祖父母と話すときに日本語を使用し、簡単な日常会話は話せる。しかし、教育言語ではないため漢語系語彙知識が乏しく、読解の授業ではⅠ群の学習者より劣る。全員、漢語系語彙知識は低いが、聴解力は高い。また、文法知識、和語系語彙知識も比較的高い。なお、日本人母語話者 3 名には内容理解テストのみを行っている。

3.3　結果と考察
3.3.1　文法・語彙知識による音声言語理解過程
【調査用音声言語の文字化テキスト】内の 1 〜 18 の漢語系語彙で、学習者が知らないと申告した漢語の番号を、表 3-8 に示す。

　表 3-8 に示すとおり、Ⅰ群のA〜Cの漢語系語彙に強い学習者は、1 〜

18の漢語系語彙もほとんど知っている。一方、Ⅱ群のX～Yの漢語系語彙に弱い学習者は、知らないと申告した漢語系語彙もやはり多い。

表3-9に、内容理解テストの解答を示す。解答中の［　］内のことばは、質問に使用されていたことばをそのまま使用していたものである。（　）内のことばは、欄外に記されていたメモである。

表3-9の内容理解テストの解答用紙の記述から、Ⅰ群、Ⅱ群、日本人母語話者の理解過程を順に見てみよう。

（1）Ⅰ群：漢語系語彙知識が高く聴解力が低い学習者

Ⅰ群の学習者は、音声言語テキスト内の漢語系語彙はほとんど知っているの

表3-8　調査用テキスト内の未知の漢語系語彙知識

	Ⅰ群			Ⅱ群		
	A	B	C	X	Y	Z
未知の漢語系語彙数	4	2	1	9	8	11
未知の漢語系語彙番号	1、10、14、16	4、16	13	1、7、10、13、14、15、16、17、18	1、3、4、6、9、16、17、18	1、2、5、6、7、8、11、12、13、14、18

表3-9　解答用紙の記述内容

Ⅰ群	A	［外務大臣］つれてくるために
	B	自衛隊によって救出します
	C	日本の航空機を送って（りんじりん、にんてい？）
Ⅱ群	X	日本こうくう自分のはんだんで飛んだ　要するに外務大臣は何もせず（かいせい、ほうぶん）
	Y	JALに乗って　ちょくせつとんだ　［外務大臣］しない　（かいせい、ほうぶん、にんてい？）
	Z	日航がいって　［外務大臣］きけんをにんていしない
日本人	J1	日こうがとんだ　［外務大臣］しなかった
	J2	日本こうくうりんじ便をとばした、［外務大臣］何もしなかった
	J3	国防会ギ、安全保しょう会ギで決定、日こうがとんだ、りんじ便で［外務大臣］何もしなかった、日こう自分の判断で

に理解できていない。特に、学習者Ａ、Ｂはまったくわかっていない様子である。

　学習者Ａは、質問中の「外務大臣」という言葉のところに「つれてくるため」と書いてあるだけである。漢語系語彙はほとんど知っていても、文法知識、和語系語彙知識が低いために全体のつながりが把握できず、文脈上の類推ができないものと見られる。

　学習者Ｂは、学習者Ａとはタイプが異なる。文法知識、和語系語彙知識は、それほど低くはない。しかし、タイトルとして導入されている「自衛隊」と、質問中の「救出」という漢語を使っているものの、見当違いな答えをしている。何らかの要因が理解を阻んでいると見られるが、その要因は学習者Ａとは異なると見られる。

　学習者Ｃは、漢語系語彙で知らないのは 13 日航のみで、和語系語彙知識も比較的高い。文法知識は 45.6% でさほど高くはないが、Ⅰ群の中では一番まともな答えをしている。14 臨時便、18 認定という漢語系語彙も聞き取ってメモしていることから、文法知識がこの程度であれば、和語・基本語の語彙知識、さらに漢語系語彙知識を活用して、ある程度の理解はできると見られる。

（２）　Ⅱ群：漢語系語彙知識が低く聴解力が高い学習者

Ⅱ群の学習者は、【調査用音声言語の文字化テキスト】内にも未知の漢語系語彙が多くありながら、質問に対する解答部分は簡潔に記述し、ほぼ理解している。これは、質問中の「今まで革命や戦争が起きた国にいる日本人の救出は」、および「そのとき外務大臣は」という、「〜は」と題目化されている部分を、あらかじめこの談話の話題として把握していて、聴解の際には、その話題に対する述部要素だけを聞き取っているからだと考えられる。

　では、知らない漢語系語彙はどのように処理しているのであろうか。Ｘ、Ｙ、Ｚはともに「認定」ということばは知らないはずである。その他にも、「改正」「法文」「外務大臣」「日航」「日本航空」なども知らないと申告している。しかし、聴解ではそれらのことばを聴き取ってメモし、大意を把握している。Ｚは、知らないはずの「認定」ということばを使って、「にんていしない」という解答さえしている。

これは、視覚的には意味理解できない漢語系の言葉があったとしても、テレビ映像で視覚的に与えられる文字情報を助けに、聴覚的に聞き取ることが可能であることを示していよう。知らない言葉であっても音声的には聞き取ることができるため、メモすることができる。そのメモをもとに前後の文脈から文法・構文知識と基本語彙・和語系語彙知識を使って、その言葉の意味を類推し、解答している。また、「〜ってのは」を「〜というのは」に書き改めているところから、実際には発話されていない部分も補い、音変化の強い語句も構文知識によって意味化している。つまり、ボトムアップ情報をもとにトップダウン情報を引き出して、理解に至っている。

（3）日本人母語話者の理解過程

日本人母語話者には質問を読む時間も与えていないが、やはり最も的確な解答をしている。談話の話題をあらかじめよく把握していて、音声言語を聞く際には適切な述部要素だけを拾い出して、的を射た解答をしている。この日本人母語話者の理解過程はⅡ群の学習者と共通している。

3.3.2 学習者の理解を阻んでいる要因

表3–10に、聴解力の低いⅠ群の学習者のディクテーションの結果を示し、音声の知覚から意味理解に至る過程でどのような問題が生じているのか検討する。ディクテーションは、音声上の聞き間違いであるのか、あるいは書き間違いであるのか、厳密には判別できない。しかし、調査対象の学習者がすでに日本語学習をはじめて3年以上の上級課程であることから、書き間違いは少なく、聞き間違いの可能性のほうが高いと見ていいであろう。

　Ⅰ群の3人の学習者は、前述したようにビデオの内容理解があまりよくないという点では共通しているが、その理解を妨げている要因は大きく異なる。この3人の誤聴の要因から、次の3タイプに分けられる。

（1）学習者Ａ：文法・和語知識が低いために音変化した語が理解困難

学習者Ａ（インドネシア語話者）のタイプは、01、02のアナウンサーによる朗読調の音声は、音変化が少なく明瞭に発音されているため、ほとんど間違えずにディクテーションできる。しかし、03、05、07～09の会話調の音声は、「ひっかかる」「そういうものがあった」など、もうすでに初級・中級で

表3-10　I群の学習者A、B、Cの聞き間違いの分析

(1) 学習者Aの聞き間違い

正用のことば	誤聴による間違い	誤聴の主な要因
引っかかった	ひかかた	(和)促音
そういうものがあったわけでね	そゆものがたあけすねえ	(和)長音、促音、分節化
そうすると	そすとお	(和)長音
革命が起きたり	かくめあきたり	(和・漢)長音、母音、分節化
こうなっちゃうんですかねえ	こなっちゃうんすかねえ	(和)長音
国防	こくぼ	(漢)長音
要請	よせ	(漢)長音
法文	ほぶん	(漢)長音

(2) 学習者Bの聞き間違い　　　　　　　　　□は破裂音の聞き間違い

正用のことば	誤聴による間違い	誤聴の主な要因
自衛隊	じえい だい	(漢)破裂音
検討	けん ど	(漢)長音、破裂音
そういう決定ってのは	そゆ げ って で のは	(和・漢)長音、促音、破裂音
引っかかった	ひ が かっ だ	(和)促音、破裂音
そうすると	そす ど	(和)長音、破裂音
要請すると	よーせす ど	(漢)長音、破裂音
自動的	じ と で き	(漢)長音、破裂音
扱う事項であろう	あづかうじ ごて あろう	(和・漢)長音、破裂音
法文	ほぶん	(漢)長音

(3) 学習者Cの聞き間違い

正用のことば	誤聴による間違い	誤聴の主な要因
こうなっちゃうんですかね	こなちゃうですかね	(和)長音、撥音
国防	こくぼ	(漢)長音
要請	よせ	(漢)長音
保障	ほしょ	(漢)長音
法文	ほぶん	(漢)長音

学習している使用頻度の高い和語系語彙や機能的語彙でも、特殊拍や、母音・子音の脱落や融合などが生じている部分、発話速度の速い部分で間違いが多くなる。これは、日本語の音声・音韻の聞き取りは悪くはないが、文法知識、和語系語彙知識が低いので、音変化している音をそのまま聞き取り、構文上・文脈上から修正できないためであると考えられる。

（２） 学習者Ｂ：破裂音の知覚の問題で文法・漢語知識ほどには理解できない
学習者Ｂ（広東語話者）は、母語に破裂音の有声・無声の対立を持たない。このタイプは、01、02の朗読調の音声の部分でも、「じえいだい（自衛隊）」「けんど（検討）」といった間違いが生じる。03、05、07〜09の会話調の音声では、和語、基本語、漢語を問わず、間違いが多い。上記（1）のタイプと同様、長音、促音の短音化が多いが、大きく異なるのは、[ひがかっだ（引っかかった）]、「よーせすど（要請すると）」、「じとでき（自動的）」というように、破裂音の無声音を有声音に、有声音を無声音にする間違いが、長音、促音の間違いに重複して生じている点である。ここまで変形してしまうと、文脈上類推して全体の意味を把握することはなかなか困難であろう。視覚的には理解している文法知識、和語系・漢語系語彙知識が、破裂音の聞きとりの前後で大きく阻害され、言語知識は高いのにその言語知識が聴解力の十分な構成要因にはなっていない。つまり、ボトムアップ情報の処理段階で困難があり、トップダウン情報をうまく活性化できない状態であると見られる。

（３） 学習者Ｃ：閾値程度の文法知識と和語・漢語知識で大意をある程度理解
学習者Ｃ（英語話者）のタイプは、「こくぼ（国防）」「よせ（要請）」など、漢語系語彙の長音を短音化する間違いが多い。日本語の音声・音韻の聞き取り能力は高いと見られ、実際に短音化して発音されている語はそのまま修正することなく聞いている。しかし、このように、語の一部の音が欠損して聞かれていても、文法知識がある一定の閾値を越えていれば、和語や機能語、漢語の語彙知識を総合して文全体の構造を類推し、細かい情報は理解できなくとも大意は把握できるものと見られる。

3.4　まとめおよび課題

調査3から、日本語の音声言語理解に寄与する言語的要因として以下3点

が指摘される。
1. ある閾値以上の文法知識がある場合は、和語・基本語の語彙知識が音声言語の大意把握に寄与する。
2. 漢語系語彙知識は、文法知識、和語・基本語の語彙知識の上に積み上げられたものである場合には、音声言語理解に寄与する。
3. 破裂音の知覚に問題を持つ学習者は、上記の2つの法則が成立しない。彼らはボトムアップ情報の処理段階で困難を生じ、文法・語彙知識が高くてもそれらのトップダウン情報を活性化できないために聴解力が低いと推察される。

3. については、さらなる検証を要する。

4. 調査4　音声言語のテキスト分析

聴解力と一口に言っても、日常会話やニュース、講義、対談など、聞く素材のテキスト構造自体が大きく異なることから、音声言語のジャンルによって理解に必要とされる要因も異なることが予測される。そこで、調査4では、日本語の音声言語を「聞いて理解する聴解テキスト」としての観点から分類した上で、各音声言語のテキスト構造、語彙・文法構造および音韻構造の違いを通して聴解力の構成要因を考える。

4.1　日本語の音声言語の分類

音声言語の分類に際してまず、「話し言葉」と「書き言葉」という2つの用語について整理する。中村（1956: 137–138）は「話し言葉」と「書き言葉」の特徴を表3–11のように説明している。

　「話し言葉」と「書き言葉」という2つの用語によってわれわれが認識している事柄は、だいたいここに収斂されているかのように思われる。ところが、実際には、この2つの用語は、ある時には「音声言語」か「文字言語」かという媒材の違いによって、またある時には、「構文」上の違いに、あるいは「文体」上の違いに着目して使用され、日本語教育の現場ではしばしば混乱をきたす。そこで、本書では、この2つの用語を音声言語に特化して

表 3-11 「話し言葉」と「書き言葉」の特徴(中村 1956: 137-138)

	話し言葉	書き言葉
①	文が比較的短い	文が比較的長い
②	文の順序が正常でない場合がある	文の順序が正常である
③	同じ文や言葉を繰り返すことがある	同じ文や言葉を繰り返すことが少ない
④	言いさしで文を終わることがある	言いさしで文を終わること少ない
⑤	文の一部を省略することがある	文の成分は省略されることが比較的少ない
⑥	「僕も行くし、君も行く」という使い方をする	「僕も行き、君も行く」という使い方をする
⑦	「あれ、これ、それ」というような指し示す言葉が比較的多い	「あれ、これ、それ」というような指し示す言葉が比較的少ない
⑧	敬語はいつもついてまわる	敬語は比較的少なく使われる
⑨	「よ、わ」などのことばをよく使う	「よ、わ」などのことばはあまり用いない
⑩	「ね、さ」などのことばをよく使う	「ね、さ」などのことばはあまり用いない
⑪	漢語は比較的少ない	漢語は比較的よく用いる
⑫	古い言葉、漢文的な言葉、翻訳口調の言葉はあまり混ざらない	古い言葉、漢文的な言葉、翻訳口調の言葉が混ざることがある
⑬	文の終わりは「だ、です、でございます」。講演のときは「であります」を使うことが多い	「である」で文を結ぶことが多い

用いる。そして、(1) 音声、(2) 構文、(3) 文体、(4) 伝達形式の4つの基準を設け、音声言語の各基準における「話し言葉」的特徴と「書き言葉」的特徴を考える。表3-12は、4基準における話し言葉性 {+} と書き言葉性 {-} を示したものである。

(1) 音声の「会話調音声」と「朗読調音声」は、大石(1955)の「音声原産」と「文字原産から音声再生」という言語行動の違いによる2分類に相当する。会話調音声の音声言語は、発話速度、ポーズの置き方、プロミネンスのつけ方が不規則で、音変化が多い。それに対して、朗読調音声の音声言語はそれらが規則的で、音声上の変化が少ない。

表3-12　4基準による音声言語の話し言葉性〔＋〕と書き言葉性〔－〕

	話し言葉性〔＋〕	書き言葉性〔－〕
(1) 音声	会話調音声	朗読調音声
ポーズの位置・長さ	不規則	ほぼ一定
発話速度の緩急	顕著	顕著ではない
プロミネンス	顕著	顕著ではない
音声変化(縮約形を含む)	多い	少ない
(2) 構文	口語的構文	文語的構文
文中の要素の順序	倒置、挿入、補充が多く、正常でない場合がある	正常な順序
くり返し、言い直し	多い	少ない
文の切れ目	不明瞭な場合がある	明瞭
句の連続部	「～て、～し」が多い	「～て、～し」、連用中止形
間投詞、感動詞	よく使う	少ない
指示代名詞	よく使う	少ない
不整表現〔文頭・文末の不照応など非文法的文〕	よくある	少ない
(3) 文体	口語的文体	文語的文体
長文、複文	少ない	多い
語彙 ①漢語・サ変動詞	少ない	多い
②雅語	少ない	多い
③待遇語	使い分けに配慮	中立的
④俗語・方言	多い	少ない
文末形式	卑罵体、普通体、「です・ます」体「でございます」体	「です・ます」体(最も多い)「でございます」体「であります」体
表現意図 ①詠嘆表現	多い	少ない
②判叙表現	少ない	多い
③要求表現	多い	少ない
(4) 伝達形式	対話形式	独話形式
具体的表現	よく使う	少ない
終助詞	多い	少ない

| 応答表現 | 多い | 少ない |
| 身体的表現 | 多い | 少ない |

　(2) 構文は、中村 (1956) の分類を参考にして、文単位における文法・構文上の特徴を「口語的構文」と「文語的構文」に分ける。口語的構文は、文中の要素が正常な順序ではなく、繰り返しや種々の要素が挿入されて不整表現が多い。一方、文語的構文は、文字言語の特性を強く持ち、規則的な文構造を保っている。

　(3) 文体は、内容的に一まとまりの談話単位の文法・構文上の特徴を、文単位の (2) 構文の特徴とは別に、「口語的文体」と「文語的文体」に分けて考える。口語的文体の音声言語では、尊敬語・謙譲語など、さまざまなレベルの待遇語や、詠嘆、要求などのムード表現が多く使用される。一方、文語的文体の音声言語では、中立的なていねい表現が多い。また、文字言語と同じように漢語系語彙、長文、複文も多い。しかし、文字言語に比べると、名詞修飾節による複文は少なく、接続助詞、接続詞によって単文を接続する複文構造が多い。その他、文末がていねい体である点も文字言語をそのまま音声化したものとは異なる。

　(4) 伝達形式は、具体的な表現や、終助詞、応答表現、身体的表現が多い「対話形式」と、それらが少ない「独話形式」に分かれる。この 2 つの伝達形式は、他の 3 基準の話し言葉性と書き言葉性の言語的特性とそれぞれ連動する。

　表 3–12 の 4 基準における話し言葉性と書き言葉性によって、さまざまな音声言語を分類すると、表 3–13 のようになる。

　表 3–13 から、話し言葉性が最も強いのはジャンル A の日常会話で、書き言葉性が最も強いのはジャンル H のニュースであることが一目瞭然となる。ジャンル C、D の対談、講義などは、音声・構文上は話し言葉性が強く、その点、ジャンル A・B の日常会話と共通している。両者を分け隔てる最も大きな特徴は、文体上における話し言葉性と書き言葉性の違いである。ジャンル E、F、G、H は、大石 (1955: 15–18) が「文字原産・音声再生の言語」「なぞりの言語」として分類しているものに相当する。日常会話のような即

表 3-13　4基準の話し言葉性、書き言葉性による日本語音声言語の分類

音声言語の分類（ジャンル）		音声	構文	文体	伝達形式	
A	日常会話：雑談、相談、問い合わせ等	会話調 {+}	口語的 {+}	口語的 {+}	対話 {+}	日常会話
B	日常会話：一般向け説明、トーク、宣伝等				独話 {-}	
C	対談、討論、会談等（政治、経済等に関して）			文語的 {-}	対話 {+}	ASJ*
D	講義、講演、解説等（特定の対象者向け）				独話 {-}	
E	シナリオ等の音読	朗読調 {-}	文語的 {-}	口語的 {+}	対話 {+}	
F	講談、詩、散文等の朗読				独話 {-}	
G	対談、会談等の原稿の音読			文語的 {-}	対話 {+}	
H	ニュース、ナレーション				独話 {-}	ASJ

＊ ASJ = Academic Spoken Japanese、アカデミックな日本語の音声言語

席性はなく、心内で周到に用意し、文字によって書いたものを音声によって再生したものである。このうち、ジャンルHのニュースやナレーション等は音声言語の1つのジャンルとして確立しているが、E、F、Gは音声言語のカテゴリーに入るかどうかも微妙である。そこで、本書では、ジャンルA・Bの日常会話と、C、D、Hの討論・対談、講義・講演、ニュースなどのアカデミックなジャンルの音声言語を取り上げ、それぞれの理解に関与する要因について検討する。

4.2　日常会話とアカデミックな音声言語の言語的・非言語的メッセージの違い

以下に示す3つのテレビ番組と、大学の講義のテキスト分析を通して明らかになった各音声言語の特徴を、表3-14に示す。①ドラマと②対談は、1節の調査1と3節の調査3で用いたビデオと同じである。

①ドラマ：テレビドラマ「精神力〜世にも奇妙な物語〜」
②対談：テレビ対談「筑紫哲也ニュース 23 自衛隊海外派遣—法文・運用ここが問題」
③講演：テレビ講演「森林交付税フォーラム 梅原猛基調講演」[8]
④講義：大学の学部学生に対する講義科目「環境政策」[9]

表 3–14 の各音声言語の平均文節数と 4 基準の話し言葉性・書き言葉性から、①ドラマは、表 3–13 の A、B に示した日常会話の特徴を持ち、②対談、③講演と④講義は、表 3–13 の C、D のアカデミックな音声言語の特徴を持っていることが確認される。

Birdwhistell (1970) は、音声言語の理解で非言語的メッセージの重要性を指摘している。しかし、表 3–14 に示すとおり、非言語的メッセージの割合は、①ドラマのような日常会話と、②対談、③講演、④講義などのアカデミックな音声言語とでは大きく異なり、その重要性は一様ではないと考えられる。

日常会話は、非言語的メッセージが大きなウェイトを占め、それが一大特徴になっている。表 3–14 の①ドラマは、映像のみの部分が全体の三分の一

表 3–14　①〜④の音声言語のテキスト構造

		①ドラマ	②対談	③講演	④講義
放送（講義）時間		14 分 32 秒	21 分 15 秒	12 分 46 秒	95 分のうち 29 分
音声＋視覚情報		9 分 41 秒 (66.6%)	20 分 30 秒 (96.5%)	12 分 13 秒 (95.7%)	28 分 20 秒 (≒100%)
視覚情報〈%〉		4 分 51 秒 (33.4%)	45 秒 (3.5%)	33 秒 (4.3%)	0 (0)
平均文節数／1 文		3.3 文節	12.4 文節	7.8 文節	23.5 文節
｛＋｝と｛−｝	(1) 音声	会話調 {＋}	会話調 {＋}	会話調 {＋}	会話調 {＋}
	(2) 構文	口語的 {＋}	口語的 {＋}	口語的 {＋}	口語的 {＋}
	(3) 文体	口語的 {＋}	文語的 {−}	文語的 {−}	文語的 {−}
	(4) 伝達形式	対話 {＋}	口語的 {＋}	独話 {−}	独話 {−}
ジャンル		A	C	D	D
		日常会話	アカデミックな音声言語　（ASJ）		

を占めている。残り三分の二の映像付き音声情報部分も、登場人物の身振り表情や感情表現の多いせりふなどから伝えられる非言語情報（藤崎 2001）が豊富である。

　それに対して、②対談、③講演、④講義のアカデミックな音声言語は、メッセージが視覚情報だけで伝えられることはほとんどなく、言語メッセージへの依存度が非常に高い。この点において、①の日常会話とは明らかに区別される。視覚的な情報が与えられるとしても、常に聴覚的な情報と同時進行で提供されている。視覚的な情報は聴覚情報の補足的情報にはなっても、視覚情報だけで理解することは困難である。

　以上のテキスト構造の違いから、日常会話は、日本人の言語行動に関する非言語的知識や、日本語が使用される場面・状況の言語外的・社会的知識が、聴解力の重要な構成要因になっていると考えられる。第2章で、日本語能力試験の聴解試験が一般に日本国外より日本国内の受験者のほうが成績が高いことを示したが、これは、日本での生活経験を持つ日本国内の受験者のほうが、日常会話の理解に必須の非言語的知識、言語外的知識を多く持っていることに起因するものと結論されよう。また、1節の調査1で、文法知識の低い学習者の和語系語彙知識が、和語系語彙の多用されているドラマの理解に寄与していなかった点については、ドラマを言語メッセージではなく非言語メッセージに依存して理解しているからであると考えられる。

　一方、アカデミックな音声言語は言語メッセージへの依存度が極めて高いことから、言語メッセージの情報処理が理解の前提条件となり、文法・語彙の言語知識を聴覚的に理解可能にする音韻の知覚能力が聴解力の前提的構成要因になると考えられる。

4.3　日常会話とアカデミックな音声言語に共通する語彙・文法構造

日常会話とアカデミックな音声言語とで、使用される語彙・文法項目に違いはないのか見てみよう。調査1、3で用いた①〜④の音声言語と日本語能力試験の1・2級の聴解試験に使用されている語彙・文法項目を取り上げ、日本語教育における語彙・文法項目の級別ランク[10]、および語種構成を表3-15に示す。

①ドラマ：テレビドラマ「精神力〜世にも奇妙な物語〜」
②対談：テレビ対談「筑紫哲也ニュース23自衛隊海外派遣—法文・運用ここが問題」
③講演：テレビ講演「森林交付税フォーラム　梅原猛基調講演」
④講義：大学の学部学生に対する1講義科目「環境政策」
⑤日本語能力試験の聴解試験（1993年度日本語能力試験）[11] 1級
⑥同聴解試験2級

表3-15から、ドラマの日常会話と、対談・講義・講演のアカデミックなジャンルの音声言語、および1級の聴解試験は、ほぼ同じ語彙・文法構造を示していることがわかる。

1) 日常会話でもアカデミックなジャンルの音声言語でも、和語・漢語の使用比率はほぼ同じで、和語系語彙は約7割、漢語系語彙は約3割である。

2) 日本語教育における級別語彙（文法項目を含む）の使用頻度でも、日常会話、アカデミックな音声言語ともに、2級以下の語彙の使用頻度が高い。延べ語数で9割、異なり語数でも8割近くを占める。特に、4級語彙は延べ語数で5割以上、異なり語数で3割前後を占めている。2級語彙は4級語彙についで多く、延べ語数で1.5割前後、異なり語数で2–3割である。2級語彙の異なり語数は日常会話よりアカデミックなジャンルの音声言語のほうが高く、この点が両者を区別する唯一の特徴となっている。

3) 日本語能力試験1級の聴解試験は、級別語彙の比率から見ると、上

表3-15　さまざまなジャンルの音声言語に使用される語彙（文法）項目の語種別・級別比較
①ジャンルA（B）　（ドラマ：「精神力〜世にも奇妙な物語〜」）

和語 70.7%、漢語 27.5%、混種語 1.1%、外来語 0.7%						
	総数	級外	一級	二級	三級	四級
延べ語数	1214	103	37	172	191	711
延べ語数の級別割合	100%	8.5%	3.1%	14.2%	15.7%	58.6%
異なり語数	456	69	25	92	105	165
異なり語数の級別割合	100%	15.1%	5.5%	20.2%	23.0%	36.2%

②ジャンルC（H）（対談：筑紫哲也ニュース23「自衛隊海外派遣」）

和語 67.3%、漢語 30.5%、混種語 0.4%、外来語 1.8%

	総数	級外	一級	二級	三級	四級
延べ語数	5090	301	168	820	520	3281
延べ語数の級別割合	100%	5.9%	3.3%	16.1%	10.2%	64.5%
異なり語数	1000	178	98	301	153	270
異なり語数の級別割合	100%	17.8%	9.8%	30.1%	15.3%	27.0%

③ジャンルD（講演：「森林交付税フォーラム：梅原猛基調講演」）

和語 71.2%、漢語 27.3%、混種語 0.4%、外来語 1.1%

	総数	級外	一級	二級	三級	四級
延べ語数	1040	74	28	141	102	695
延べ語数の級別割合	100%	7.1%	2.7%	13.6%	9.8%	66.8%
異なり語数	320	45	21	79	45	130
異なり語数の級別割合	100%	14.1%	6.6%	24.7%	14.1%	40.6%

④ジャンルD（講義：学部学生対象の講義科目「環境政策」）

	総数	級外	一級	二級	三級	四級
延べ語数	4633	145	142	822	590	2934
延べ語数の級別割合	100%	3.1%	3.1%	17.7%	12.7%	63.3%
異なり語数	716	91	60	236	104	225
異なり語数の級別割合	100%	12.7%	8.4%	33.0%	14.5%	31.4%

⑤日本語能力試験1級1993聴解試験

	総数	級外	一級	二級	三級	四級
延べ語数	4673	83	89	500	526	3475
延べ語数の級別割合	100.0%	1.8%	1.9%	10.7%	11.3%	74.4%
異なり語数	1002	44	63	286	210	399
異なり語数の級別割合	100.0%	4.4%	6.3%	28.5%	21.0%	39.8%

⑥日本語能力試験2級1993聴解試験

	総数	級外	一級	二級	三級	四級
延べ語数	3436	61	41	273	319	2742
延べ語数の級別割合	100.0%	1.8%	1.2%	7.9%	9.3%	79.8%
異なり語数	758	41	32	158	149	378
異なり語数の級別割合	100.0%	5.4%	4.2%	20.8%	19.7%	49.9%

記1)、2)に指摘した特徴と共通するが、語彙・文法項目の難易度からするとやや容易である。日本語能力試験2級の聴解試験は、1)、2)の特徴とは明らかに異なり、2級聴解試験用に調整されたテキストであると言えよう。

1節の調査1で指摘した次の2つの疑問は、上記、調査4のテキスト分析の結果によって解消される。1)文法知識の上位・下位群ともに、なぜ和語・基本語の語彙知識が漢語の多用されているアカデミックな音声言語の理解に寄与するのか。2)文法知識の下位群の和語・基本語の語彙知識は、なぜ和語・基本語が多用されている日常会話の理解に寄与しないのか。

音声言語の語彙・文法構造から、日常会話だけでなくアカデミックな音声言語も、延べ語数では和語・基本語の使用頻度が高いので、文法知識の上位・下位群ともに漢語系語彙知識より和語系語彙知識を有効に活用して理解していると考えられる。また、文法知識の低い下位群は、文法知識を有効に活用して理解することができないために、日常会話では非言語メッセージに依存して理解し、非言語メッセージの少ないアカデミックな音声言語では使用頻度の高い和語系語彙に依存して断片的な言語情報を聞き取り、かろうじて理解していると考えられる。

4.4 日本語の音声言語に生起する破裂音の頻度

次に、日本語の音声言語には破裂音がどのくらいの頻度で生起するのか見てみよう。表3–16に、「聴解試験」(1993年度日本語能力試験1級)全28問のテキストのジャンル分析と、各テキスト中に生起する破裂音を含む音節の割合を示す。表3–17には、「聴解試験」全28問の音声言語に生起する破裂音別の割合を示す。

1級聴解試験の全28問(問題Ⅰ：9問、問題Ⅱ：7問、問題Ⅲ：12問)の各音声言語は、150〜350音節ぐらいの長さの対話もしくは独話である。前節で示した音声言語テキストの分類基準に基づいて分類し、ジャンルによって破裂音の生起頻度に違いがあるか見たところ、破裂音を含む音節は、A、Bの日常会話や、Dの講演、Hのニュースなどのアカデミックなジャンルに

よらず、だいたい各音声言語の総音節数の3～4割ぐらいを占めていることが明らかになった（表3-16参照）。また、表3-17から、軟口蓋破裂音［k］を含む音節が12.41%で最も多く、ついで歯茎破裂音［t］が10.08%で、この2音だけで2割以上を占めることがわかった。本調査は、歯茎破裂音［t］を含む音節は「タ、テ、ト」の3音節で「チ、ツ」の破擦音［tʃ］［ts］を含んでいないことを考えると、UPSID（UCLA Phonological Segment Invontory Database）の317言語のデータとはほぼ一致していると言えよう。しかし、日本語では［p］［b］［g］の生起頻度が極めて低いため、その分［k］［t］の生起頻度が相対的に高くなっている点が特徴的である。

金田一ほか（1988: 264）では、和語はア行、カ行、サ行、ラ行の順に多く、漢語ではア行、カ行、サ行、外来語はラ行、長音が多いと報告している。この頻度は何を基にしているのか定かではないが、聴解試験の全音声言語でも、表3-18に示すように、「ア行」すなわち5母音は最も多く13.34%を占めている。しかし、破裂音［k］を含む音節は12.4%、［t］は10.08%で、この2音節だけで5母音の約2倍になり、破裂音は日本語の音声言語

表3-16　1級聴解試験の28問の談話のジャンルと破裂音の出現率（%）

	1	2	3	4	5	6	7	8	9	10	11	12
問題I （9問）	A	B	A	H	D	A	A	B	A			
	34.3	27.2	32.6	30.1	32.3	33.2	35.6	28.9	26.4			
問題II （7問）	H	B	A	D	D	A	A					
	30.4	36.8	35.2	29.2	29.1	32.9	26.6					
問題III （12問）	A	D	B	A	A	A	A	B	A	A	B	B
	41.5	35.3	26.7	28.6	33.5	33.9	26.3	36.3	36.6	36.3	31.5	35.2

表3-17　無声・有声破裂音を含む音節の生起頻度

無声音	有声音	無声音	有声音	無声音	有声音
［p］	［b］	［t］	［d］	［k］	［g］
0.43%	1.76%	10.08%	6.68%	12.41%	0.82%

〔総音節数7439に占める割合：32.18%〕

ではきわめて生起頻度の高い音韻であることがわかる。

表 3-18　1級聴解試験のテキストに生起する音韻の頻度順序

5母音	>	[k]	>	[n]	>	[t]	>	[s]
13.34%		12.40%		10.97%		10.08%		7.65%

　次に、日本語破裂音が時間的にどのくらいの頻度で生起しているのか見てみよう。聴解試験のテキスト全体の総音節数は 7439 音節、27.3 分であるから、1 秒あたり平均 4.54 音節の速度で話されていることになる。したがって、以下に示す計算式から破裂音を含む音節が生起する頻度を求めると、破裂音 [k] を含む音節は 1.8 秒に 1 回、破裂音 [t] は 2.2 秒に 1 回、破裂音 [d] は 3.3 秒に 1 回、全破裂音を含む音節は、実に 0.8 秒に 1 回の高頻度で生起している計算になる。

$$\left(\begin{array}{c} 破裂音の生起頻度 \\ （秒／1回） \end{array} = \frac{100}{平均音節数／1秒 \times 各破裂音を含む音節数／総音節数} \right)$$

　日本語は世界の諸言語と比べると音素数が 22 〜 23 と少ない。音素が少ないと単語を弁別するのに同じ音素が何度も使われるわけだから、どの言語も同じだけ単語を持っていると仮定した場合、各音素の機能効率はそれだけ高くなる（乾 1998）。したがって、特に生起頻度の高い音素の識別能力に問題があるとすれば、音声情報の処理過程において相当の混乱が生じるであろうことは想像に難くない。
　因みに、英語会話音声における破裂音の生起頻度は、Denes（1963）によれば、総音韻数 72,210 の 20.5% である（表 3-19）。最も生起頻度の高い破裂音

表 3-19　英語談話の破裂音の出現頻度〔総音韻数 72、210 に占める割合：20.5%〕

無声音	有声音	無声音	有声音	無声音	有声音
[p]	[b]	[t]	[d]	[k]	[g]
1.8	2.1	8.4	4.1	2.9	1.2

の［t］音でも8.4%、2番目は［d］音の4.1%である。英語は音素数が多いことから、時間的な生起頻度も日本語の破裂音ほど高くはないはずである。

4.5 まとめおよび課題

調査4では、日本語の音声言語を「聞いて理解する聴解テキスト」としての観点から、大きく日常会話とアカデミックな音声言語に分類し、それぞれの理解に関与する要因について比較・検討した。その結果、以下の点が明らかになった。

1. 日常会話では非言語的メッセージが大きなウェートを占める。そのため、日本人の言語行動に関する非言語的知識や、日本語が使用される場面・状況などの言語外的・社会的知識が、聴解力の重要な構成要因になる。一方、アカデミックな音声言語では非言語的メッセージだけで伝えられることはほとんどなく言語メッセージへの依存度が非常に高い。そのため、言語メッセージを聴覚的に理解できること、つまり、文法・語彙の言語知識を聴覚的に理解可能にする音韻の知覚能力が聴解力の前提的な構成要因になる。
2. 語彙・文法構造上については、日常会話とアカデミックな音声言語とで大きな違いはない。どちらも和語系語彙が全体の約7割、漢語系語彙が約3割を占めている。日本語教育の級別語彙（文法項目を含む）でも、どちらも2級以下の基本語彙・文法項目の使用頻度が高い。したがって、日本語の音声言語理解では、2級以下の約6000語の語彙・文法知識が言語的構成要因になると見られる。
3. 日本語の音声言語では、破裂音の生起頻度がどのジャンルでも全体の3～4割と高い。中でも破裂音［k］・［t］を含む音節は全体の四分の一弱を占めるほど高頻度で生起している。これは、時間単位で見ると、この2音韻を含む音節は1.8秒～2.2秒に1回、全破裂音を含む音節は0.8秒に1回という高頻度で生起していることになる。

以上から、非言語的メッセージによる理解が少なく、ほぼすべての言語メッセージを聴覚的に知覚できることが理解の前提となっているアカデミッ

クな音声言語では、破裂音の弁別能力が音声言語理解の重要な言語的構成要因になることが推察される。では、破裂音の弁別能力が低い学習者は実際に音声言語の談話レベルの意味理解も低いのであろうか、検証を要する。

5. アカデミックな音声言語理解に必要な言語的構成要因とその階層性

第3章では、調査1–4により日本語の音声言語理解に関与する要因について検討した。その結果、以下3点が指摘される。

1) 非中国語系話者は、文法知識が閾値以上の場合は、文法知識、和語系語彙知識がどのジャンルの音声言語理解においても重要な言語的構成要因になり、さらに漢語系語彙知識もアカデミックなジャンルの音声言語の大意把握に寄与する。一方、文法知識が閾値以下の場合は、和語系語彙知識が唯一アカデミックな音声言語の大意把握に寄与し、漢語系語彙知識はたとえ高くてもその知識を活性化することができない。これは、どのジャンルの音声言語でも和語系語彙が約7割を占め、2級以下の基本語彙・文法項目の使用頻度が高いことに起因する。

2) 中国語系話者には、文法・語彙知識が高くても、その知識が音声言語理解に関与していない学習者がいると見られる。これは、日本語破裂音の知覚に問題を持つ学習者はボトムアップ情報の処理段階で困難を生じ、文法・語彙知識が高くてもそれらのトップダウン情報を活性化できないために聴解力が低いのではないかと推察される。

3) 音声言語のテキスト分析から、日常会話とアカデミックなジャンルの音声言語では、理解に関与する要因が異なると考えられる。日常会話では非言語的メッセージへの依存度が高いため、日本人の言語行動に関する非言語的知識や、日本語が使用される場面・状況などの言語外的・社会的知識が聴解力の重要な構成要因になる。一方、アカデミックな音声言語では言語メッセージへの依存度が高いため、言語メッセージを聴覚的に理解できること、つまり、文法・語彙の言語知識を聴覚的に理解可能にする音韻の知覚能力が聴解力の前提的な構成要因にな

る。その場合、日本語の音声言語では、破裂音の生起頻度が全体の3〜4割ときわめて高いため、破裂音の弁別が困難な学習者は、特に上級段階の聴解で中心をなすアカデミックなジャンルの音声言語理解に困難を伴うことが予測される。

　以上から、言語メッセージへの依存度が高いアカデミックなジャンルの日本語の音声言語理解では、次の4要因が重要な言語的構成要因になっていること、また、これらの4要因は順に階層化され、各要因はその前の要因が前提条件として存在する時に、より一層活性化されることが推察される。

　　第1要因：日本語破裂音の弁別能力
　　第2要因：文法知識
　　第3要因：和語・基本語の語彙知識
　　第4要因：漢語系語彙知識

これは、第2章2.4で示した「音声言語理解に関与する要因の仮説モデル」を支持している。心内辞書内に「日本語破裂音の具現的な音響パターン」を多く蓄積していない学習者は破裂音を含む音節を同定できず、破裂音の弁別能力が低い。したがって、たとえ多くのロゴジェン（単語候補）を心内辞書内に持っていても、適切なロゴジェンを絞り込めずに活性化できない。つまり学習者の持つ語彙・文法知識が活性化されず、音声言語の意味理解につながらないと推論される。

　次章では、語彙知識の豊富な中国語系話者の破裂音の弁別能力と聴解力との関連について実際に調査・分析し、調査1〜4のパイロット調査から得られた、上記推論を検証する。そして、日本語破裂音の弁別能力がどのように関与して談話の理解に至るのか検討する。

注
1　テレビ番組をスクリプト化して分析した。スクリプトは巻末の資料1、1.1に所収。
2　内容理解テストは、巻末の資料1、1.2を参照のこと。
3　「外国人のための日本語能力認定試行試験C」(1984年版)は、日本語教育学会編

(1991)『日本語テストハンドブック』pp.188–189、pp.391–399 を参照のこと。

4　ふりがな、漢字、英語訳の順に示されている語彙表の語を、一語ずつ音声を聞かせ、聞いて理解できる語を既知語彙として申告させた。知っているか知らないかはあくまでも学習者の内省に基づいているため、視覚的に理解している語も含まれている可能性がある。しかし、ここでは学習者の心内辞書内にある語彙知識を見ているので、視覚的・聴覚的の違いによらず、学習者が「聞いて理解できると意識している語彙」を語彙知識とした。語彙表は、巻末の資料1、1.3 に所収。

5　名古屋大学の 1991 年度日本語・日本文化研修生 21 名である。

6　1994–98 年度にかけて筆者が担当した名古屋大学、金城学院大学、富山大学、立命館大学の上級日本語クラスの中国語系話者である。

7　1988–92 年度の名古屋大学日本語・日本文化研修生の上級クラスの学習者である。

8　注1を参照。

9　95 分の講義をビデオ収録し、最初の 29 分をスクリプト化した。スクリプトは巻末の資料1、1.1 に所収。

10　音声言語テキストの級別語彙分析は、まず、川村よし子氏の開発した「リーディングちゅー太」(Web 上で公開、htttp//:language.tiu.ac.jp) により、級別解析を行った。その後、級外として判別された語彙を専門教育出版(1998)の『A〜Dレベル別1万語語彙分類』によって分類した。その際、A〜Dの分類しかないものは、それぞれ1〜4級相当として分類した。この分類によれば、2〜4級の語彙総数は約 6000 語、1〜4級の語彙総数は約 10,000 語とされる。

11　1993 年度日本語能力試験の聴解試験は、本書の第4章に示す調査5–8 で使用している。1級の聴解試験は、28 問中 9 問(問題 I)が、場面を表す一コマの絵とともに聞く形式で、残り 19 問は音声のみによる質問・解答の形式である。2級の聴解試験は、26 問中 9 問(問題 I)が、場面を表す一コマの絵とともに聞く形式で、残り 17 問は音声のみによる質問・解答の形式である。

第4章
第一言語の音韻転移と
第二言語の音声言語理解

前章では、学習者の言語知識と聴解力の関係、および音声言語のテキスト分析から、アカデミックな音声言語の理解では、日本語破裂音の弁別能力が文法・語彙の言語知識を活性化させる前提的な構成要因であると推論した。そこで、本章では、4つの調査を通して日本語破裂音の弁別能力と聴解力の関連を明らかにし、第一言語の音韻転移を検証するとともに日本語の音声言語理解のメカニズムについて検討する。

1) 調査5 北方方言話者の日本語破裂音の弁別能力と聴解力
母語に破裂音の有声・無声の対立を持たない北方方言話者と、同音韻対立を持つ非中国語系話者の、日本語破裂音の弁別能力と聴解力の関連を比較・調査し、第一言語の破裂音の音韻体系が第二言語の日本語破裂音の弁別能力と聴解力に影響を及ぼすか検証する。

2) 調査6 北方方言話者と上海語話者の聴解力の構成要因
中国語の母語方言に破裂音の有声・無声の対立を持たない北方方言話者と、同音韻対立を持つ上海語話者を対象に、日本語破裂音の弁別能力と聴解力の関連を比較・調査し、第一言語の音韻転移を検証するとともに、聴解力に寄与している要因とそのメカニズムを考える。

3) 調査7 習得差のある2群の北方方言話者の聴解力の構成要因
習得差のある2群の北方方言話者の日本語破裂音の弁別能力と聴解力の関連を比較・調査し、同一母語話者に習得差をもたらしている言語的要因とそのメカニズムを考える。

4) 調査8　日本国内・国外の学習環境の影響

日本国内と国外で学ぶ、中国北方方言話者の日本語破裂音の弁別能力と聴解力の関連を比較・調査し、第二言語学習環境と外国語学習環境の違いが日本語破裂音の弁別能力と聴解力にどのように影響しているのか検証する。

1.　調査方法

調査5～8では、すべて同じ調査方法により、学習者の日本語破裂音の弁別能力、文法知識、聴解得意意識を測定し、聴解力との関連を見る。

1.1　日本語破裂音の弁別能力の測定

1.1.1　刺激語[1]

刺激語は語頭か語中に破裂音を含む／CVN／と／VCV／で、前後の母音環境とCVの音節のピッチを変えた262語の無意味語である。これは破裂音が生起するほぼすべての環境を満たしている。なお、／C／は［p, t, k, b, d, g］、／V／は［a, i, u, e, o］、／N／は撥音を表し、下線を付した音節は低ピッチであることを示す。／VgV／・／VgV／の各25音の語中／g／は鼻音とし、この50音をフィラーとした[2]。

①／CVN／　語頭破裂音（52音）
  1) 高ピッチ無声破裂音（13音）：／pVN／（5語）、／tVN／（3語）、／kVN／（5語）
   パン・ピン……、タン・テン・トン、カン・キン……、
  2) 高ピッチ有声破裂音（13音）：／bVN／（5語）、／dVN／（3語）、／gVN／（5語）
   バン・ビン……、ダン・デン・ドン、ガン・ギン……、
  3) 低ピッチ無声破裂音（13音）：／pVN／（5語）、／tVN／（3語）、／kVN／（5語）
   パン・ピン……、タン・テン・トン、カン・キン……、
  4) 低ピッチ有声破裂音（13音）：／bVN／（5語）、／dVN／（3語）、

／gVN／（5 語）

バン・ビン……、ダン・デン・ドン、ガン・ギン……、

② ／VCV／　語中破裂音（210 音）
1) 高ピッチ無声破裂音（65 音）：／VpV／（25 語）、／VtV／（15 語）、／VkV／（25 語）

アパ・アピ…、イパ…、アタ・アテ・アト、イタ…、アカ・アキ…、イカ…、

2) 高ピッチ有声破裂音（40 音）：／VbV／（25 語）、／VdV／（15 語）

アバ・アビ…、イバ…、アダ・アデ・アド、イダ…、

3) 低ピッチ無声破裂音（65 音）：／VpV／（25 語）、／VtV／（15 語）、／VkV／（25 語）

アパ・アピ…、イパ…、アタ・アテ・アト、イタ…、アカ・アキ…、イカ…、

4) 低ピッチ有声破裂音（40 音）：／VbV／（25 語）、／VdV／（15 語）

アバ・アビ……、イバ……、アダ・アデ・アド、イダ……、

刺激語に無意味語を用いるのは、有意味語だと語の意味的制約によって個々の音響的特性を無視して同定する可能性が考えられるからである。また、刺激語が少ないと推測によって答える可能性が高くなり、正しく知覚しようとしない傾向がある（Miller 1963: 77）ことから、その危険性をできるだけ避けること、さらに、統計的に分析可能な数量であることを念頭に、刺激語数は 262 語の最大語数とした。

1.1.2　手順
（1）　破裂音の弁別能力の測定
上記 262 語の刺激語と 50 語のフィラーを無作為に並べて、「これは、＿＿＿＿＿です」の下線部に入れ、312 の刺激文を DAT（SONY、TCD-D8）に録音した。その際、「これは」と、「＿＿＿＿＿です」の間に休止を入れ、破裂音の語頭・語中の発音の違いに留意した。録音後、各文ごとに 2 回繰り返して聞けるように編集してカセットテープに落とし、各機関の LL 教室で、中級・上級別々に聴取テストを行った。1 刺激文当り約 15.4 秒、総時間 80 分かか

るので、4回に分け、2日間にかけて実施した。一日目に前半78文を約20分で実施した後、間に10分の休憩を入れ、後半78文を約20分で終了した。2日目も同様に行った。被調査者にはまず以下の指示文を読ませてやり方を確認し、テープを2回聞いて下線部の刺激語だけを書かせた。

〈指示文〉　テープを聴いてください。「これは、＿＿です。」と、同じことばを2回言います。そのことばを回答欄に書いてください。そのことばには意味はありません。例「これは、＿まな＿です。これは、＿まな＿です。」回答欄に、「まな」と書いてください。それでは始めます。

（2）　破裂音の誤聴分析

誤聴の弁別特徴によって①無声、②有声、③調音点、④調音法、⑤母音の5種類のタイプに分類した。例えば、刺激語「あで」を「あて」と誤聴した場合は有声性の誤聴、「あて」を「あで」とまちがえた場合は無声性の誤聴とした。以下同様に、「あで」を「あべ」とした場合は調音点、「あれ」とした場合は調音法、「あど」とした場合は後続母音の／e／を／o／とした母音の誤聴、「あぺ」とした場合は有声性と調音点の複合的な誤聴とした。各誤聴数を総合したものを「延べ誤聴数」として表した。

（3）　調査で用いた録音テープ[3]

調査に用いたテープは、調査の実施年度により異なる。

① 1997年（調査5の一部と調査8）に実施した調査
　　筆者（女、愛知県三河地方出身）により、大学の録音室で収録。
② 1999年（調査6）、2000年（調査7）、2002年（調査5の一部）に実施した調査
　　FMラジオアナウンサー（男、東京出身）により、FMラジオの録音室で収録。

1.2　聴解力および文法知識の測定

聴解力は、上級の学習者には日本語能力試験（1993年度版）の1級（45分）、中級の学習者には同試験2級の聴解試験（40分）を行い、その結果とした。この1993年度の1・2級聴解試験はα係数がそれぞれ0.830、0.839で、「音

声テープに録音された問題、質問を聞いて、即座に回答しなければならない」という聴解テストの形式を考慮に入れると、かなり信頼度が高い（日本語教育学会編 1995: 55）とされる。

文法知識は、同日本語能力試験1・2級の「読解・文法」試験のうち、文法試験の問題（30分）のみの結果とした。統計分析を行う調査6〜8では、第3章に示したように、文法知識が閾値以下の場合は聴解力を阻害する可能性が高いため、文法試験の成績が45%以上の学習者のみを調査対象とした。

1.3 ディクテーションによる誤聴傾向の分析
調査5の中級の学習者に対しては、以下に示す①〜⑪の文のディクテーションを行い、北方方言話者と非中国語系話者の誤聴傾向を比較した。
①彼は異文化に対して関心が高かった。
②この本は、彼の経験によって書かれたものだ。
③砂漠地域においては、人間は戦いをくり返す。
④自然の厳しさに耐えながらも、従っている。
⑤自由の観念や、合理的精神を発達させた。
⑥文明は、人間と自然の相互作用を通して、絶えず変化している。
⑦ただ、日常生活は、封建的制度を残していました。
⑧そうすることで、民族性を保とうとしたのかもしれません。
⑨戦後はすべての面で西欧化が進んでいきました。
⑩それに対して、東洋は宗教も非常に多様です。
⑪文明間の争いが生じやすい状況です。
これら①〜⑪の文は、読解の本文中からディクテーション用に作成したものである。ディクテーションは、読解終了後、以下のように1文につき3回聞かせた。

 1回目：全文聞かせる。
 2回目：1文を文節ごとに止めて聞かせ、書かせる。
 3回目：1文を通して聞かせ、確認させる。

1.4 聴解得意意識の測定

調査6～8では、学習者が聴解に対してどの程度自信を持っているかという「聴解得意意識」を測定し、聴解力との関連を見る。測定方法は、4技能を自信のある順番に1～4まで番号を書かせ、聴解を最も自信があるとした場合は1点、2番目は2点、3番目は3点、4番目は4点として、4段階スケールで点数化する[4]。

2. 調査5　北方方言話者の日本語破裂音の弁別能力と聴解力

母語に破裂音の有声・無声の対立を持たない北方方言話者と、同音韻対立を持つ非中国語系話者の、日本語破裂音の弁別能力と聴解力の関連を比較・調査し、第一言語の破裂音の音韻体系が第二言語の日本語破裂音の弁別能力と聴解力に影響を及ぼすか検証する。

(1)国内の同一機関で学ぶ中級課程の学習者：調査時期 2002年3月

母語		人数	出身地	学習期間・時間	在日期間
中国北方方言（SVO）		3	中国・北京市	8ヶ月・約400時間	1年
非中国語	タイ語（SVO）	2	タイ・バンコク		
	インドネシア語（SVO）	2	インドネシア・ジャカルタ		
	ヒンディー語（SOV）	1	インド・ニューデリー		
	シンハラ語（SOV）	1	スリランカ		

(2)国内の同一機関で学ぶ上級課程の学習者：調査時期 1997年10月

母語		人数	出身地	学習期間・時間	在日期間
中国北方方言（SVO）		10	中国遼寧省6名、吉林省4名	3年・1500時間以上	2年
非中国	タガログ語（SVO）	1	フィリピン・マニラ	3年・約1000時間	1.5年
	ロシア語（SVO）	1	ロシア・イルクーツク		0.5年

2.1　調査対象者と調査時期

調査対象者は、日本国内で学ぶ中級・上級課程の北方方言話者 13 名[5]と非中国語系話者 8 名の、計 21 名である。学習環境、学習内容、教授法などの違いによる影響を可能な限り統制して母語の音韻転移を検証するため、日本国内で、同一カリキュラム、同一シラバスのもとに、同一期間学んでいる北方方言話者と非中国語系話者を対象とした。

中級課程の学習者 9 名は、同時期に同一機関の日本語予備教育課程で、初歩から日本語学習を始めている。調査時期は 2002 年 3 月で、調査時点において在日期間 1 年、学習期間 8 ヶ月、学習時間数約 400 時間である。初中級レベルであるが、2 級の聴解試験を用いて、その結果を聴解力とした。

上級課程の学習者 12 名は、ロシア語話者を除き、全員、日本語能力試験 1 級に合格して日本の大学に入学し、大学 1・2 年生対象の日本語上級科目を履修している。総合的な日本語能力は超上級レベルであるが、1 級の聴解試験を用いてその結果を聴解力とした[6]。上級課程の 12 名は、大学入学前の初級から中上級課程はそれぞれ異なる日本語教育機関で学んでいるので、その間の学習履歴は異なる。北方方言話者 10 名は、調査時点で、全員、学習期間 3 年、学習時間数 1500 時間以上、在日期間 2 年である。タガログ語話者とロシア語話者は、学習期間 3 年、学習時間数約 1000 時間で、在日期間はタガログ語話者が 1.5 年、ロシア語話者が 0.5 年である。ロシア語話者はロシアの大学の日本語・日本文化専攻の交換留学生である。タガログ語話者とロシア語話者は、北方方言話者に比べると、学習時間数、在日期間が短い。

なお、調査対象者の人数が少ないため、調査 5 では統計的分析は行なわない。

2.2　結果と考察

2.2.1　中級課程における第一言語の負の音韻転移

表 4–1 に、中級課程の学習者の日本語破裂音の弁別能力と聴解試験の結果を示す。中級の学習者には日本語能力試験 2 級の全試験を行っているので、「読解」と「文字・語彙」試験の平均値も参考に示す。

表4-1 中級課程の学習者の日本語破裂音の弁別能力と聴解力

		正聴率(%)	誤聴数					日本語能力試験2級(%)		
			延べ誤聴	有声/無声	調音点	調音法	母音	聴解	読解/文法	文字/語彙
1		71.2	90	45 (3/42)	22	2	5	44	63 [66/59]	53
2	北方方言	63.8	113	43 (10/33)	26	2	27	48	42 [47/37]	48
3		59.3	127	49 (27/22)	22	7	13	31	47.5 [58/37]	52
	平均値	64.8	110	45.7 (13.3/32.3)	23.3	3.7	15.0	41.0	50.8 [57.0/44.3]	51.0
4	タイ語	86.2	43	15 (12/3)	21	12	2	92	48 [53/41]	45
5		83.3	52	17 (9/8)	15	3	2	86	50 [53/46]	41
6	インドネシア語	84.0	50	9 (1/8)	19	3	1	73	51 [55/46]	56
7		79.8	63	11 (9/2)	18	7	2	59	48 [46/50]	51
8	ヒンディー語	77.9	69	12 (5/7)	17	11	5	78	56 [57/55]	61
9	シンハラ語	76.9	72	7 (4/3)	26	12	1	53	40 [42/36]	40
	平均値	81.4	58.2	11.8 (6.7/5.2)	19.3	8.0	2.2	73.5	48.8 [51.0/45.7]	54.8

※有声/無声の欄の(_/_)の数字は誤聴数の最大値と最小値である。また、読解・文法の欄の[_/_]の数字はそれぞれ読解試験と文法試験の平均値である。

　中級課程の学習者は、同時期に、同じカリキュラム・シラバスのもとに、五十音から学習を開始している。にもかかわらず、北方方言話者と非中国語系話者の間には顕著な差が生じている。北方方言話者3名は全員聴解力が低く、聴解試験の平均は41.0%である。それに対して、非中国語系話者6名は全員聴解力が高く、聴解試験の平均は73.5%である。日本語破裂音の弁別能力も北方方言話者3名は全員極めて低く、平均延べ誤聴数は非中国語系話者の約2倍である。中でも有声・無声の誤聴数は多く、非中国語系話者の約4倍にも達している。母音の誤聴数も、絶対数は少ないものの、北方方言話者のほうが多い。一方、文法試験、読解試験、文字・語彙試験の成績では、両群間にほとんど差がない。

　表4-2に、中級課程の学習者が履修している「日本語科目」の成績評価

表 4-2　中級課程の学習者の「日本語科目」の成績評価

	母語	中間・期末の読解試験	コミュニケーション能力	科目成績評価
1	北方方言	77%	C	B
2		81%	B+	A
3		89%	C	A
4	タイ語	85.8%	A+	A
5		66.8%	A	A
6	インドネシア語	67%	A-	B
7		45.5%	B+	C
8	ヒンディー語	67%	A-	A
9	シンハラ語	58.3%	B+	C

を示す。「日本語科目」の総合成績では、北方方言話者3名は全体的に高い。文字言語を媒体として行われる中間・期末の読解試験、学期中に行われる小テスト、作文などの成績によって評価されるからである。ただし、コミュニケーション能力は北方方言話者のほうが低く、聴解試験の結果と類似している。

　次に、ディクテーションの結果から得られた、破裂音を含む音節の誤聴を、表4-3に示す。表4-3を見ると、促音、撥音、長音の特殊拍を含む音節の誤聴と音の脱落によるまちがいは、母語の違いによらず学習者全員に多い一方、破裂音を含む音節の誤聴によるまちがいは北方方言話者にだけ多いことがわかる。非中国語系話者で、破裂音を含む音節のまちがいはタイ語話者1に1箇所、インドネシア語話者2に2箇所見られるだけである。それに対して、北方方言話者1と3には、使用頻度の高い和語系語彙、機能語彙をはじめ、漢語系語彙にも破裂音を含む音節のまちがいが多く見られる。なお、北方方言話者2はディクテーションテストを受けていない。

　以上、調査人数が少ないとはいえ、中級段階の北方方言話者は、非中国語系話者に比べて破裂音の聞き取りおよび聴解力が極めて低く、母語による負の音韻転移が強いことが推察される。

表4-3 中級課程の学習者のディクテーションにおける破裂音を含む音節の誤聴

中級学習者	正用のことば	誤聴後の形式	誤聴した音
タイ語1	受ける	うげる	(和)無声破裂音 [k]
インドネシア語2	異文化	いふんか	(漢)有声破裂音 [b]
	文明	ふんめい	(漢)有声破裂音 [b]
シンハラ語	生活	せいがつ	(漢)無声破裂音 [k]
北方方言1	戦い	ただかい	(和)無声破裂音 [t]
	〜を通して	〜をどうして	(和)無声破裂音 [t]
	西欧化が	せいおうがが	(漢)無声破裂音 [k]
	宗教	しゅうぎょう	(漢)無声破裂音 [k]
	状況	じょうぎょう	(漢)無声破裂音 [k]
北方方言3	高かった	だかかだ	(和)促音、無声破裂音 [t]
	〜によって	〜によっで	(和)促音、無声破裂音 [t]
	〜ものだ	〜も_た	(和)有声破裂音、音の脱落
	〜において	〜においで	(和)無声破裂音 [t]
	合理的	こうり	(漢)有声破裂音 [g]
	発達させた	はだ_させだ	(漢)促音、無声破裂音 [t]、音の脱落
	〜を通して	〜をどうして	(和)無声破裂音 [t]
	生活	せいがつ	(漢)無声破裂音 [k]
	すべて	すべで	(和)無声破裂音 [t]
	〜に対して	〜にだいして	(和)無声破裂音 [t]
	東洋	どうよう	(漢)無声破裂音 [t]

＊(和)は「和語」と「機能語」、(漢)は「漢語」を表す。

2.2.2 上級課程における習得度の差

上級課程の学習者の日本語破裂音の弁別能力と聴解試験、文法試験の成績を、表4-4に示す。

前述したように、調査5の上級の学習者は、ロシア語話者を除いて、すでに1年余前に日本語能力試験1級に合格し、大学入学を果たしている学生であるため、日本語能力は全般に高く、超上級レベルである。しかし、1

表 4-4　上級課程の学習者の破裂音の弁別能力と聴解試験・文法試験の成績

上級	正聴率(%)	誤聴数の平均値					日本語能力試験1級(%)	
		延べ誤聴数	有声/無声	調音点	調音法	母音	聴解試験	文法試験
北方方言 n = 10	71.5%	103.8	60.9	15.2	15.3	6.5	84.3	78.4
	86.5/59.3	139/53	97/12	28/12	22/4	9/6	100/64.3	94.6/54.1
タガログ語	62.5	80	13	8	15	44	92.9	70.3
ロシア語	91.0	46	5	17	18	6	100	94.6

※北方方言話者は10名の平均値［上段］と、最大値／最小値［下段］を示した。

級の聴解試験では、満点か満点に近いロシア語話者、タガログ語話者に比べて、学習時間数、在日期間がより長い北方方言話者の中に、聴解力がそれほど高くない学習者がいる。

　日本語破裂音の弁別能力では、正聴率を見るとタガログ語話者の低さが目立つが、これは、例えば［あぺ］を［あば］とするような、破裂音に先行・後続する母音の誤聴が多いためである。有声・無声の誤聴数では、タガログ語話者、ロシア語話者はともに少ない。

　それに対して、北方方言話者は、破裂音の有声・無声の誤聴が圧倒的に多い。延べ誤聴数も、有声・無声の誤聴が他の弁別特徴の誤聴と重複して現れているために多くなっている。ただし、誤聴数の最大値、最小値の差が大きいことから、日本国内の上級北方方言話者には、破裂音の弁別能力に習得差が生じていると見られる。

2.3　まとめおよび課題

第二言語学習環境下で学ぶ、母語に破裂音の有声・無声の対立を持たない北方方言話者と、同音韻対立を持つ非中国語系話者の日本語破裂音の弁別能力と聴解力の関連について比較・調査した結果を、表 4-5 にまとめて示す。

　北方方言話者と非中国語系話者の間には、日本語破裂音の弁別能力と聴解力に顕著な差が見られる。中級課程では、日本国内で初級から同一のカリキュラムで同一時間、同一内容を学んでいるにもかかわらず、北方方言話者は文法・文字・語彙知識、読解力は同程度でも、聴解力は非中国語系話者よ

表4-5　第二言語学習環境下の中国北方方言話者と非中国語系話者の比較

課程	中級		上級	
母語（人数）	北方方言(n = 3)	非中国語(n = 6)	北方方言(n = 10)	非中国語(n = 2)
学習期間・総時間数	8ヶ月・約400時間		3年・1500時間以上	3年・約1000時間
在日期間	1年		2年	0.5年、1.5年
聴解試験平均	非常に低い(41.0%)	高い(73.5%)	比較的高い(84.3%)	非常に高い(96.5%)
文法試験平均	同程度(44.3%)	同程度(45.7%)	同程度(78.4%)	同程度(82.5%)
文字・語彙試験平均	同程度(51.0%)	同程度(54.8%)	———	———
破裂音の延べ誤聴数	非常に多い	少ない	非常に多い：習得差	少ない
破裂音の有声・無声の誤聴数	非常に多い	非常に少ない	非常に多い：習得差	非常に少ない
日本語科目の成績	高	中〜高	———	———
コミュニケーション能力	低	中〜高		
特殊音節のまちがい	多い	多い		
破裂音のまちがい	多い	少ない		

り極めて低い。また、聴取テスト、ディクテーションの結果では、日本語破裂音の弁別能力、特に有声・無声の弁別能力が極めて低い。上級段階でも、北方方言話者は、非中国語系話者に比べて日本語破裂音の弁別能力がきわめて低く、聴解力も日本語学習時間数を考えると低い。しかし、上級段階では同一母語の北方方言話者の間に習得差が見られる。

　以上、調査対象者の人数が少なく、上級の学習者の場合、学習時間数、在日期間などの学習条件も異なるために統計的意味はないが、両群の違いは顕著である。破裂音の有声・無声の対立を持たない母語話者にとっては、日本国内の第二言語学習環境下でも日本語破裂音の弁別能力の習得は難しく、そのために聴解力が劣るのではないかと見られ、第二言語としての日本語の音声言語理解には第一言語の破裂音の音韻転移が強いのではないかと推察される。

しかしながら、上級段階では、母語の負の音韻転移を克服して日本語破裂音の弁別能力が高くなり、聴解力が高くなる学習者も現れている。これは、学習時間数によるのか、あるいは学習環境によるのか。つまり、日本国内の学習環境が功を奏して上級段階になると個人差が生じるということなのか、あるいは外国語学習環境でも上級段階になれば個人差が生じるということなのか。さらなる検証が必要である。

3. 調査6 北方方言話者と上海語話者の聴解力の構成要因

同じ中国語系話者で、母語方言の音韻体系の異なる北方方言話者と上海語話者を対象に、日本語破裂音の弁別能力と聴解力の関連を比較・調査し、第一言語の音韻転移を検証するとともに、日本語の音声言語理解に寄与している要因とそのメカニズムについて検討する。

3.1 調査対象者と調査時期

調査対象者は、日本国外で学ぶ、大連市D機関のD北方方言話者と上海市S機関の上海語話者で、日本語専攻の大学2年生と3年生(20–24歳)である。両方言話者はそれぞれ両都市で12歳までの言語形成期を過ごしている。

中国の大学または大学に準じる高等教育機関の日本語専攻学科では、日本語のカリキュラムは『教学大綱』[7]（教育部高等学校外語専攻教学指導委員会日語組編 2000, 2001）に準じて全国一律に定められている。調査対象としたD機関とS機関も、この『教学大綱』のもとに、2学期制、1学期17週、週14コマ以上（1コマ50分）で、学習期間、学習総時間数、日本語の履修科目数はほぼ同じである。1999年3月の調査時点で、2年生は1年半(51週)約700時間で中級課程、3年生は2年半(85週)約1,000時間で上級課程の学習内容を学んでいた。中級課程の科目内容は日本語能力試験2級レベル、上級課程は日本語能力試験1級レベルに相当し、各課程の期間中に当該試験を受験して合格する学生も多い。両機関ともに日本語能力別によるクラス編成は行っていないので、本研究の調査対象者も年度によって多少異な

ることはあっても、各機関の当該学年の平均的学生であると言える。文法試験の成績が45%未満の学習者は排除して、最終的に以下の121名を分析対象とした。

D 北方方言話者(59名)と上海語話者(62名):121名　　　　調査時期:1999年3月

学習課程	調査対象者	方言	出身地域	人数(121名)	学習期間・総時間数	在日経験
中級(大学2年)	D 北方方言話者	北方方言	大連市	29名	1年半・約700時間	無
	上海語話者	上海語	上海市	31名		
上級(大学3年)	D 北方方言話者	北方方言	大連市	30名	2年半・約1,000時間	
	上海語話者	上海語	上海市	31名		

　中国の遼寧省大連市と上海市を調査対象としたのは、両地域には多くの日本企業が進出し、日本語・日本関連の情報量が比較的多く日本語学習者も多いという点で、学習者をとりまく状況的・社会的環境が比較的よく似ていることによる。また、調査対象者の母語の言語構造、および学習期間、学習時間数、学習内容等の日本語教育カリキュラムにおいても同一条件を満たしているため、これらの影響をすべて統制して、破裂音の有声・無声の対立を持つか持たないかという母語方言の音韻の違いによる影響をより厳密に検証できると考えたためである。

3.2　結果と考察
3.2.1　聴解力と文法知識・聴解得意意識との関係
大連市の D 北方方言話者と上海語話者の聴解と文法試験の平均値、聴解得意意識を表4-6に示し、聴解力と文法知識・聴解得意意識との関係について検討する。同年度の日本語能力試験の、日本国内と国外における総受験者の聴解試験の平均値(日本語教育学会編 1995)も参考に示す。なお、日本語能力試験では読解と文法試験が同一試験内で行われるため、文法試験のみの平均値は出ていない。

　表4-6に示すように、D 北方方言話者と上海語話者の聴解力は、日本語能力試験の総受験者と比べるとどちらも高い。中級の D 北方方言話者と上

表4-6　D北方方言話者と上海語話者の聴解・文法試験の平均値(%)、標準偏差

課程 (級)	方言	聴解試験 被験者数	聴解試験 平均値、標準偏差	文法試験のみ 平均値、標準偏差	聴解得意意識※
中級 (2級) 2年	D北方方言	n = 29	69.6 ± 13.1	78.6 ± 8.3	1.83 ± 0.71
	上海語	n = 31	73.1 ± 14.0	64.0 ± 12.0	2.23 ± 1.15
	国外総受験者	n = 11、892	58.8 ± 19.5	—	
	国内総受験者	n = 4、749	78.2 ± 14.3		
上級 (1級) 3年	D北方方言	n = 30	81.7 ± 11.0	86.0 ± 9.8	2.40 ± 0.93
	上海語	n = 31	87.0 ± 7.8	84.0 ± 12.3	2.23 ± 1.09
	国外総受験者	n = 12、807	65.6 ± 19.1	—	
	国内総受験者	n = 23、224	75.5 ± 16.0		

※聴解得意意識：1＝最も得意、2＝2番目に得意、3＝3番目に得意、4＝最も苦手

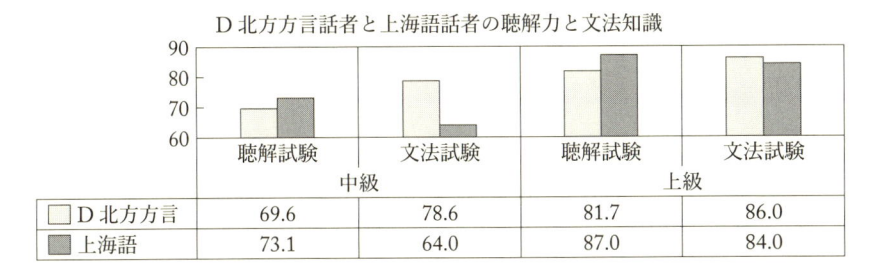

D北方方言話者と上海語話者の聴解力と文法知識

	中級 聴解試験	中級 文法試験	上級 聴解試験	上級 文法試験
D北方言	69.6	78.6	81.7	86.0
上海語	73.1	64.0	87.0	84.0

海語話者の聴解試験の平均値はそれぞれ69.6%、73.1%で、日本国内の総受験者の78.2%よりは低いが、国外の総受験者の58.8%に比べるとかなり高い。上級のD北方方言話者と上海語話者もそれぞれ81.7%、87.0%で、日本国外だけでなく国内の総受験者よりも高い。他の母語話者に比べて中国語系の聴解力の低さが際だっていた日本語能力試験の例年の傾向と、前節の調査5の中国語系話者とは大きく異なる。このことから、この調査6のD北方方言話者と上海語話者は中国語系としては異質的な集団ではないかと見られる。

　D北方方言話者と上海語話者の聴解力と文法知識を見てみよう。D北方方言話者は、中級・上級ともに文法知識の高さに比して聴解力が低い。上海語話者は、逆に、文法知識に比べて聴解力のほうが高い。中級の文法試験で

は、上海語話者が 64.0% であるのに対して、D 北方方言話者は 78.6% で有意に高い（t 値 = − 5.33、p < .001）。しかし、聴解試験では逆に、D 北方方言話者が 69.6%、上海語話者が 73.1% で、有意差はないものの上海語話者のほうが高い。上級の文法試験では、上海語話者が 84.0%、D 北方方言話者が 86.0% で、わずかながら D 北方方言話者のほうが高いが、聴解試験では逆に、D 北方方言話者が 81.7% であるのに対して、上海語話者は 87.0% で有意に高い（t 値 = 2.18、p < 0.05）。また、表 4-6 の両試験の標準偏差から、D 北方方言話者は、特に上級段階において学習者間で文法知識のばらつきが少なく全体に高得点を取っているが、聴解力は高・低のばらつきが大きいと見られる。一方、上海語話者は、文法知識のばらつきが学習者間で大きいのに、聴解力ではばらつきが少なく全体に高得点を取っている。つまり、D 北方方言話者には文法知識が高くても聴解力はそれほど高くない学習者がいるのに対して、上海語話者には文法知識が低くても聴解力は高い学習者が多いと言える。

　次に、表 4-6 の聴解得意意識を見てみよう。聴解得意意識というのは、前述したように学習者が 4 技能のうち聴解を最も自信があるとした場合に 1 点、最も苦手とした場合を 4 点として、得意意識を 4 段階スケールで点数化したものである。D 北方方言話者は中級 1.83、上級 2.40 で、中級段階では聴解得意意識が高いが、上級段階では低くなっている。それに対して、上海語話者の聴解得意意識は中級・上級ともに同じ 2.23 で、中級では D 北方方言話者より低いが、上級段階では逆に D 北方方言話者より高くなっている。

　この聴解得意意識という意識面の差と聴解力がどのように連動しているのかについては、他の要因との関連を通して後に検討することとし、ここでは D 北方方言話者と上海語話者の聴解得意意識の傾向が異なっている点を指摘するにとどめる。

3.2.2　日本語破裂音の弁別能力

D 北方方言話者と上海語話者の日本語破裂音の弁別特徴別誤聴数を表 4-7 に示し、両群の破裂音の弁別能力を検討する。「無声／有声」は破裂音の無

第4章　第一言語の音韻転移と第二言語の音声言語理解　97

表4-7　D北方方言話者と上海語話者の破裂音の弁別特徴別平均誤聴数±標準偏差

課程	方言	無声/有声	無声音	有声音	調音点	調音法	母音	延べ誤聴数
中級(2級)	D北方方言	17.6 ± 9.8	16.6 ± 9.3	1.0 ± 1.1	3.3 ± 1.8	0.4 ± 0.6	1.4 ± 1.2	23.0 ± 11.2
	上海語	31.1 ± 15.5	24.2 ± 15.2	6.9 ± 5.0	12.5 ± 4.7	2.0 ± 1.5	1.4 ± 1.8	47.0 ± 17.7
上級(1級)	D北方方言	12.0 ± 7.0	11.3 ± 6.8	0.7 ± 0.8	2.4 ± 1.1	0.3 ± 0.48	0.6 ± 0.7	15.2 ± 7.5
	上海語	13.7 ± 14.6	10.2 ± 13.2	3.5 ± 3.4	4.1 ± 1.8	1.7 ± 1.4	1.1 ± 1.6	22.1 ± 15.6

1) 中級課程のD北方方言話者と上海語話者：一人当たりの平均誤聴数

弁別特徴別誤聴数：中級のD北方方言話者・上海語話者

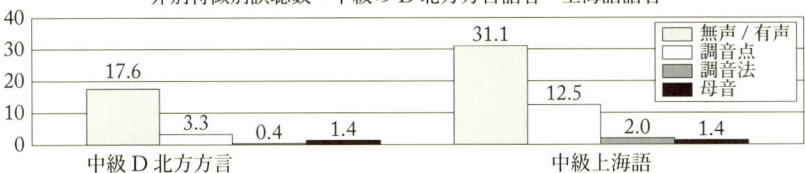

- 中級D北方方言: 17.6, 3.3, 0.4, 1.4
- 中級上海語: 31.1, 12.5, 2.0, 1.4

凡例: 無声/有声、調音点、調音法、母音

無声音と有声音の誤聴数：中級のD北方方言話者・上海語話者

- 中級D北方方言: 16.6, 1.0
- 中級上海語: 24.2, 6.9

凡例: 無声（−＞有声）、有声（−＞無声）

2) 上級課程のD北方方言話者と上海語話者：一人当たりの平均誤聴数

弁別特徴別誤聴数：上級のD北方方言話者・上海語話者

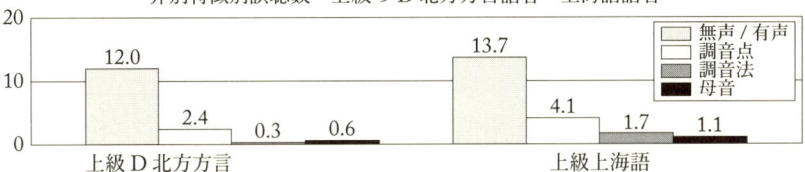

- 上級D北方方言: 12.0, 2.4, 0.3, 0.6
- 上級上海語: 13.7, 4.1, 1.7, 1.1

凡例: 無声/有声、調音点、調音法、母音

無声音と有声音の誤聴数：上級のD北方方言話者・上海語話者

- 上級D北方方言: 11.3, 0.7
- 上級上海語: 10.2, 3.5

凡例: 無声（−＞有声）、有声（−＞無声）

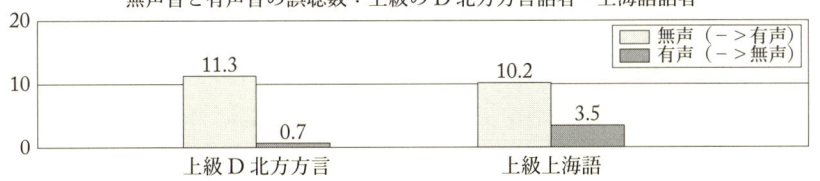

声性と有声性の誤聴数を合わせたもの、「延べ誤聴数」は全弁別特徴の誤聴数を総合したものである。

　母語に破裂音の有声・無声の対立を持たない D 北方方言話者は、予測に反して、同音韻対立を持つ上海語話者より全般的に日本語破裂音の弁別能力が高い。D 北方方言話者は、中級では母音以外のすべての弁別特徴において、上海語話者より誤聴が少ない（調音法は p＜.01、その他は p＜.001 で有意）。上級でも同様の傾向を示している。ただし、上級では 2 群間に有意差が見られなくなっている上に、無声破裂音を有声と聞く誤聴は、逆に D 北方方言話者のほうが多くなっている。

　日本語破裂音の誤聴頻度を考えてみると、D 北方方言話者も上海語話者も決して誤聴が少ないとは言えない。破裂音の有声性・無声性の誤聴は、最も誤聴の多い中級の上海語話者で一人平均 31.1 回である。これは、刺激音 262 音に対して 31.1 音、11.9% の頻度で誤聴していることになる。第 3 章 4 節に示した日本語音声言語における破裂音の生起頻度から計算すると、実に、破裂音 8 音に 1 音当りの高頻度で誤聴が生じている。時間単位の生起頻度では、中級の上海語話者が 6.4 秒に 1 回、中級の D 北方方言話者が 11.2 秒に 1 回、上級の D 北方方言話者と上海語話者が 16 秒に 1 回の割合で、いずれもかなりの高頻度で破裂音を聞きまちがえていることになる。

　上海語話者も D 北方方言話者も中級より上級のほうが誤聴が少ないことから、学習時間数に応じて習得は進んでいると見られるが、誤聴の頻度という点から見ると、両群ともに上級でもかなり誤聴が多いと言えよう。特に、無声破裂音の誤聴は多い。中級で上海語話者は 6 音に 1 音、D 北方方言話者は 9 音に 1 音、上級で上海語話者は 15 音に 1 音、D 北方方言話者は 13 ～ 14 音に 1 音の高頻度で誤聴している。無声破裂音の誤聴は、中級では上海語話者のほうが多いが、上級では逆に D 北方方言話者のほうがわずかながら多くなっている点は注目される。

　破裂音の調音法、調音点、先行・後続母音については、D 北方方言話者も上海語話者も誤聴が少ない。この点については、後の 5 節、6 節で日本国内・国外の学習者との比較を通して検討することとして、ここでは指摘にとどめる。

3.2.3 誤聴率の高い日本語破裂音の生起環境

表4-8は、D北方方言話者語と上海語話者の、破裂音1音当たりに生じる誤聴率（一人当りの平均誤聴数÷実験音数×100）を生起環境別に示したものである。

表4-8　D北方方言話者と上海語話者の生起環境別に見た破裂音の誤聴率（%）

課程	母語	無声音（156音）		有声音（106音）	
		語頭26（高ピ：低ピ）	語中130（高ピ：低ピ）	語頭26（高ピ：低ピ）	語中80（高ピ：低ピ）
中級	D北方	1.2（1.6：0.8）	12.5（6.3：18.8）	0.7（0：1.3）	1.0（1.0：0.9）
	上海語	1.4（1.0：1.7）	18.3（10.3：26.4）	1.5（1.7：1.2）	8.2（5.0：11.4）
上級	D北方	0.5（1.0：0）	8.6（4.9：12.3）	0.5（1.0：0）	0.7（0.9：0.4）
	上海語	0.2（0.5：0）	7.8（4.7：10.9）	0.5（0.2：0.7）	4.2（2.7：5.7）

〈語頭・語中／高・低ピッチ破裂音の1音あたりの平均誤聴生起率（%）〉

1) 中級学習者

(%)　語頭・語中/高・低ピッチ破裂音の誤聴生起率：中級D北方方言・上海語

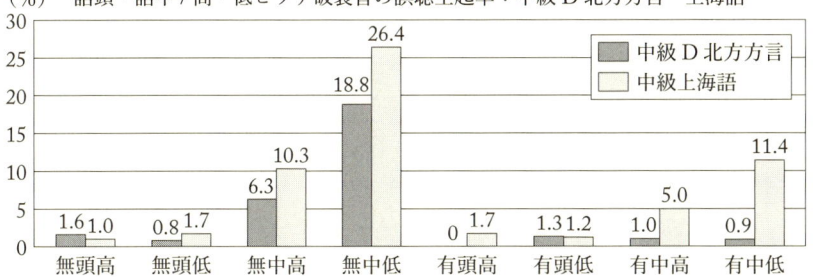

	無頭高	無頭低	無中高	無中低	有頭高	有頭低	有中高	有中低
中級D北方方言	1.6	0.8	6.3	18.8	0	1.3	1.0	0.9
中級上海語	1.0	1.7	10.3	26.4	1.7	1.2	5.0	11.4

2) 上級学習者

(%)　語頭・語中/高・低ピッチ破裂音の誤聴：上級D北方方言・上海語

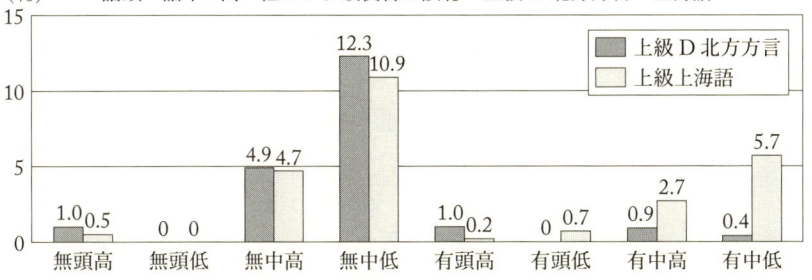

	無頭高	無頭低	無中高	無中低	有頭高	有頭低	有中高	有中低
上級D北方方言	1.0	0	4.9	12.3	1.0	0	0.9	0.4
上級上海語	0.5	0	4.7	10.9	0.2	0.7	2.7	5.7

※無：無声音, 有：有声音, 頭：語頭, 中：語中, 高：高ピッチ、低：低ピッチ

表4-8から、D北方方言話者語も上海語話者も、また中級でも上級でも、語中・低ピッチの無声破裂音の誤聴率が最も高いことが明らかになる。

前述したように、全体的な日本語破裂音の弁別能力は、上海語話者よりD北方方言話者のほうが高い。D北方方言話者は中級ですでに上級の上海語話者に近い弁別能力を習得している。しかし、上級段階では語中・低ピッチ無声破裂音の弁別能力が上海語話者ほど伸びず、上海語話者に逆転されている。一方、上海語話者は、語中・低ピッチ無声破裂音の弁別能力は、その他の弁別特徴の弁別能力とともに、中級から上級にかけて習得の進度が速く、上級ではD北方方言話者より高くなっている。

有声破裂音については、D北方方言話者は1%未満の誤聴率で問題ない。それに対して、上海語話者は誤聴率が高い。特に中級では語中・低ピッチで11.4%、語中・高ピッチで5.0%である。しかし、上級では約半分に減少していることから、上海語話者は有声破裂音も中級から上級にかけて習得が進み、上級ではほぼ問題がなくなると見られる。

次に、D北方方言話者と上海語話者の、習得困難な破裂音の生起環境を表4-9に示す。

表4-9を見ると、D北方方言話者と上海語話者は、誤聴傾向が質的に異なっていることが読み取れる。中級のD北方方言話者には、大半の学習者が聞きまちがえるような破裂音は全体的に少ないが、語中無声破裂音 [t]・[k] には、誤聴率が7割を越える、すなわち10人中7人以上は聞きまちがえる高誤聴率の破裂音がある。一方、中級の上海語話者には習得困難な破裂音は全体的に多いものの、その大半は語中無声破裂音 [p] である。語中 [t]・[k] 音も量的にはD北方方言話者と同じくらい多いが、誤聴率はD北方方言話者よりは低く、5割未満である。

上級では、両群の質的な誤聴傾向の違いが一層鮮明になる。上級のD北方方言話者には、中級学習者と同様、語中 [t]・[k] 音に習得困難な破裂音が残り、そのような音は量的にも上海語話者を上回っている。それに対して、上級の上海語話者には4割を越える習得困難な破裂音自体がなくなっている上に、誤聴率が2～3割台の破裂音でも大半が語中・低ピッチの [p] 音で、語中 [t]・[k] 音はきわめて少なくなっている。

第4章 第一言語の音韻転移と第二言語の音声言語理解　101

表4-9　D北方方言話者と上海語話者の高誤聴率の破裂音の生起環境

誤聴率%	中級		上級	
	D北方言 n = 29	上海語 n = 31	D北方言 n = 29	上海語 n = 31
50–89	ete ite eta epi epe ipu epe　(7)	epe ipa epa epi epe epu opi opa opo eda　(10)	ite ipu epi ete epe ako eta　(7)	
40–49	eke ita ito iku ipe epo　(13)	ete ipe ope opo ite apa ape apo ipe upa upi ope ada　(23)	eke epu opo　(10)	
30–39	ipe ope ete apa ipa upa epu opi opo　(22)	ape ato ito uto eta ote oto ipi ipu upu upe upo epo ade ado edo odo　(40)	ipe upi epe opo　(14)	epe apa epi epe upa eda　(6)
20–29	eta uto oto eka upi epa ota ede　(30)	eto apo ipo ada ida ede ate ata ita uta ete eto apu ipo ota ida obu　(57)	opu ita ito iku apa ipa　(20)	ipe ita ite ape ipe epa opa ope opo oda　(16)

※下線は低ピッチ、■■は有声音、点は [t・k] 音

3.2.4　聴解力に寄与している要因

聴解力と、聴解力に関与する項目との相関分析、およびステップワイズ法[8]による重回帰分析を通して、D北方方言話者と上海語話者の聴解力に寄与している要因を比較する。重回帰分析はA・Bの2回行い、Aでは2項目、Bでは7項目を独立変数として投入している。重回帰分析Aのx2の延べ誤聴数は、重回帰分析Bのx2〜x6までの破裂音の弁別特徴別の誤聴数と破裂音の先行・後続母音の誤聴数を総計したものである。

　　重回帰分析A　x1：文法試験の得点、x2：延べ誤聴数
　　　　　　　　　y1：聴解試験の得点
　　重回帰分析B　x1：文法試験の得点、x2：無声破裂音の誤聴数、
　　　　　　　　　x3：有声破裂音の誤聴数、x4：調音点の誤聴数、
　　　　　　　　　x5：調音法の誤聴数、
　　　　　　　　　x6：破裂音の先行・後続母音の誤聴数、

x 7：聴解得意意識、

y 1：聴解試験の得点

D 北方方言話者と上海語話者の、聴解力と聴解力に関与する項目との相関係数を表 4–10 に、聴解力に寄与している要因を表 4–11 に示す。

上海語話者は破裂音全体の弁別能力が聴解力に強く寄与している（［延べ誤聴数］中級：F = 15.94、p < .0001、上級：F = 9.19、p < .001）。特に、無声破裂音の弁別能力は強く寄与している（中級：F = 12.20、p < .0001、上級：F = 9.26、p < .001）。また、文法知識は、中級・上級ともに無声破裂音の弁別能力をはじめとする他の要因の影響も受けて[9]聴解力に寄与している。つまり、上海語話者の場合、中級・上級ともに、無声破裂音の弁別能力と文法知識が相互に影響しあって聴解力に寄与している結果、聴解力が高くなっている。

一方、D 北方方言話者は、中級では破裂音全体の弁別能力と、無声破裂音が聴解力にそれぞれ寄与している（［延べ誤聴数］F = 48.19、p < .0001、［無声破裂音］F = 17.80、p < .0001）。しかし、破裂音の弁別能力と文法知識とは相互に影響しあって聴解力に寄与してはいない。上級でも、文法知識と破裂音全体の弁別能力はそれぞれ聴解力に寄与している（F = 8.61、p < .01）。また、無声破裂音の弁別能力も全般に高い。しかし、無声破裂音の弁別能力は文法知識とは関与せず、聴解力にも寄与していない。弁別特徴の中で聴解力に寄与しているのは母音だけである（F = 8.86、p < .01）。結局、D 北方方言話者は中級・上級ともに、無声破裂音の弁別能力と文法知

表 4–10　D 北方方言話者と上海語話者の聴解力と聴解力に関与する項目との相関係数

		文法	延べ誤聴数	無声	有声	調音点	調音法	母音	得意意識
D 北方方言	中級	.37 +	− .80 ***	− .72 ***	− .53 **	− .29	− .31	− .53 **	.38 *
	上級	.55 **	− .46 *	− .47 *	.20	.05	− .13	− .34 +	.18
上海語	中級	.54 **	− .66 ***	− .57 ***	− .07	− .46 **	.07	− .32 +	.25
	上級	.36 *	− .59 ***	− .58 ***	− .16	− .20	.03	− .29	.40 *

〔*** p < .0001　** p < .01　* p < .05　+ p < .1〕

表4-11　D北方方言話者と上海語話者の聴解力に寄与している要因

(1) 重回帰分析A　　　　　　　〔寄与率：r^2 ＝相関係数の二乗、pr^2 ＝偏相関係数の二乗〕

				偏回帰係数	標準誤差	標準偏回帰係数	寄与率r^2	寄与率pr^2
D北方	中級	x2	延べ誤聴	−.98	.14	−.80	.64	.64
	上級	x1	文法	.50	.18	.45	.31	.23
		x2	延べ誤聴	−.45	.23	−.30	.21	.12
上海語	中級	x1	文法	.39	.16	.34	.29	.17
		x2	延べ誤聴	−.42	.11	−.53	.44	.34
	上級	x1	文法	.15	.10	.24	.13	.08
		x2	延べ誤聴	−.26	.08	−.53	.34	.30

D北方方言話者　中級：$R^2 = .64$、$\Delta R^2 = .63$、$F(1, 27) = 48.19$、$p < .0001$
　　　　　　　　上級：$R^2 = .39$、$\Delta R^2 = .34$、$F(2, 27) = 8.61$、$p < .01$
上海語話者　　　中級：$R^2 = .53$、$\Delta R^2 = .50$、$F(2, 28) = 15.94$、$p < .0001$
　　　　　　　　上級：$R^2 = .40$、$\Delta R^2 = .35$、$F(2, 28) = 9.19$、$p < .001$

(2) 重回帰分析B

				偏回帰係数	標準誤差	標準偏回帰係数	寄与率r^2	寄与率pr^2
D北方方言	中級	x2	無声	−.81	.18	−.57	.52	.45
		x3	有声	−2.34	1.53	−.20	.28	.08
		x6	母音	−3.18	1.43	−.28	.28	.17
	上級	x1	文法	.54	.16	.48	.30	.30
		x3	有声	3.91	2.16	.29	.04	.12
		x6	母音	−6.21	2.42	−.38	.12	.12
		x7	得意意識	2.62	1.75	.22	.03	.08
上海語	中級	x1	文法	.38	.16	.33	.29	.18
		x2	無声	−.41	.12	−.44	.33	.30
		x4	調音点	−.94	.39	−.32	.21	.18
	上級	x2	無声	−.30	.09	−.51	.33	.28
		x7	得意意識	1.88	1.09	.26	.16	.10

上海語話者　　　中級：$R^2 = .58$、$\Delta R^2 = .53$、$F(3, 27) = 12.20$、$p < .0001$
　　　　　　　　上級：$R^2 = .40$、$\Delta R^2 = .36$、$F(2, 28) = 9.26$、$p < .001$
D北方方言話者　中級：$R^2 = .68$、$\Delta R^2 = .64$、$F(3, 25) = 17.80$、$p < .0001$
　　　　　　　　上級：$R^2 = .41$、$\Delta R^2 = .36$、$F(4, 25) = 6.16$、$p < .01$

識とが相互に影響しあって聴解力に寄与していないために、上海語話者ほどには聴解力が高くならないと見られる。

3.3 まとめおよび課題

破裂音の有声・無声の音韻対立を持たないD北方方言話者と同音韻対立を持つ上海語話者を対象に、日本語破裂音の弁別能力と聴解力の関連について比較・調査した結果を、表4-12にまとめて示す。

表4-12 大連市のD北方方言話者と上海市の上海語話者の比較

調査対象者		D北方方言話者（大連市）		上海語話者（上海市）	
課程（人数）		中級 (n = 29)	上級 (n = 30)	中級 (n = 31)	上級 (n = 31)
聴解試験平均		69.6%	81.7%	高い：73.1%	高い：87.0%
文法試験平均		高い：78.6%	高い：86.0%	64.0%	84.0%
平均誤聴数	破裂音の延べ誤聴数	23.0	15.2	47.0	22.1
	無声破裂音	16.6	11.3	24.2	10.2
	有声破裂音	1.0	0.7	6.9	3.5
	破裂音調音点	3.3	2.4	12.5	4.1
	破裂音調音法	0.4	0.3	2.0	1.7
	破裂音の先行・後続母音	1.4	0.6	1.4	1.1
	語中低ピッチ無声破裂音	18.8	12.3	26.4	少ない：10.9
誤聴率4割以上の破裂音数		13	10	23	なし：0
誤聴率4割以上の [t] [k] 音		7	5	少ない：2	なし：0
聴解得意意識		高い：1.83	普通：2.40	普通：2.23	普通：2.23
重回帰分析A		延べ誤聴数	文法＞延べ誤聴数	延べ誤聴数＞文法	延べ誤聴数＞文法
重回帰分析B		無声＞母音＞有声	文法＞母音＞得意意識	無声＞文法、調音点	無声＞得意意識

D北方方言話者と上海語話者は、中国語系話者の一般的傾向に比べるとどちらも聴解力が高い。日本語破裂音の全体的な弁別能力は、第一言語の負の音韻転移が強いという予測に反して、D北方方言話者は上海語話者より高かった。この数量的な結果だけを見ると、日本語の音声言語理解には、第一言語の音韻転移の影響はそれほど強くなく、学習環境や教育方法、学習者の資質など、他の要因の影響力のほうが強いと結論されよう。しかし、D北方方言話者と上海語話者とでは以下4点で明らかに異なっている。

◆ D北方方言話者と上海語話者の相違点
1) 文法知識と聴解力の関係：
　D北方方言話者には文法知識ほど聴解力の高くない学習者が中級・上級ともに多い。一方、上海語話者には文法知識がそれほど高くなくても聴解力の高い学習者が多い。
2) 習得困難な音韻：
　D北方方言話者は中級ですでに高い日本語破裂音の弁別能力を習得しているが、語中・低ピッチ無声破裂音、特に［t］・［k］音の弁別能力が中級から上級にかけて習得が進まず、上級でも習得困難な音を残している。一方、上海語話者は、中級では習得困難な破裂音が多いものの、その大半が語中無声破裂音［p］である上に、それらも上級までにはほぼ習得できる。
3) 聴解力に寄与している要因：
　D北方方言話者は破裂音の弁別能力と文法知識は全体に高いのに、無声破裂音の弁別能力と文法知識とが相互に影響しあって聴解力に寄与していないために聴解力が低いと見られる。一方、上海語話者は無声破裂音の弁別能力と文法知識がともに影響しあって聴解力に寄与しているため、聴解力が高いと見られる。
4) 聴解力に対する得意意識：
　D北方方言話者は、中級より上級のほうが聴解に対する得意意識が低くなる。一方、上海語話者は中級・上級で聴解得意意識は変化せず、中級ではD北方方言話者より低いが、上級ではD北方方言話者より高い。

以上の結果は、一見問題がないと見られるD北方方言話者にも第一言語の負の音韻転移が強く現れて上級段階まで問題が残ること、一方、上海語話者には第一言語の正の音韻転移が現れて上級段階までには問題がほぼ解消されることを示している。また、無声破裂音［t］・［k］の弁別能力が学習者の語彙・文法知識の意味化に大きく貢献していること、すなわち日本語の音声言語理解においては重要な前提的構成要因になっていることも示している。これは、無声破裂音［t］・［k］が日本語の音声言語では生起頻度が非常に高い一方で、［p］音は生起頻度が低いため、上級でもなお［t］・［k］音に習得困難な音を抱えているD北方方言話者は、文法知識ほどに聴解力が高くならないのに対して、上海語話者は理解を妨げられる頻度が低いために聴解力が高いものと結論される。

　聴解得意意識については、それが実際に何を表しているのかは定かではない。文法知識、破裂音全般の弁別能力が高いにもかかわらず、聴解力がそれほど伸びないD北方方言話者の意識面における焦燥感が表出されているのであろうか、検証を要する。また、外国語学習環境で学ぶD北方方言話者は、なぜ中級段階から日本語破裂音の弁別能力および聴解力が、前節で示した日本国内の北方方言話者よりも高いのであろうか。この結果は、日本語破裂音の弁別能力および聴解力の習得には、学習環境や学習時間数以外の言語外的要因が作用していることを示唆するもので、さらなる検証を要する。

4. 調査7　習得差のある2群の北方方言話者の聴解力の構成要因

前節の調査6の大連市のD北方方言話者は、中国語系話者の一般的傾向とは異なり、聴解力が高かった。そこで、調査7では、外国語学習環境下で、D北方方言話者とは異なる地域・教育機関の北方方言話者を対象にして聴解力と日本語破裂音の弁別能力を調査し、同一母語の2群の北方方言話者の聴解力に習得差をもたらす言語的要因とそのメカニズムを考える。

4.1 調査対象者と調査時期

調査対象者は、黒龍江省哈爾浜市に位置するK機関の2年生と3年生のK1北方方言話者48名（日本語専攻、20–24歳）と、調査6の大連市のD北方方言話者59名の、計107名である。K1北方方言話者は、中国東北三省の北に位置する黒龍江省[10]出身で、12歳までの言語形成期をそこで過ごした後、哈爾浜市内のK機関の日本語専攻の学生として1年生から日本語を学んでいる。

K1北方方言話者（45名）とD北方方言話者（59名）：107名

学習課程	調査対象者	出身地域	人数（107名）	学習期間・時間	在日経験
中級 （大学2年）	K1北方方言話者	黒龍江省	25名	1年半・ 約700時間	無
	D北方方言話者	大連市	29名		
上級 （大学3年）	K1北方方言話者	黒龍江省	23名	2年半・ 約1,000時間	
	D北方方言話者	大連市	30名		

調査時期：K1北方方言話者2000年3月、D北方方言話者1999年3月

　調査時期は、K1北方方言話者は2000年3月、D北方方言話者は1999年3月である。調査時点で、K機関も、前述の『教学大綱』[11]（教育部高等学校外語専攻教学指導委員会日語組編 2000, 2001）のもとに、D機関、および上海市のS機関と同様、3年生は2年半（85週）約1,000時間で上級課程（日本語能力試験1級相当）、2年生は1年半（51週）約700時間で中級課程（日本語能力試験2級相当）の学習内容を学んでいた。したがって、D北方方言話者とは、学習期間・学習時間・学習内容において同一条件を満たしている。

　なお、両機関とも日本語能力別によるクラス編成は行っていないため、調査対象はそれぞれ両機関の平均的学生であると言える。文法試験は、調査6と同様、45％以上の学生を対象とした。

4.2 結果と考察

4.2.1 聴解力と文法知識・聴解得意意識との関係

K1北方方言話者とD北方方言話者の聴解と文法試験の平均値、聴解得意意識を表4–13に示し、両群の聴解力と文法知識・聴解得意意識との関係を検

表 4-13　D 北方方言話者と K1 北方方言話者の聴解・文法試験の平均値(%)、標準偏差

課程(級)	方言	聴解試験 被験者数	聴解試験 平均値、標準偏差	文法試験 平均値、標準偏差	聴解得意意識※
中級(2級)	K1 北方方言	n = 25	52.0 ± 9.5	66.5 ± 10.5	1.72 ± 0.68
	D 北方方言	n = 29	69.6 ± 13.1	78.6 ± 8.3	1.83 ± 0.71
	国外総受験者	n = 11,892	58.8 ± 19.5		
	国内総受験者	n = 4,749	78.2 ± 14.3		
上級(1級)	K1 北方方言	n = 23	41.6 ± 12.8	52.8 ± 9.2	2.48 ± 0.99
	D 北方方言	n = 30	81.7 ± 11.0	86.0 ± 9.8	2.40 ± 0.93
	国外総受験者	n = 12,807	65.6 ± 19.1		
	国内総受験者	n = 23,224	75.5 ± 16.0		

※聴解得意意識：1 = 最も得意、2 = 2番目に得意、3 = 3番目に得意、4 = 最も苦手

1) 中級学習者

(%)　中級の D 北方方言話者・K1 北方方言話者の聴解・文法試験の得点比較

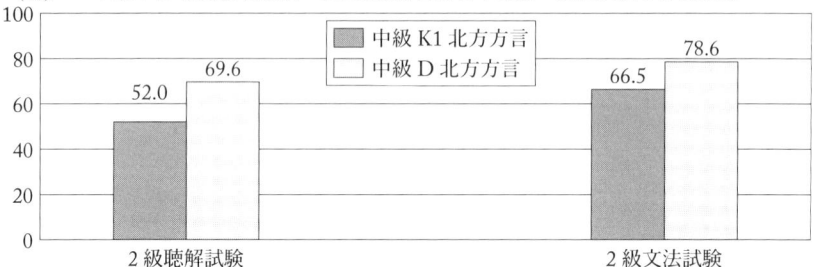

中級 K1 北方方言　中級 D 北方方言

2級聴解試験：52.0、69.6
2級文法試験：66.5、78.6

2) 上級学習者

(%)　D 北方方言話者・K1 北方方言話者の聴解・文法試験の得点比較

上級 K1 北方方言　上級 D 北方方言

1級聴解試験：41.6、81.7
1級文法試験：52.8、86.0

討する。なお、同年度の日本語能力試験 (1993年度版) の国外・国内総受験者の聴解試験の平均値も参考に示す。

表4–13から、同一条件の下で学ぶ同一の北方方言話者間で聴解力に大きな差が生じていることがわかる。D北方方言話者に比べると、K1北方方言話者は聴解力がきわめて低い。中級の聴解試験で、D北方方言話者が69.0％であるのに対して、K1北方方言話者は52.0％ (F値 = 13.30、p < .001)、上級ではその差がさらに開き、D北方方言話者の81.7％に対してK1北方方言話者は41.6％である (F値 = 94.78、p < .001)。しかし、日本語能力試験の聴解試験における中国語系話者の例年の傾向を考えると、K1北方方言話者のほうが中国語系話者の典型的な存在で、D北方方言話者はむしろ例外的存在であろうと考えられる。

文法試験も、K1北方方言話者はD北方方言話者に比べて劣る。中級でD北方方言話者が79.3％であるのに対し、K1北方方言話者は66.5％ (F値 = 8.83、p < .001)、上級ではD北方方言話者の86.0％に対し、K1北方方言話者は52.8％である (F値 = 63.79、p < .001)。ただし、文法の成績については、調査対象者をあらかじめ45％以上の学習者に限定していることもあり、K1北方方言話者は、D北方方言話者よりは低いものの、中級では上海語話者の64％を上回っており、決して低いわけではない。上級でも、全員、聴解力を阻害するほど低くはなく、第3章で示した聴解力に寄与可能な一定以上の閾値は上回っている。

しかし、ここで興味深いのは、K1北方方言話者とD北方方言話者はともに文法試験に比べて聴解試験の成績のほうが低いという点である。これは、上海語話者とは逆で、北方方言話者特有の特徴ではないかと考えられる。また、聴解得意意識も、K1北方方言話者は中級1.72、上級2.48で、D北方方言話者と同様、中級より上級の学習者のほうが聴解に対する得意意識が低くなっている。この点も、中級・上級で変わらない上海語話者とは異なり、北方方言話者特有の特徴であると見られる。この意識面の変化と聴解力との関連については後に言及することとして、ここでは北方方言話者に共通する特徴として指摘しておく。

4.2.2 日本語破裂音の弁別能力

K1 北方方言話者と D 北方方言話者の日本語破裂音の弁別特徴別の誤聴数を表 4-14 に示し、両群の破裂音の弁別能力を検討する。

　K1 北方方言話者は中級・上級ともに誤聴が極めて多く、破裂音全体の弁別能力において D 北方方言話者以上に大きな問題を抱えている。また、中級より上級のほうが誤聴が多いことから、中級から上級にかけて退行化現象を示している。弁別特徴のうち、有声性・無声性の誤聴数は特に多い。上級の K1 北方方言話者は、一人平均 42.2 回、つまり刺激音 262 音に対して 42.2 音、16.1% の割合で誤聴が生じている。これは、破裂音 6 音に 1 音当り、時間単位にすると、4.8 秒に 1 回の割合で誤聴していることになる。同様に計算すると、中級の K1 北方方言話者は 6.4 秒に 1 回である。D 北方方言話者が上級で 16 秒に 1 回、中級で 11.2 秒に 1 回であることを考えると、K1 北方方言話者は 4.8 秒〜6.4 秒に 1 回という、実に D 北方方言話者の 2 倍以上の高頻度で誤聴していることになる。

　さらに、K1 北方方言話者は、調音点、調音法、母音の弁別特徴でも誤聴が多い。この点は、上海語話者だけではなく D 北方方言話者とも異なり、K1 北方方言話者特有の問題である。この点については後に総合的に検討することにし、ここでは指摘にとどめる。

表 4-14　D 北方方言話者と K1 北方方言話者の破裂音の弁別特徴別平均誤聴数

		無声 / 有声	無声	有声	調音点	調音法	母音	延べ誤聴数
中級	K1 北方方言 n = 25	31.4 ± 13.0	23.6 ± 14.2	7.8 ± 6.3	23.3 ± 9.3	5.0 ± 3.1	4.2 ± 2.8	65.6 ± 23.8
中級	D 北方方言 n = 29	17.6 ± 9.8	16.6 ± 9.3	1.0 ± 1.1	3.3 ± 1.8	0.4 ± 0.6	1.4 ± 1.2	23.0 ± 11.2
上級	K1 北方方言 n = 23	42.2 ± 13.5	36.4 ± 16.0	5.8 ± 5.7	29.7 ± 9.5	4.2 ± 3.2	5.3 ± 4.6	81.5 ± 24.4
上級	D 北方方言 n = 30	12.0 ± 7.0	11.3 ± 6.8	0.7 ± 0.8	2.4 ± 1.1	0.3 ± 0.48	0.6 ± 0.7	15.2 ± 7.5

1) 中級学習者：一人当たりの平均誤聴数

弁別特徴別誤聴数：中級のK1北方方言話者とD北方方言話者

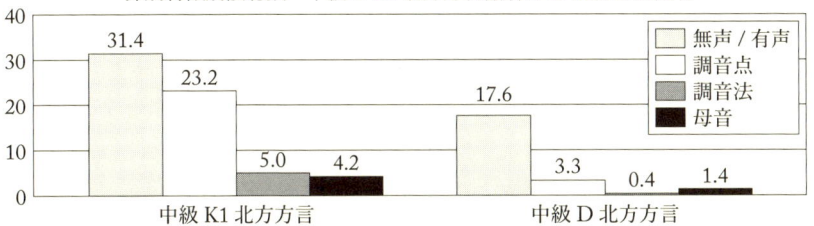

	無声/有声	調音点	調音法	母音
中級 K1 北方方言	31.4	23.2	5.0	4.2
中級 D 北方方言	17.6	3.3	0.4	1.4

無声音と有声音の誤聴数：中級のK1北方方言話者・D北方方言話者

	無声（−>有声）	有声（−>無声）
中級 K1 北方方言	23.6	7.8
中級 D 北方方言	16.6	1.0

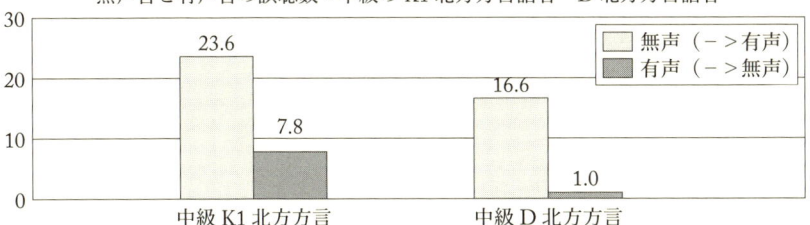

2) 上級学習者：一人当たりの平均誤聴数

弁別特徴別誤聴数：上級のK1北方方言話者とD北方方言話者

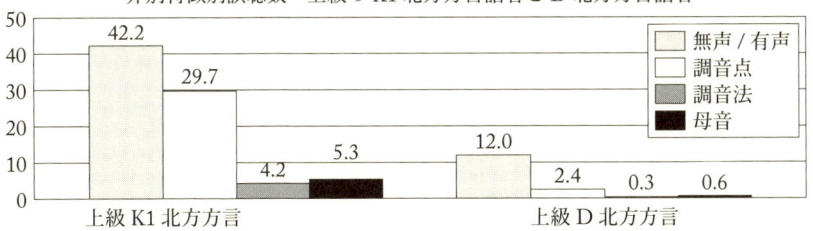

	無声/有声	調音点	調音法	母音
上級 K1 北方方言	42.2	29.7	4.2	5.3
上級 D 北方方言	12.0	2.4	0.3	0.6

無声音と有声音の誤聴数：上級のK1北方方言話者・D北方方言話者

	無声（−>有声）	有声（−>無声）
上級 K1 北方方言	36.4	5.8
上級 D 北方方言	11.3	0.7

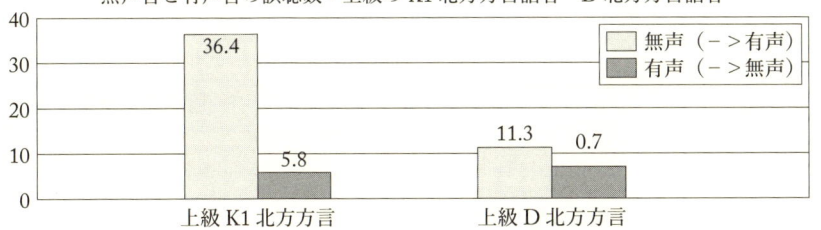

4.2.3 誤聴率の高い日本語破裂音の生起環境

表 4-15 に、K1 北方方言話者と D 北方方言話者の破裂音 1 音当たりに生じる誤聴率を、生起環境別に示す。また、表 4-16 に、K1 北方方言話者と D 北方方言話者の習得困難な破裂音の生起環境を示す。

表 4-15　破裂音の生起環境別誤聴率（%）（高＝高ピッチ・低＝低ピッチ）

課程	母語	無声音（156 音）		有声音（106 音）	
		語頭 26（高：低）	語中 130（高：低）	語頭 26（高：低）	語中 80（高：低）
中級	D 北方方言	1.2 (1.6：0.8)	**12.5** (6.3：**18.8**)	0.7 (0：1.3)	1.0 (1.0：0.9)
中級	K1 北方方言	3.8 (5.8：1.8)	**17.4** (8.7：**26.2**)	2.2 (0.9：3.4)	**9.0** (8.7：9.3)
上級	D 北方方言	0.5 (1.0：0)	**8.6** (4.9：**12.3**)	0.5 (1.0：0)	0.7 (0.9：0.4)
上級	K1 北方方言	5.5 (8.7：2.0)	**26.9** (**14.6**：**39.3**)	1.8 (1.3：2.3)	6.6 (6.7：6.5)

1) 中級学習者

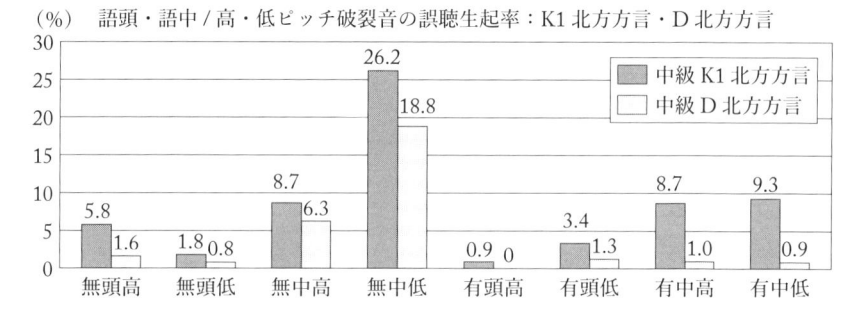

(%)　語頭・語中 / 高・低ピッチ破裂音の誤聴生起率：K1 北方方言・D 北方方言

	無頭高	無頭低	無中高	無中低	有頭高	有頭低	有中高	有中低
中級 K1 北方方言	5.8	1.8	8.7	26.2	0	3.4	8.7	9.3
中級 D 北方方言	1.6	0.8	6.3	18.8	0.9	1.3	1.0	0.9

2) 上級学習者

(%)　語頭・語中 / 高・低ピッチ破裂音の誤聴：K1 北方方言・D 北方方言

	無頭高	無頭低	無中高	無中低	有頭高	有頭低	有中高	有中低
上級 K1 北方方言	8.7	2.0	14.6	39.3	1.3	2.3	6.7	6.5
上級 D 北方方言	1.0	0	4.8	12.3	1.0	0	0.9	0.4

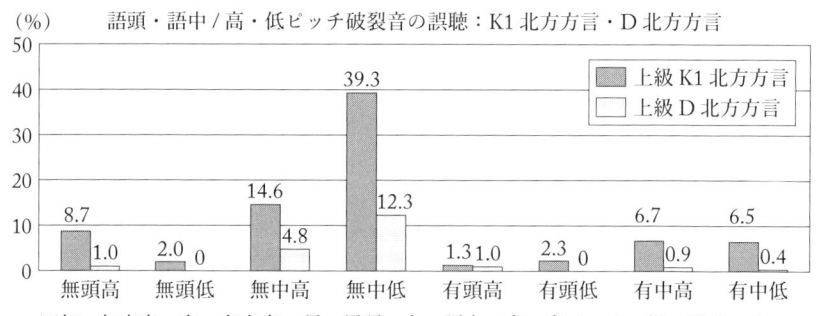

※無：無声音、有：有声音、頭：語頭、中：語中、高：高ピッチ、低：低ピッチ

第4章　第一言語の音韻転移と第二言語の音声言語理解　113

　表4-15に示すように、K1北方方言話者も語中・低ピッチ無声破裂音の誤聴率が最も高い。中級26.2%、上級39.3%で、D北方方言話者の中級18.8%、上級12.3%と比べると、その誤聴率の高さがひときわ目立つ。語中・高ピッチ無声破裂音の誤聴率も、K1北方方言話者は中級8.7%、上級14.6%で、D北方方言話者の中級6.3%、上級4.9%と比べると高い。特に、中級より上級段階で誤聴率が高いという点には注目される。有声破裂音の誤聴率もK1北方方言話者は中級・上級ともに高く、中級でD北方方言話者

表4-16　K1北方方言話者とD北方方言話者の高誤聴率の破裂音の生起環境

誤聴率%	中級		上級	
	K1北方方言	D北方方言	K1北方方言	D北方方言
50–99%	epi upe epe opi ipe eka ape epa epo opa (10)	ete ite eta epi epe ipu epe (7)	epi upi upe epe apa apu epu ope ete ope ite ape apo epa epo upo opi opo pin pun ape epe ipe opi ito eta api ipa ipi ipu ipe upa opa (33)	ite ipu epi ete epe ako eta (7)
40–49%	ete opi ubo ita ute eta ote oto apa apu ipe upa upi epu opi opo ubo ede odo (29)	eke ita ito iku ipe epo (3)	api ate ato ute eka eke ipo ede (41)	eke epu opo (10)
30–39%	epe ide ido ite ete uto eke api ipi ope obe (40)	ipe ope ete apa ipa upa epu opi opo (22)	ita ito eta uku oko apu apo ipo epo opu ida ido oto uto ake aku ike uko uda (60)	ipe upi epe opo (14)
20–29%	ten pin pun pon bon ito eta ite ito ape ope opo eda edo ude ibo obe ata ate ite uku uko apo ipa ipu ipo upo ada ebu (69)	eta uto oto eka upi epa ota ede (30)	ate ite eke ipi upi upo epa epu ide ode ete eto ote ako iku iko eki eko abu (79)	opu ita ito iku apa ipa (20)

※下線は低ピッチ、■は有声音、点は破裂音／t、k／

の7倍、上級で5倍である。前節で示した上海語話者と比べても高い（上海語話者中級：8.2、上級：4.2）。しかしながら、有声破裂音については、K1北方方言話者も中級より上級のほうが誤聴率が低くなっていることから、学習時間とともに習得が進むものと見られる

　表4-16を見ると、K1北方方言話者も語中破裂音の［t］・［k］に習得困難な音が多く、D北方方言話者と同質的な誤聴傾向を示していることがわかる。ただし、K1北方方言話者にはその他に語中・高ピッチ［p］音、有声破裂音［d］音など、習得困難な破裂音が多い。破裂音全体の誤聴が量的に多い上に、上級段階でも学習者のほぼ全員が聞き間違えてしまうような習得困難な破裂音が多数残っていて退行化現象が見られる。この点はD北方方言話者と大きく異なっている。

4.2.4　聴解力に寄与している要因

聴解力と聴解力に関与する項目との相関分析、およびステップワイズ法による重回帰分析を通して、下位群のK1北方方言話者の聴解力に寄与している要因を見る。重回帰分析はA・Bの2回行い、Aでは2項目、Bでは7項目を独立変数として投入している。重回帰分析Aのx2の延べ誤聴数は、重回帰分析Bのx2～x6までの破裂音の弁別特徴別誤聴数と破裂音の先行・後続母音の誤聴数を総計したものである。

　　重回帰分析A　x1：文法試験の得点、x2：延べ誤聴数
　　　　　　　　　y1：聴解試験の得点
　　重回帰分析B　x1：文法試験の得点、x2：無声破裂音の誤聴数、
　　　　　　　　　x3：有声破裂音の誤聴数、x4：調音点の誤聴数、
　　　　　　　　　x5：調音法の誤聴数、
　　　　　　　　　x6：破裂音の先行・後続母音の誤聴数、
　　　　　　　　　x7：聴解得意意識、
　　　　　　　　　y1：聴解試験の得点

　K1北方方言話者の聴解力と聴解力に関与する項目との相関係数を表4-17に、聴解力に寄与している要因を表4-18に示す。

K1 北方方言話者は、破裂音の弁別能力と聴解力との間にはまったく相関が見られない。また、各項目の間でも相互に影響しあっていない。中級では聴解得意意識と文法知識がそれぞれ別々に聴解力に寄与しているだけである（F = 10.84, p < .0001）。上級では母音の弁別能力が聴解力に寄与しているだけである（F = 6.61, p < .01）。この結果は、K1 北方方言話者が、日本語の音声言語で生起率の高い破裂音［t］，［k］をはじめとする、その他の弁別能力も全体的にきわめて低いために、聴解力に寄与する要因が乏しくなっている状況をよく示している。

表 4-17　K1 北方方言話者の聴解力と聴解力に関与する項目との相関係数

		文法	延べ誤聴数	無声	有声	調音点	調音法	母音	得意意識
K1 北方方言	中級	.28	.27	.38 +	- .07	.05	.19	.08	0.56 **
	上級	.36 +	- .29	- .37 +	.39 +	- .01	- .28	- .56 **	- .002
D 北方方言	中級	.37 +	- .80 ***	- .72 ***	- .53 **	- .29	- .31	- .53 **	.38 *
	上級	.55 **	- .46 *	- .47 **	.20	.05	- .13	- .34 +	.18

〔*** p < .0001　** p < .01　* p < .05　+ p < .1〕

表 4-18　K1 北方方言話者の聴解力に寄与している要因

(1) 重回帰分析 A　　　〔寄与率：r^2 = 相関係数の二乗、pr^2 = 偏相関係数の二乗〕

			偏回帰係数	標準誤差	標準偏回帰係数	寄与率 r^2	寄与率 pr^2
K1 北方	上級	x1 文法	.50	.28	.36	.13	.13
D 北方	中級	x2 延べ誤聴	- .98	.14	- .80	.64	.64
	上級	x1 文法	.50	.18	.45	.31	.23
		x2 延べ誤聴	- .45	.23	- .30	.21	.12

K1 北方方言話者　上級：R^2 = .13、ΔR^2 = .09、F (1, 21) = 3.16, p < .05
D 北方方言話者　中級：R^2 = .64、ΔR^2 = .63、F (1, 27) = 48.19, p < .0001
　　　　　　　　上級：R^2 = .39、ΔR^2 = .34、F (2, 27) = 8.61, p < .01

(2) 重回帰分析 B 〔寄与率：r^2 ＝相関係数の二乗、pr^2 ＝偏相関係数の二乗〕

				偏回帰係数	標準誤差	標準偏回帰係数	寄与率 r^2	寄与率 pr^2
K1 北方方言	中級	x1	文法	.43	.11	.47	.08	.44
		x2	無声	.34	.08	.51	.15	.47
		x4	調音点	.31	.14	.31	.04	.21
		x5	調音法	－.73	.42	－.24	.003	.14
		x7	得意意識	9.30	1.68	.66	.31	.62
	上級	x3	有声	.57	.37	.25	.15	.12
		x4	調音法	－1.02	.66	－.26	.08	.12
		x5	調音点	.68	.25	.51	.00	.29
		x6	母音	－2.15	.50	－.77	.31	.50
D 北方方言	中級	x2	無声	－.81	.18	－.57	.52	.45
		x3	有声	－2.34	1.53	－.20	.28	.08
		x6	母音	－3.18	1.43	－.28	.28	.17
	上級	x1	文法	.54	.16	.48	.30	.30
		x3	有声	3.91	2.16	.29	.04	.12
		x6	母音	－6.21	2.42	－.38	.12	.12
		x7	得意意識	2.62	1.75	.22	.03	.08

K1 北方方言話者　中級：$R^2 = .74$、$\Delta R^2 = .67$、$F(5, 19) = 10.84$、$p < .0001$
　　　　　　　　上級：$R^2 = .60$、$\Delta R^2 = .51$、$F(4, 18) = 6.61$、$p < .01$
D 北方方言話者　中級：$R^2 = .68$、$\Delta R^2 = .64$、$F(3, 25) = 17.80$、$p < .0001$
　　　　　　　　上級：$R^2 = .41$、$\Delta R^2 = .36$、$F(4, 25) = 6.16$、$p < .01$

4.3　まとめおよび課題

中国の外国語学習環境下で学ぶ、黒龍江省 K 機関の K1 北方方言話者と、大連市 D 機関の D 北方方言話者の調査結果を、表 4-19 にまとめて示す。

　母語方言、学習環境、カリキュラム、学習時間数が同一条件であるにもかかわらず、K1 北方方言話者には第一言語の負の音韻転移が強く現れている。また、D 北方方言話者に見られる第一言語の正の音韻転移が生じていない。しかも、中級から上級にかけて習得が進んでいないばかりか退行化現象さえ見られる。

表4-19　黒龍江省のK1北方方言話者と大連市のD北方方言話者

調査対象者	K1北方方言話者（黒龍江省）		D北方方言話者（大連市）	
課程（人数）	中級（n = 25）	上級（n = 23）	中級（n = 29）	上級（n = 30）
聴解試験平均	52.0%	41.6%	69.6%	81.7%
文法試験平均	66.5%	52.8%	78.6%	86.0%
平均誤聴数　破裂音の延べ誤聴数	65.6	81.5	15.2	15.2
無声破裂音	23.6	36.4	11.3	11.3
有声破裂音	7.8	5.8	0.7	0.7
破裂音調音点	23.3	29.7	2.4	2.4
破裂音調音法	5.0	4.2	0.3	0.3
破裂音の先行・後続母音	4.2	5.3	0.6	0.6
語中低ピッチ無声破裂音	26.2	39.3	12.3	12.3
誤聴率4割以上の破裂音数	29	41	13	10
誤聴率4割以上の[t][k]音	7	9	7	5
聴解得意意識	高い：1.72	中：2.48	高い：1.83	中：2.40
重回帰分析A	—	文法	延べ誤聴数	文法＞延べ誤聴数
重回帰分析B	得意意識＞文法＞調音法	母音＞調音法	無声＞母音＞有声	文法＞母音＞得意意識

　以下に、K1北方方言話者とD北方方言話者の特徴を、共通点と相違点とに分けてまとめる。

◆K1北方方言話者とD北方方言話者の共通点
1）　聴解力が文法知識ほどに高くない。
2）　音声言語の意味理解を担う語中無声破裂音の[t]・[k]に習得困難な音が上級段階まで残る。
3）　無声破裂音の弁別能力と文法知識が相互に影響しあって聴解力に寄与する要因になっていない。

4) 聴解得意意識は中級より上級の学習者のほうが低い。

◆ K1 北方方言話者と D 北方方言話者の相違点
1) K1 北方方言話者の聴解力、日本語破裂音の弁別能力は、D 北方方言話者に比べてきわめて低い。
2) K1 北方方言話者は、語中無声破裂音［t］・［k］の他、語中・高ピッチ［p］音、有声破裂音［d］音など、習得困難な破裂音が多く、誤聴率4割以上の習得困難な破裂音が D 北方方言話者の3～4倍になる。
3) K1 北方方言話者は、破裂音の有声性・無声性、すなわち「第一言語にない第二言語の音韻対立」の弁別能力だけでなく、D 北方方言話者が中級段階ですでに習得している調音点、調音法、先行・後続母音の「第一言語にある第二言語の音韻対立」の弁別能力も極めて低い。
4) K1 北方方言話者は破裂音の弁別能力が聴解力にまったく寄与していないが、D 北方方言話者は破裂音の弁別特徴が別々に寄与している。

以上から、K1 北方方言話者の聴解力の低さは、日本語の音声言語で生起率の高い［t］・［k］音の他、破裂音の弁別能力が全体的にきわめて低いために文法・語彙の意味化を妨げられる率が高く、学習者の持つ語彙・文法知識が活性化されにくいからであると見られる。これは、第一言語の負の音韻転移が極めて強いために、正の音韻転移も生じにくくなり、その結果、音声言語理解に寄与する要因が乏しくなることに起因すると結論される。

それにしても、外国語学習環境下の同じ条件下で学ぶ、同一母語の北方方言話者の間になぜこれほどの差が生じたのか。これまでの調査結果からは説明できない。そこで、次節では日本国内と国外の異なる学習環境下で学ぶ北方方言話者の日本語破裂音の弁別能力と聴解力との関連を比較・分析し、第二言語の音声言語理解に関与する言語外的要因として、まず学習環境の影響を検証する。

5. 調査8　日本国内・国外の学習環境の影響

日本国内の第二言語学習環境下と日本国外の外国語学習環境で学ぶ、中国北

方方言話者の破裂音の弁別能力と聴解力の関連を比較・分析し、「学習環境」の影響を検証する。

5.1 調査対象者と調査時期

調査対象者は、中国黒龍江省の K 機関で学ぶ、中級・上級課程の K2 北方方言話者 21 名（＝国外 K2 北方方言話者）と、2 節、調査 5 の日本国内で学ぶ上級課程の北方方言話者 10 名（＝国内北方方言話者）である。調査 5 の中級課程の北方方言話者は 3 名で人数が少ないため、参考までに示す[12]。

(1) 国外 K2 北方方言話者 21 名、調査時期：1997 年 10 月

課程	人数	学習期間・時間	在日期間	出身地域
上級	11	3 年・約 1,133 時間	無	黒龍江省
中級	10	2 年・約 737 時間	無	黒龍江省

(2) 国内北方方言話者 13 名、調査時期：上級 1997 年 10 月（中級は 2002 年 3 月）

課程	人数	学習期間・時間	在日期間	出身地域
上級	10	3 年・1500 時間以上	2 年	遼寧省 6 名、吉林省 4 名
中級	3	1 年・400 時間余	1 年	北京市

　(1) の国外 K2 北方方言話者 21 名は、同じ日本語カリキュラムで学ぶ日本語専攻の大学 2 年生と 3 年生である。4 節の調査 7 の K1 北方方言話者と同じ K 機関に所属するが、中級・上級ともに K1 北方方言話者より学習期間が半年長い。学習時間数も、中級で約 40 時間、上級で約 140 時間ほど多い。21 名の出身地域（12 歳まで生まれ育った主な地域）は全員、黒龍江省で、北方方言を使用している。朝鮮族は含まれていない。

　(2) の上級の国内北方方言話者 10 名は、2 節の調査 5 に示したように、全員、日本語能力試験 1 級に合格して日本の大学に在籍している 1 年生と 2 年生で、同じ日本語カリキュラム・シラバスの下で学んでいる。(1) の上級の国外 K2 北方方言話者 11 名より、学習時間数は 400 時間ほど長く、学習内容から見れば超上級レベルに相当する。

なお、国外 K2 北方方言話者の 21 名と、国内北方方言話者の上級課程の 10 名は、調査 6,7 に先駆けて 1997 年 9 月に行ったもので、同じテープを使用して調査している。

5.2 結果と考察
5.2.1 聴解力と文法知識・聴解得意意識との関係

日本国内・国外の北方方言話者の聴解と文法試験の平均値を表 4-20 に示し、両群の聴解力と文法知識の関係について検討する。また、表 4-21 に、聴解試験の成績順位、聴解得意意識、聴解力と聴解得意意識の相関関係を示す。

表 4-20 に示すように、上級課程では、外国語学習環境下の国外 K2 北方方言話者の聴解力の低さが目立つ。文法試験の平均値が 66.4% と比較的高

表 4-20 国外 K2 北方方言話者と国内北方方言話者の聴解力と文法知識の平均値

北方方言話者（人数）		聴解試験		文法試験		1993 年聴解試験総受験者平均値
		平均値	最大値/最小値	平均値	最大値/最小値	
上級	国外K2北方(11)	56.2 ± 13.5	75.0/35.7	66.4 ± 8.5	81/56	65.6
	国内北方(10)	84.3 ± 7.6	100/64.3	78.4 ± 14.3	94.6/54.1	75.5
中級	国外K2北方(10)	57.3 ± 13.9	77.0/35.0	64.1 ± 10.5	72.7/54.5	58.8
	国内北方(3)	41.0	48/31	44.3	59/37	78.2

表 4-21 聴解試験の成績順位、聴解力と聴解得意意識の関係

聴解試験の成績順位		1位	2位	3位	4位	5位	6位	7位	8位	9位	10位	11位	得意意識平均値	聴解力と得意意識の相関
上級	国外 K2 北方	4	4	3	4	2	4	4	3	4	4	4	3.6	—
	国内北方	1	2	1	2	2	3	3	4	3	4		2.5	0.80 ($p < 0.01$)
中級	国外 K2 北方	3	1	2	3	3	3	1	2	2			2.3	—

※聴解得意意識：1 = 最も得意、2 = 2 番目に得意、3 = 3 番目に得意、4 = 最も苦手

いのに、聴解試験は 56.2% である。第二言語学習環境下の国内北方方言話者の聴解試験、84.3% に比べるとかなり低い (p < .05 で有意)。ただし、国内北方方言話者も、日本語能力試験1級に合格した大学1、2年生であり、国外 K2 北方方言話者より学習期間・学習時間数がかなり長いことを考えると、6–7 割しか理解できない学生がいることは看過できない。

中級課程では国内北方方言話者の人数、学習時間数が少ないため、国外北方方言話者との比較はできないが、調査5に示した同一条件下の非中国語系話者との習得差から、中級段階の北方方言話者は第二言語学習環境下であっても聴解力は低いと見られる。また、外国語学習環境下でも学習時間数は 737 時間で、2 級受験者の目安である 600 時間を上回っているのに聴解試験の平均値は 57.5% で、総受験者の平均値 58.8% を下回っている。このことから、中級段階の北方方言話者は、一般には学習環境の違いによらず、聴解力は低いものと見られる。

次に、表 4–21 を見てみよう。聴解得意意識は、学習環境の違いに強く影響を受けている。外国語学習環境下の国外 K2 北方方言話者には、中級・上級ともに聴解得意意識と聴解力との間に相関が見られない。また、日本語学習を初めて2年目の中級課程では、聴解得意意識が 2.3 で比較的高いのに、3 年目の上級課程になると 3.6 に下がり、聴解試験で 1、2 位の成績上位者であっても聴解が最も不得意だと感じている。この傾向は、調査6の D 北方方言話者や、調査7の K1 北方方言話者と同じであることから、外国語学習環境下の北方方言話者に共通する特徴であると見られる。それに対して、第二言語学習環境下の上級段階の国内北方方言話者は、聴解得意意識が比較的高い。また、聴解得意意識と聴解力との相関も極めて高く (r = .80、p < .01 で有意)、聴解力に対する自己診断能力が高いと見られる。

5.2.2 日本語破裂音の弁別能力と聴解力との関連

日本国内・国外の北方方言話者の弁別特徴別誤聴数を表 4–22 に示し、両群の破裂音の弁別能力を検討する。また、表 4–23 に聴解力と日本語破裂音の弁別能力および文法知識との相関関係を示す。

表 4–22 に示すように、上級課程の国外 K2 北方方言話者は、破裂音の延

表 4-22 日本国内・国外北方方言話者の破裂音の弁別特徴別誤聴数の平均値

北方方言（人数）		正聴率%	誤聴数					
^ ^ ^ ^ ^ ^ ^ ^ ^ ^			延べ誤聴	無声/有声	無声	有声	調音点	調音法	母音
上級	国外K2北方(11)	65.9	152.8	44.2	32.5	11.7	50.5	34.5	21.5
		80.8/40.4	283/79	63/32	59/7	31/2	94/22	83/15	44/4
	国内北方(10)	71.5	103.8	60.9	47.1	13.4	15.2	15.3	6.5
		86.5/59.3	139/53	97/12	66/9	33/0	28/12	22/4	9/6
中級	国外K2北方(10)	63.2	142.7	41.0	32.2	10.0	48.4	40.4	12.7
		74.7/49.0	202/91	66/23	61/11	19/3	68/28	64/22	21/4
	国内北方(3)	64.8	110	45.7	32.3	13.3	23.3	3.7	15.0
		71.2/59.3	127/90	49/43	42/22	27/3	26/22	7/2	27/5

表 4-23 聴解力と文法知識、破裂音の弁別能力との相関関係（**p＜0.01　*p＜0.05）

		文法	無声/有声	無声	有声	調音点	調音法	母音	延べ誤聴数
国外K2北方方言	上級	.70*	-.53	-.23	-.15	-.32	-.25	.10	-.26
	中級	.12	-.43	-.14	-.59	-.44	-.74	-.56	-.72
国内北方方言	上級	.50	-.70*	-.33	-.77**	-.41	-.41	-.27	.54

べ誤聴数が 152.8 で、国内北方方言話者の 103.8 に比べるときわめて多い。ただし、この延べ誤聴数の多さは、破裂音の調音点、調音法、先行・後続母音の誤聴数の多さに起因するもので、破裂音の有声・無声の弁別では日本国内・国外の北方方言話者の間で差がない。中級課程でも上級課程と同様の傾向を示している。国外 K2 北方方言話者は破裂音の延べ誤聴数が 142.7 で、学習時間数の少ない国内北方方言話者 3 名の 110.0 に比べると誤聴が多い。しかし、これも、調音点、調音法、先行・後続母音の誤聴数の多さに起因するもので、破裂音の有声・無声の誤聴数では、日本国内・国外の学習環境の違いによる差は見られない。以上から、破裂音の調音点、調音法、先行・後続母音のような「第一言語にある第二言語の音韻対立」は、中級・上級とも

に外国語学習環境下では習得困難であるのに対して、第二言語学習環境下では自然習得されるものと見られる。一方、破裂音の有声・無声のような「第一言語にない第二言語の音韻対立」は、学習環境によらず習得困難であると見られる。

しかしながら、上級課程の国内北方方言話者の場合、有声・無声の誤聴数の最大値(97)と最小値(12)の差が大きく、その弁別能力に習得差が生じている上に、表4–23に示すように、破裂音の有声・無声の弁別能力と聴解力との間に相関が認められる($r = -.70$, $p < .05$ で有意)。特に、有声破裂音は、誤聴数自体は少ないものの、聴解力との間に高い相関が認められる($r = -.77$, $p < .01$ で有意)。それに対して、国外K2北方方言話者は有声・無声の弁別能力と聴解力との間にはまったく相関が認められない。文法知識と聴解力との間に中等度の相関が認められるだけである。これは、調査7の黒龍江省、K機関のK1北方方言話者の特徴と相通じる特徴で、国内北方方言話者とは傾向が異なる。このことから、第二言語学習環境下では、上級段階で何らかの要因により日本語破裂音の有声・無声の弁別能力を習得して聴解力が高くなる学習者も現われ、個人差が生じるものと見られる。

5.2.3　誤聴率の高い日本語破裂音の生起環境

表4–24に、日本国内・国外の北方方言話者の、誤聴率(一人当たりの平均誤聴数÷実験音数×100)の高い破裂音の生起環境を示す。

表4–24に示すように、国外K2北方方言話者には、中級段階だけでなく上級段階でも70％以上の高頻度で聞き間違える、つまり10人中7人以上が聞き間違えるほどの習得困難な破裂音が多い。それに対して、上級段階の国内北方方言話者には誤聴率が70％以上の破裂音はない。これは、第二言語学習環境下では、上級段階になれば、習得困難な有声・無声破裂音を習得する北方方言話者も現われることを示唆しており、前節の結果とも整合性を持つ。しかし、表4–23からも、語中［t］音、［k］音は、学習環境の違いによらず、北方方言話者にとって習得困難であることが指摘される。

表 4-24　誤聴率の高い破裂音の生起環境（下線は低ピッチ、■■■は有声音、点は [t]・[k] 音）

誤聴生起率 %	中級：国外 K2 北方方言	上級：国外 K2 北方方言	上級：国内北方方言
70–89	/api/ /ipi/ /epi/ /opi/ /udo/ /apa/ /api/ /apu/ /ape/ /epa/ /ote/	/api/ /ape/ /ipe/ /opi/ /api/ /upa/ /epi/ /epe/ /ota/	
60–69	/pin/	/apa/ /upi/ /uta/ /ote/ /ton/	/ipa/ /ipe/ /epe/ /ate/ /ita/ /ite/ /iko/ /ten/
50–59	/upa/ /epe/ /epu/ /ate/ /ite/ /ito/ /uta/ /ute/ /ete/ /pen/ /ton/ /odo/	/ipi/ /ipi/ /epa/ /ata/ /ate/ /ita/ /ite/ /udo/	/ipa/ /ipu/ /uto/ /ete/ /ota/ /ote/ /ton/ /ten/
40–49	/apu/ /ipa/ /ipi/ /upi/ /upi/ /epi/ /opi/ /opu/ /ope/ /ita/ /eta/ /ota/ /pun/ /pun/ /pen/ /ten/	/apo/ /ipa/ /opi/ /ito/ /ute/ /eta/ /ete/ /ete/ /pin/ /ibu/ /ubu/	/apa/ /api/ /ipi/ /ipe/ /ipo/ /upa/ /upi/ /upe/ /epi/ /epe/ /opi/ /uta/ /ute/ /uto/ /eta/ /ete/ /eto/ /eto/ /ota/ /oto/ /ako/ /uko/ /pin/ /pun/ /ado/ /ide/
30–39		/apu/ /upe/ /epi/ /epu/ /ute/ /uto/ /eko/ /oko/ /pon/ /ebo/ /ide/ /odo/	/apu/ /upa/ /upi/ /upu/ /upe/ /upo/ /epa/ /opa/ /ope/ /opo/ /ata/ /ate/ /ita/ /ite/ /ito/ /ute/ /oto/ /ake/ /ika/ /eke/ /oko/ /pon/ /ubo/ /obe/ /obo/ /bin/

5.3　まとめおよび課題

日本国内・国外の北方方言話者の、聴解力と破裂音の弁別能力、聴解得意意識との関連について比較・調査した結果を、表 4-25 にまとめて示す。なお、日本国内の中級北方方言話者も、調査対象者の人数が少なく学習時間数も異なるが、参考までに示す。

表 4-25 から、日本国内・国外の学習環境は、以下に示すように、第二言語の音韻対立の習得、および学習者の聴解得意意識に影響し、その結果、上級段階の聴解力に微妙に影響していると結論される。

◆第二言語学習環境が及ぼす影響
1)　破裂音の調音点、調音法、先行・後続母音のような「第一言語にある

表 4-25 外国語学習環境と第二言語学習環境下の北方方言話者の比較

学習環境	国外 K2 北方方言話者		国内北方方言話者	
課程（人数）	中級（n = 10）	上級（n = 11）	中級（n = 3）	上級（n = 10）
学習期間・総時間数（h）	2 年・737h	3 年・1133h	8 ヶ月・約 400h	3 年・1500h 以上
在日期間	無		1 年	2 年
聴解力	低い:57.3%	低い:56.2%	低い:41.0%	比較的高い:84.3%
破裂音の延べ誤聴数	多い	多い	多い	多い：習得差
L1 にある音韻対立の誤聴数	多い	多い	比較的少ない	少ない
L1 にない音韻対立の誤聴数	多い	多い	多い	多い：習得差
聴解力と破裂音の弁別能力の相関	無	無	—	有：相関高い
聴解得意意識	中：2.3	低い:3.6	—	中：2.5
聴解得意意識と聴解力の相関	無	無	—	有：相関高い

第二言語の音韻対立」は第一言語の正の音韻転移が生じやすく、中級段階から自然習得が進んで習得が速い。しかし、これは聴解力に大きな差を生む要因ではない。

2) 破裂音の有声・無声のような「第一言語にない第二言語の音韻対立」は第一言語の負の音韻転移が強く習得困難であるが、学習環境以外の付加要因があれば上級段階で習得可能になる。その結果、聴解力が高くなる学習者も現れ、習得差を生む要因になる。

3) 上級段階では学習者の聴解得意意識が比較的高く、聴解力の自己診断能力も高い。

◆外国語学習環境が及ぼす影響

1) 「第一言語にある第二言語の音韻対立」も第一言語の正の音韻転移が生じにくく、中級・上級段階ともに習得困難である。

2) 「第一言語にない第二言語の音韻対立」は第一言語の負の音韻転移が強く現れて極めて習得困難であり、「第一言語にある第二言語の音韻対

立」が未習得の場合は、中級から上級にかけて化石化・退行化現象が現れる。それは、聴解力に習得差を生む大きな要因になっている。
3) 学習者の聴解得意意識と聴解力にずれがあり、聴解力の自己診断能力が弱い。また、中級より上級段階で聴解得意意識が低くなる。

6. 第二言語の音韻習得に関与する第一言語の音韻体系と学習環境

6.1 調査結果5〜8のまとめ

表4-26は、調査5〜8の結果から、非中国語系話者・北方方言話者・上海語話者の日本語破裂音の弁別能力と聴解力の関係についてまとめたものである。表4-27は、調査6、7の結果から、上海語話者と北方方言話者の聴解力に関与する言語的要因についてまとめたものである。また、表4-28は、調査6〜8の結果から、上海語話者と北方方言話者の聴解力と聴解得意意識の関係についてまとめたものである。

表4-26と4-28の聴解力のレベルは、比較のため、日本語能力試験（1993）の日本国内・国外総受験者の平均値（[中級]2級：国内78.2　国外58.8、[上級]1級：国内75.5　国外65.6）と、学習時間数から診断したものである。中級課程では、日本国内の非中国語系話者(400h、73.5%)は「非常に高い(EH)」、日本国外の上海語話者(700h、73.1%)は「高い(H)」、D北方方言話者(700h、69.6%)は「比較的高い(MH)」、日本国内の北方方言話者(400h、41.0%)と国外K1北方方言話者(700h、52.0%)とK2北方方言話者(737h、57.3%)は「低い(L)」とした。上級課程では、日本国内の非中国語系話者(1000h、96.5%)は「非常に高い(EH)」、日本国外の上海語話者(1000h、87.0%)は「高い(H)」、日本国内の北方方言話者(1500h、84.3%)と日本国外のD北方方言話者(1000h、81.7%)は「比較的高い(MH)」、日本国外のK1北方方言話者(1000h、41.6%)とK2北方方言話者(1133h、56.2%)は「非常に低い(EL)」とした。破裂音、母音の弁別能力も同様に診断ししている。

表 4-26 　日本語破裂音の弁別能力と聴解力の比較

環境	第一言語	課程(人数)	学習時間(h)	聴解力	日本語破裂音の弁別能力 有声/無声	調音点	調音法	母音
日本国内	非中国語	中級 (n = 6)	400h	EH 73.5	H ○	H ○	H ○	H ○
		上級 (n = 2)	1000h	EH 96.5	H ○	H ○	MH ○	L ×
	北方方言	中級 (n = 3)	400h	L 41.0	EL ×	MH ○	H ○	MH ○
		上級 (n = 10)	1500h	MH 84.3	EL-D ×□	MH ○	MH ○	H ○
日本国外	大連 D北方	中級 (n = 29)	700h	MH 69.6	MH ×□	H ○	H ○	H ○
		上級 (n = 30)	1000h	MH 81.7	MH ×□	H ○	H ○	H ○
	黒龍江 K1北方 (2000)	中級 (n = 25)	700h	L 52.0	EL ×	L —	H ○	H ○
		上級 (n = 23)	1000h	EL 41.6	EL ×	L —	H ○	H ○
	K2北方 (1997)	中級 (n = 10)	737h	L 57.3	EL ×	EL —	EL —	L —
		上級 (n = 11)	1133h	EL 56.2	EL ×	EL —	EL —	MH ○
	上海語	中級 (n = 31)	700h	H 73.1	EL —	H ○	H ○	H ○
		上級 (n = 31)	1000h	H 87.0	H ○	H ○	H ○	H ○

※表中の記号は次の意味を示す。
　EH＝非常に高い＞ H ＝高い＞ MH ＝比較的高い＞ L ＝低い＞ EL ＝非常に低い
　EL-D ＝平均値は低いが、学習者間で習得差が大きい。
　○＝正の転移が生じている。　　　×＝負の転移が生じている。
　―＝正・負の転移が生じていない。　□＝負の転移を抑制している。

表4-27 上海語話者、D北方方言話者、K1北方方言話者の聴解力に関与する言語的要因

聴解・文法試験		高い←←← 聴解力・文法知識 →→→低い				
聴解試験の平均値%	中級	上海語話者(73.1)	>	D北方方言話者(69.6)	>>	K1北方方言話者(52.0)
	上級	上海語話者(87.0)	>	D北方方言話者(81.7)	>>	K1北方方言話者(41.6)
文法試験の平均値%	中級	D北方方言話者(78.6)	>>	K1北方方言話者(66.5)	>	上海語話者(64.0)
	上級	D北方方言話者(86.0)	>	上海語話者(84.0)	>>	K1北方方言話者(52.8)
破裂音の誤聴数・誤聴率		高い←←(誤聴少) 破裂音の弁別能力 (誤聴多)→→→低い				
延べ誤聴数	中級	D北方方言話者(23.0)	<<	上海語話者(47.0)	<<	K1北方方言話者(65.6)
	上級	D北方方言話者(15.2)	<	上海語話者(22.1)	<<	K1北方方言話者(81.5)
無声破裂音の誤聴数	中級	D北方方言話者(16.6)	<<	K1北方方言話者(23.6)	≒	上海語話者(24.2)
	上級	上海語話者(10.2)	<	D北方方言話者(11.3)	<<	K1北方方言話者(36.4)
有声破裂音の誤聴数	中級	D北方方言話者(1.0)	<<	上海語話者(6.9)	<	K1北方方言話者(7.8)
	上級	D北方方言話者(0.7)	<	上海語話者(3.5)	<	K1北方方言話者(5.8)
調音点の誤聴数	中級	D北方方言話者(3.3)	<<	上海語話者(12.5)	<<	K1北方方言話者(23.3)
	上級	D北方方言話者(2.4)	<	上海語話者(4.1)	<<	K1北方方言話者 29.7)
調音法の誤聴数	中級	D北方方言話者(0.4)	<	上海語話者(2.0)	<	K1北方方言話者(5.0)
	上級	D北方方言話者(0.3)	<	上海語話者(1.7)	<<	K1北方方言話者(4.2)
母音の誤聴数	中級	D北方方言話者(1.4)	=	上海語話者(1.4)	<<	K1北方方言話者(4.2)
	上級	D北方方言話者(0.6)	<	上海語話者(1.1)	<<	K1北方方言話者(5.3)

語中低ピ無声破裂音誤聴率%	中級	D北方方言話者 (18.8)	<<	K1北方方言話者 (26.2)	≒	上海語話者 (26.4)
	上級	上海語話者 (10.9)	<	D北方方言話者 (12.3)	<<	K1北方方言話者 (39.3)
誤聴率4割以上の破裂音数	中級	D北方方言話者 (13)	<	上海語話者 (23)	<	K1北方方言話者 (29)
	上級	上海語話者 (0)	<	D北方方言話者 (10)	<<	K1北方方言話者 (41)
誤聴率4割以上の[t]・[k]音	中級	上海語話者 (2)	<	D北方方言話者 (7)	=	K1北方方言話者 (7)
	上級	上海語話者 (0)	<<	D北方方言話者 (5)	<<	K1北方方言話者 (9)

第1・第二言語の音韻体系		課程	重回帰分析	
			強い← A →弱い	強い← B →弱い
同	上海語	中級	延べ誤聴数 > 文法	無声性誤聴数 > 文法 ≒ 調音点
		上級	延べ誤聴数 > 文法	無声性誤聴数 >> 聴解得意意識
異	D北方方言	中級	延べ誤聴数	無声性誤聴数 >> 母音 > 有声性誤聴数
		上級	文法 > 延べ誤聴数	文法 > 母音 > 聴解得意意識
	K2北方方言	中級	―	聴解得意意識 > 文法 > 調音法
		上級	文法	母音 >> 調音法

〔「＞＞」は「＞」より差が大きいことを示す〕

表 4-28　上海語話者と北方方言話者の聴解力と聴解得意意識の関係

環境	第一言語	課程、調査年（人数）	学習時間	聴解力	得意意識	相関
国内	北方方言	上級 '97 (n = 10)	1500h	MH	2.50	.80**
国外	上海語	中級 '99 (n = 31)	700h	H	2.23	—
		上級 '99 (n = 31)	1000h	H	2.23	.40*
	大連 D 北方	中級 '99 (n = 29)	700h	MH	1.83	.38*
		上級 '99 (n = 30)	1000h	MH	2.40	—
	黒竜江 K1 北方	中級 '00 (n = 25)	700h	L	1.72	.56**
		上級 '00 (n = 23)	1000h	EL	2.48	—
	K2 北方	中級 '97 (n = 10)	737h	L	2.30	—
		上級 '97 (n = 11)	1133h	EL	3.60	—

($**p < .01$, $*p < .05$)

※表中の聴解力の記号は表 4-26 と同様、[H = 高い > MH = 比較的高い > L = 低い > EL = 非常に低い]を表す。聴解得意意識は、4 技能のうち聴解が「最も得意」な場合は 1 点、2 番目は 2 点、3 番目 3 点、4 番目は 4 点として点数化したもので、各調査対象群の平均値を示している。相関は聴解試験の結果と聴解得意意識の相関係数である。。

　表 4-26 〜 28 から、次の 4 要因が第二言語としての日本語の破裂音の習得難易度に複合的に影響し、聴解力に反映していると考えられる。ただし、④の教室環境については、実際にそれが何を表しているのか、これまでの調査からはわからない。この点については、第 5 章で検討することにしたい。

　①第一言語の音韻体系
　②学習時間数
　③日本国内・国外の学習環境
　④学習者をとりまく教室環境（例：日本国外の大連市 D 機関と黒龍江省 K 機関の違い）

次に、第 4 章の結論として以下 5 点と課題について順に述べる。

1) 日本語の音声言語理解の前提的要因
2) 第二言語の破裂音の習得順序
3) 第二言語の類似音と新音の習得と化石化現象
4) 第二言語の音韻対立の習得に関与する言語的・言語外的要因
5) 聴解得意意識・聴解力に関連する言語的・言語外的要因

6.2 日本語の音声言語理解の前提的要因

表4-26 から、北方方言話者が第一言語の負の音韻転移を強く受け、日本語破裂音の弁別能力の習得、および日本語の音声言語理解に支障をきたしていることは明らかである。ただし、その支障のきたし方は、学習時間数、学習環境などの影響が複雑に絡み合って千差万別の様相を呈す。同じ外国語学習環境下で、学習時間数、母語方言も同じである D 北方方言話者と K 北方方言話者の間には、日本語破裂音の弁別能力、聴解力に大きな習得差が見られ、その差は上海語話者との差よりも大きい。この結果は、一見、第一言語の音韻の影響はそれほど強くないと思わせるほどである。しかし、D 北方方言話者は、文法知識や破裂音の全体的な弁別能力は上海語話者より高いのに、聴解力はそれほど高くない。また、K 北方方言話者は、破裂音の弁別能力および聴解力は上級段階で退行化現象さえ示して、D 北方方言話者と比べるとかなり低いのに、無声破裂音［t］・［k］音の習得において D 北方方言話者と同じ問題を抱えている。結局、北方方言話者は日本語の音声言語で生起頻度が高く意味理解を担う［t］・［k］音の知覚に上級段階でも問題が残るために、無声破裂音の弁別能力と文法知識とが影響しあってともに聴解力に寄与する要因にはならず、上海語話者ほどに聴解力が高くならないものと考えられる。

 K 北方方言話者の聴解力が D 北方方言話者に比べて低いのは、「第一言語にない音韻対立」だけでなく、「第一言語にある音韻対立」も習得できていないため、破裂音の弁別能力も文法知識も聴解力に寄与していないからである。

 一方、母語に破裂音の有声・無声の対立を持つ上海語話者は正の転移を受け、生起頻度が高く意味理解を担う日本語無声破裂音［t］・［k］音の知覚に問題が少ないため、無声破裂音の弁別能力と文法知識が相互に影響しあって聴解力に寄与し、聴解力が高くなる。

 今、日本語の音声言語を理解する際、北方方言話者に実際何が起きているのか、ディクテーションの誤聴例によって示してみよう。北方方言話者には、中級でも上級でも、すでに習得済みの簡単な語や文法項目で、次のような間違いをする学習者がいる。

a) 彼は異文化にだいして関心がだかっだ。
（彼は異文化に対して関心が高かった）
b) それにだいしてどうようはしゅうぎょうも非常に多様です。
（それに対して東洋は宗教も非常に多様です）

　［t］音、［k］音を含む音節に聞きまちがいが多く、しかも、いったんつまづくとその後も連鎖的にまちがえる傾向が強い。音韻レベルの聞きまちがいでもこれほど多いと、音声言語の場合、瞬時に意味化することが求められるため、たとえ文法・語彙知識が高くても理解は困難であろう。一方、上海語話者はこれほどの間違いをすることはない。なぜなら、例文でも示されているように、上海語話者にとって苦手な［p］音はごくまれにしか出現しないからである。

　以上から、日本語の音声言語で生起頻度の高い［t］音、［k］音を中心とする無声破裂音の弁別能力は学習者の心内辞書内の文法・語彙知識を活性化させ、意味理解を担う聴解力に強く寄与する前提的要因であると結論される。

6.3　第二言語の破裂音の習得順序

表4–26から、破裂音の弁別特徴は、［破裂音の前後の母音　→　調音法　→　調音点　→　有声性・無声性］の順に習得される傾向が認められる。

　破裂音の有声性・無声性のいずれが早く習得されるかについては、表4–27に示すように、上海語話者も北方方言話者も有声性の誤聴率は無声性と比べると極めて少ないことから、第一言語に有声破裂音を持つか持たないかによらず、破裂音の知覚では無声音より有声音のほうが習得が速いと見られる。この結果は、有標の有声音は習得が遅いとするヤーコブソン(1976)の有標性仮説とも、母語と目標言語の有標性の関係から母語と異なる項目で母語より有標の項目(＝有声破裂音)は習得困難であるとするEckman(1977)の有標性差異仮説とも矛盾し、第一言語でより無標の項目のほうが転移が生じやすく習得困難であるとするGass(1981)の第二言語習得仮説と一致する。

　有声音はそもそも音を伴うために無声音より知覚しやすい。また、第一言

語にない有声破裂音は、第二言語の新音として認識されるために習得が早いものと見られる。しかし、無声破裂音の知覚では、第二言語の有声・無声の二項対立の音韻体系の下に意味化する必要に迫られて、第一言語の類似音の無気無声破裂音を有声音としてしまうものと見られる。

それに対して日本語破裂音の発音については無声音より有声音のほうが習得困難であることが、杉藤・神田 (1987)、朱 (1994)、福岡 (1995)、皆川 (1995a) 等の先行研究で一致している。無声破裂音の発音は、無声性の範疇内で実現化されるために問題が少ないが、第一言語にない有声破裂音の発音は、第二言語の新音としての調音上の困難が伴い、習得が遅れるのではないかと考えられる。つまり、第二言語の破裂音の発音と知覚とでは有声性・無声性の習得順序が異なり、発音では無標の無声音から、知覚では有標の有声音から習得が進むものと考えられる。

次に、調音点による破裂音の習得順序を考えてみる。習得困難な破裂音の生起環境では、上海語話者と北方方言話者の誤聴傾向に質的な違いが見られる。上海語話者は、中級段階で軟口蓋無声破裂音 [k] が習得され、上級段階で歯茎無声破裂音 [t] がほぼ習得される。これは、UPSID (UCLA Phonological Segment Inventory Database) に収められた 317 の言語における、破裂音の調音点による生起頻度の順序、[t] > [k] > [p] とほぼ同じ順序で習得されている。第 2 章に示した日本語の無声破裂音を含む音節の生起頻度の順序、[k] > [t] > [p] とはまったく同じである。

それに対して、母語の負の転移が強いと見られる北方方言話者は、語中・低ピッチの環境に生起する [k]・[t] 音の習得において化石化現象が見られ、上海語話者のような習得順序、進度では習得されていない。このことから、第一言語に第二言語と同じ音韻対立を持つ母語話者は、第一言語の正の転移を受けて、第二言語で生起頻度の高い破裂音から順に、すなわち [k] → [t] → [p] の順に習得が進むと見られ、生起頻度による有標性スケールと一致するものと見られる。一方、北方方言話者のように第二言語と異なる音韻対立を持つ母語話者は、第一言語の負の音韻転移により、第二言語で生起頻度の高い [k]・[t] 音は習得困難になる。ただし、[p] 音を先に習得しているわけではないので、口腔の前寄り（唇・歯茎）の無標の音から後寄り

（硬口蓋・軟口蓋）の有標の音へと、段階的に獲得されるとするヤーコブソン（1976）の第一言語の音韻獲得仮説と一致しているわけではない。窪薗（2003）は、生起頻度から見た有標性スケールがヤーコブソン（1976）の第一言語の音韻獲得仮説と一致しないことに疑問を投げかけているが、第一言語の影響が考えられる第二言語の音韻知覚では、第二言語で生起頻度の高い無標の音韻のほうが習得しやすいとする見解には無理がある。なぜなら、生起頻度の高い音韻の識別が難しければ、第一言語の負の転移によって音声情報処理過程でそれだけ多くの混乱が生じていることは想像に難くないからである。

6.4　第二言語の類似音と新音の習得と化石化現象

表4-27の結果は、第二言語の類似音は特に学習初期段階では新音より習得困難であるとするFlege（1981, 1987）、Major（1987）の仮説を支持していると考えられる。北方方言話者も上海語話者も、日本語の語中・低ピッチ無声破裂音の誤聴率が最も高い。これは、北方方言と上海語の無気・有気無声破裂音と、日本語の語中・低ピッチの無声破裂音は、それぞれ音響的にはわずかしか違わない類似音だからであると考えられる。同様に、中級段階の上海語話者が日本語有声破裂音の知覚においてD北方方言話者以上に混乱が著しかったのは、母語に日本語と類似した有声破裂音を持っているためであると考えられる。逆に、北方方言話者の有声破裂音の弁別能力が比較的高いのは、類似の有声破裂音を持たないためである。ただし、上海語話者は母語に有声・無声の音韻対立を持つために、母語の正の転移を受けて上級段階までには習得が進む。このことから、第二言語の類似音は習得困難ではあるが、第一言語にその音韻対立がある場合は、第一言語の正の音韻転移を受けて上級段階までにはほぼ習得されるものと見られる。

　一方、北方方言話者は、有声・無声の音韻対立を持たない母語の負の音韻転移に、類似音による困難度が重なって習得が著しく遅れる。このことから、「第一言語に音韻対立がない第二言語の類似音」は習得が最も困難で、特に目標言語の情報量が少ない外国語学習環境では化石化現象（Selinker, 1972）、もしくは退行化現象が生じるものと推論される。

1) 第一言語にない第二言語の音韻を、第一言語の類似音を転用して算出しようとする。

2) 第一言語の類似音で産出した音が、第二言語の音韻であると知覚するようになる。

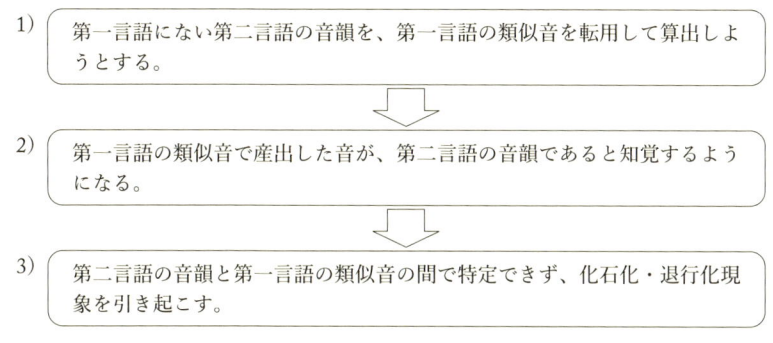

3) 第二言語の音韻と第一言語の類似音の間で特定できず、化石化・退行化現象を引き起こす。

図4-1　化石化・退行化現象のメカニズム

　音韻知覚の化石化・退行化は、図4-1に示すようなステップを経て進むのではないかと考えられる。
　まず、最初の1)の段階で、第一言語にない第二言語の音韻を正確に知覚することなく、第一言語の類似音を転用して産出しようとする（Flege 1981）。つまり、第一言語にない第二言語の音韻を正確に知覚することが困難であるために、発音しなれている第一言語の類似音を代用するのである。そのうち、2)の段階に進んで、第一言語の類似音で産出した音が、第二言語の音韻であると知覚するようになる。そして、3)の化石化・退行化の段階に至る。つまり、Flege（1981: 448-449）の「外国語の発音にいつまでも訛りが残るのは生理学的な機能低下によるわけではなく、母語の確立した成人は母語の類似音を転用するからである」とする仮説は、音韻の知覚にも適用されると見られる。
　有声破裂音の識別能力は上海語話者も北方方言話者も比較的高いことから、語中無声破裂音を音響的にまったく異なる有声破裂音として聞きまちがえているとは考えられない。日本語の語中無声破裂音の誤聴が多いのは、日本語と母語の類似した複数の無声破裂音に対して、日本語の無声・有声の二項対立の枠組みの中で判断を求められるために混乱し、結果的に母語の無気・有気の音韻対立を転用し、化石化、退行化現象を示すのであろう。語中・高ピッチ無声破裂音の誤聴率が語中・低ピッチ無声破裂音より低いのは、前者のほうが気息性を伴いやすいために、中国語の無気無声音との類似

性が低いからだと考えられる[13]。

6.5　第二言語の音韻習得に関与する言語的・言語外的要因

第一言語に第二言語の音韻対立があるかないかという言語的要因が、日本国内・国外の学習環境などの言語外的要因とどのように関わって第二言語の音韻対立の習得に影響しているのか整理する。

6.5.1　「第一言語にある第二言語の音韻対立」の習得

まず、「第一言語にある第二言語の音韻対立」の習得について考える。タガログ語話者を除く非中国語系話者と上海語話者は、日本語破裂音の聴取テストで行ったすべての弁別特徴、すなわち破裂音の有声性・無声性、調音点、調音法、先行・後続母音の弁別特徴を、第一言語に持つ。タガログ語話者は、先行・後続母音の弁別特徴以外は、第二言語と同じである。また、北方方言話者は、破裂音の調音点、調音法、先行・後続母音の音韻対立は、母語にもある。これらの「第一言語にある第二言語の音韻対立」は、表4-26 に示すように、中級段階の上海語話者を除いて一般に弁別能力が高い。この中級段階の上海語話者の有声・無声の弁別能力が低いのは、6.4 で指摘した、類似音の識別の問題が関与しているためである。

　しかし、この「第一言語にある第二言語の音韻対立」は学習環境などの言語外的要因によって、習得の難易度が異なる。第二言語学習環境下では、中級・上級ともに、破裂音の有声性・無声性のような「第一言語にない第二言語の音韻対立」より弁別が容易で、速く習得される。一方、外国語学習環境下では、黒龍江省のK1・K2 北方方言話者には習得困難だが、大連市のD 北方方言話者には容易である。つまり、同じ外国語環境下の北方方言話者でも学習者の所属する地域や教育機関によって習得差が生じていることから、学習環境以外の言語外的要因の影響も考えられる。

　また、黒龍江省の同じK機関であっても、2000 年度に調査したK1 北方方言話者と、1997 年度に調査したK2 北方方言話者との間には差が見られる。K1 北方方言話者は、K2 北方方言話者に比べると、有声・無声の「第一言語にない第二言語の音韻対立」は変わらないが、母音、調音法、調音点

の「第一言語にある第二言語の音韻対立」の弁別能力は高くなっている。これは、この3年間にK機関で何らかの変化があったのか検証を要する。ただし、この「第一言語にある第二言語の音韻対立」の弁別能力は、6.2に指摘したように、音声言語理解に深く関与しているわけではないので、K1北方方言話者とK2北方方言話者の間に聴解力の差をもたらすには至っていないものと考えられる。

以上より、「第一言語にある第二言語の音韻対立」の弁別能力について、次の点が指摘される。
1) 第一言語からの正の音韻転移によって、「第一言語にない第二言語の音韻対立」より容易で速く習得される。
2) 第二言語学習環境下では、第一言語からの正の音韻転移が生じやすく、中級段階から自然習得される。
3) 外国語学習環境では、一般に第一言語からの正の音韻転移は生じにくいが、学習者の所属する地域や教育機関のもたらす言語外的要因によって正の音韻転移が促進、もしくは抑制されて習得差が生じる。

6.5.2 「第一言語にない第二言語の音韻対立」の習得

北方方言話者にとっての日本語破裂音の有声性・無声性、タガログ語話者にとっての日本語破裂音の先行・後続母音のような、「第一言語にない第二言語の音韻対立」は、学習時間数や学習環境、教室環境の違いによらず、一般に習得困難である。「第一言語にある第二言語の音韻対立」も習得できていないK1・K2北方方言話者は、「第一言語にない第二言語の音韻対立」はまったく習得が進まず、上級段階で退行化・化石化現象を示す。日本語の音声言語理解では、この退行化・化石化現象が、破裂音の有声性・無声性の音韻対立の習得に生じた場合、聴解力に最も支障をきたすことになる。

しかし、第二言語学習環境下では、上級段階になると、「第一言語にない第二言語の音韻対立」でも、習得できる学習者がわずかながら現れる。また、外国語学習環境下であっても、大連市のD北方方言話者のように、[t]音・[k]音の習得では問題を抱えつつも、全体的には中級段階から高い弁別能力を習得する学習者も現れる。このことから、「第一言語にない第二言語

の音韻対立」についても、学習環境以外の言語外的要因が作用して習得が進むものと見られ、次の点が指摘される。

1) 「第一言語にない第二言語の音韻対立」は、第一言語の負の音韻転移が強く現れ、一般に習得困難である。「第一言語にある第二言語の音韻対立」が習得できていない場合は特に習得困難で、化石化・退行化現象が生じやすい。
2) 「第一言語にない第二言語の音韻対立」は、第二言語学習環境下では習得困難ながらも上級段階までに自然習得する学習者も現れ、個人差が生じる。
3) 「第一言語にない第二言語の音韻対立」は、外国語学習環境下では一般に最も習得困難である。しかし、学習者の所属している地域や教育機関のもたらす言語外的要因によって、中級段階からでも第一言語の負の音韻転移をかなり抑制し、習得する学習者も現れる。

6.6　聴解得意意識・聴解力と言語的・言語外的要因の関係

表4–28に示すように、外国語学習環境のD・K1・K2の国外北方方言話者は、中級より上級段階のほうが聴解得意意識が低い。また、中級段階で聴解得意意識の高い日本国外のD北方方言話者とK1北方方言話者は、聴解得意意識と聴解力との相関があるが、中級でも聴解得意意識の低い国外K2北方方言話者、および上級のD・K1・K2北方方言話者は相関がまったくなく、聴解力に対する自己診断能力が弱い。

　それに対して、日本国内の北方方言話者は、聴解得意意識自体はそれほど高くないものの、聴解得意意識と聴解力との間には高い相関関係が認められ、聴解力の自己診断能力が身についている。その点、外国語学習環境下の上級段階の上海語話者も、聴解得意意識自体はそれほど高くないものの同様の傾向を示し、聴解を得意だと意識している学習者は聴解力も高い傾向が見られる。

　聴解得意意識そのものが何を表しているのかは定かではないが、以上の結果から、聴解得意意識には、次に示す4つの要因が影響を及ぼしていると考えられる。

①第一言語の音韻体系
②日本国内・国外の学習環境
③中級・上級の学習時間数
④学習時間数と連動して異なる聴解素材の音声言語テキスト

④の音声言語テキストは、第3章に示したように、中級段階では一般に非言語的メッセージが大きなウェートを占める日常会話レベルのものが多く、日本人の言語行動や日本語が使用される場面・状況などが聴解力の重要な構成要因になる。これらの非言語的・言語外的知識があれば、破裂音の弁別能力は多少低くても、ある程度理解できる。一方、上級段階では、そうした非言語的メッセージの少ないアカデミックな日本語が中心になるため、ほぼすべての音声言語メッセージを聴覚的に知覚できることが理解の前提となる。したがって、破裂音の弁別能力が聴解力の重要な構成要因になり、破裂音の弁別能力に問題の多い、外国語学習環境下の国外北方方言話者は、聴覚的な意味化に支障をきたす率が高くなる。しかも、学習者自身はその支障をもたらしている要因を容易に把握することができないために、自己診断能力が弱まり、結果的に聴解に対する苦手意識が強まるのではないかと考えられる。

　以上、調査5-8を通して、第二言語の音声言語理解には、第一言語の音韻体系、聴解素材としての音声言語自体のテキスト構造、学習時間数、学習環境、さらに、学習者をとりまく地域や教育機関がもたらす言語外的要因が複合的に影響しあって第二言語の音韻対立の弁別能力に習得差を生み、その結果が反映されると見られる。
　第一言語の音韻体系、学習時間数、学習環境が同じ条件下にある、大連市のD北方方言話者と黒龍江省のK北方方言話者との間に大きな習得差をもたらしている言語外的要因とは何か、これまでの調査では解明されていない。次章では、その点について両群を比較調査し、検証する。

注

1 破裂音の聴取テストに用いた刺激語、回答用紙、学習履歴に関する調査用紙は、巻末の資料1の1.4を参照のこと。

2 日比谷（2002）では、現代日本語では東日本を中心に諸方言で語中の有声軟口蓋閉鎖音の非鼻音化が進行し、破裂音化率が高まっていると報告している。しかし、語種別に見ると、和語、助詞の破裂音化率は低い。和語、助詞は、本研究の第3章で指摘したとおり、音声言語では延べ語数が極めて多いことから、ガ行鼻音の出現頻度は依然として高いと予測される。そこで、本研究では、語中の有声軟口蓋閉鎖音は鼻音とし、フィラーとして扱った。

3 ①、②のテープともに、聴覚正常の日本語母語話者には、有声・無声の違いは問題なく聞き分けられる。①のテープで日本語母語話者（東京出身）5名に聞かせたところ1名に誤聴が見られたが、聴取テストの意図を話して再度聞かせた結果、100%の正答を得ている。②のテープで日本語母語話者（東京出身）10名に聞かせた結果、100%の正聴率を得ている。

4 聴解得意識に関する質問は、巻末の資料1の1.4,3)学習履歴調査を参照のこと。

5 12歳まで主に過ごした地域、家庭で使用していた母語が、北方方言、北京語である調査対象者のみを対象とした。中国の東北3省には朝鮮族の日本語学習者が多いが、本研究の調査対象者には含まれていない。

6 調査対象者の中級課程の学習者は初中級レベルに近く、上級課程の学習者は超上級レベルに近いため、日本語能力試験の2級、1級では適当ではないと思われるが、他の調査との比較もあり、当該試験を用いる。因みに、日本語能力試験の1・2級の認定基準では学習時間数、レベルを次のように示している。

    1級：高度の文法・漢字（2,000字程度）、語彙（10,000字程度）を習得し、社会生活をする上で必要であるとともに、大学に於ける学習・研究の基礎としても役立つような、総合的な日本語能力（日本語を900時間程度学習したレベル）

    2級：やや高度の文法・漢字（1,000字程度）、語彙（6,000字程度）を習得し、一般的なことがについて、会話ができ、読み書きができる能力（日本語を600時間程度学習し、中級日本語コースを終了したレベル）

7 『教学大綱』で、中国の日本語高等教育機関（外国語学院、外国語大学で、いずれも日本の大学に相当する）のカリキュラムを定めている。教育部高等学校外浯専攻教学指導委員会日語組編（2000, 2001）を参照のこと。この点については、第5章で詳しく述べる。

8 ステップワイズ法による重回帰分析は、予測に有効な独立変数をあらかじめ統計的に

判断してから予測モデルに組み込む方法である。重回帰分析は独立変数の項目間の影響を考慮したときの結果であり、偏相関係数は項目間の相関性を考慮し、他の項目の影響を取り除いたときの相関係数である。したがって、偏相関係数が単相関分析の相関係数より値が小さければ、他の項目間で相互に影響しあって従属変数に影響していると見られるが、逆に偏相関係数のほうが高ければ、項目間相互の影響は小さく、その項目が単独で従属変数に影響していると見られる。表には、相関係数、偏相関係数を二乗した寄与率、r^2、pr^2 を示し、相関の程度を比べる。標準偏回帰係数はどの独立変数が最も影響しているか相対的に比較でき、1 に近似するほど従属変数との関係が強いことを示す。

9 　表 4–11 の中級の上海語話者は、重回帰分析 A で文法と聴解の間の単相関分析の寄与率（相関係数を二乗した値）が r^2 = .29 であるのに対して、偏相関分析の寄与率は pr^2 = .17 で小さいことから、文法試験の結果が他の項目からの影響を受けていると見られる。上級の上海語話者も、重回帰分析 A で文法と聴解の間の単相関分析の寄与率が r^2 = .13 であるのに対して、偏相関分析の寄与率は pr^2 = .08 で小さいことから、文法試験の結果が他の項目からの影響を受けていると見られる。

10 　K1 北方方言話者の出身地はハルビン市が最も多く、中級・上級課程ともにそれぞれ 12 名ずつである。その他は、黒龍江省内のチチハル、佳木斯、牡丹江、五常、大広、七台河、安寧、双鴨山、伊春、鶴崗、漠広、加格寧奇の広範な地域にまたがるが、12 歳まで家庭で使用していた母語が北方方言である学習者だけを調査対象とした。中国東北 3 省には朝鮮族が多いが、本研究には含まれていない。

11 　注 7 を参照。

12 　日本に留学している中級レベルの北方方言話者は、大学院進学をめざす研究生が大半を占める。研究生には、学習期間、学習時間数、出身地域等で同様の条件を満たす被験者が少ないため、同一条件を満たす調査 5 の学部進学予備教育課程の北方方言話者 3 名のみとした。

13 　気息性については、日本語無声破裂音の語頭・語中の気息性は恣意的である（朱 1994）という報告もあるので、今後さらなる検証が必要である。

第 5 章
第一言語の音韻転移を促進・抑制する社会的要因

　五十音を学習してから 1 年半ないしは 2 年半、ほぼ毎日、日本語を学んでいる日本語専攻の北方方言話者が、「あた」とか「とん」などといった音を正確に聞き取ることができない。これは、決して日本国外で学ぶ北方方言話者に限った特徴ではない。日本国内の第二言語学習環境下であっても、こうした問題を抱えている北方方言話者は少なくない。しかしその一方で、外国語学習環境下であっても、中級段階から第一言語の負の音韻転移を最小限に抑制して、高水準の日本語破裂音の弁別能力と聴解力を習得している北方方言話者もいる。つまり、学習環境に関わらず、何らかの要因が付加されれば、母語の負の音韻転移は中級段階でも相当程度抑制し得るが、それがなければ抑制できないことが明らかになったと言える。これは、母語の影響は学習初期段階では強いが、時間とともに減少して次第に発達プロセスのほうが優勢になるとする Major (2001) の指摘に疑問を投げかけるものである。つまり、「第一言語にない第二言語の音韻対立」の習得では、母語の影響は何らかの手段によって抑制しない限り、学習後期段階まで残ることを示している。
　そこで、本章では、第 2 章 4 節で示した「音声言語理解に関与する要因の仮説モデル」をもとに、聴解力の高い学習者が多い D 機関と、聴解力の低い学習者が多い K 機関の「教室環境」について調査 9 〜 11 を行ない、同一母語の北方方言話者内部に習得差をもたらしている言語外的要因を探求する。

1）　調査9　　2機関の日本語教師の言語観、言語教育観
2）　調査10　学習者側の要因と聴解力との関連
3）　調査11　授業観察による教育方法調査

1．2 調査地域の特徴

調査に入る前に、2群の北方方言話者が所属するD機関とK機関の位置する遼寧省大連市と黒龍江省哈爾浜市の地域的特性を簡単に述べ、2群の学習者をとりまくそれぞれの"small culture"(Holliday 1999)を概観しておく。

表5-1は、調査時点(2002年)における遼寧省と黒龍江省の概要である。大連市の所在する遼寧省は、調査時の2002年のデータでは人口4194万人、瀋陽に省都を置いている。大連市は遼寧省の最南端に位置し、人口約550万を擁する沿岸都市である。冬でも凍らないという「不凍港」を有している

表 5-1　遼寧省・黒龍江省の概要

	遼寧省	黒龍江省
省都	瀋陽	哈爾浜
主要都市	瀋陽、大連、鞍山、撫順など	哈爾浜、斉斉哈爾、佳木斯など
面積	14.59万平方キロメートル	45.39万平方キロメートル
人口	4194万人 ＊大連市：550万人(2001)	3773万人 ＊哈爾浜：291万人(1995)
1人当たりGDP	12070元	9349元
概略	鞍山製鉄所などの国有企業を中心とする古くからの重工業地帯である。大連は沿岸開放都市に指定され、日本をはじめとする多くの外資系企業が進出しており、北の香港とも言われている。	中国最大の大慶油田がある。大型の国有企業の割合が大きい。近年、ロシアとの国境貿易が盛んに行われている。佳木斯、牡丹江などは国境開放都市に指定されている。哈爾浜には経済開発区およびハイテク開発区が設置されている。
主要企業	鞍山鋼鉄(鉄鋼)など	哈爾浜電站(機械)など

(中国人口統計年鑑、GLOVA－China 2002, http://www.chinavi.jp より)

ために、これまで多くの外資系企業が進出している。しかし、この恵まれた地理的条件が災いして、1895年には旅順とともにロシアの租借地となり、ロシアによる都市建設が始められた。その後、1904年にこの地域を主戦場とする日露戦争が勃発した。そして、翌年から1945年までの40年間、ロシアに代わって日本が租借権を得、都市建設を引き継いだ。そのため、戦前・戦中を通じて、常時20〜30万人の日本人が住んでいた。しかし、1945年から文化大革命後までは経済的・人的交流関係がしばらく途絶えた。日本と大連の関係が再び活発化したのは、中国の改革開放政策が進められた1984年以降のことである。調査時の2002年の時点では、2000社以上の日系企業が進出し、駐在事務所は300余社、長期の日本人駐在者は約3000人で、日本企業が大連市の輸出額の約半分を担っていた。日本の経済産業省の外郭団体である「日本貿易振興会」(ジェトロ)も、大連に海外事務所を置いている。

一方、黒龍江省は人口3773万人で、面積は遼寧省の3倍強ある。省都の哈爾浜市には経済開発区とハイテク開発区が設置されているが、大型の国有企業の割合が大きく、2002年度の1人当たりGDPは遼寧省より少ない。地理的にロシアに近いこともあり、佳木斯、牡丹江などが国境開放都市に指定されている。近年、ロシアとの国境貿易が盛んに行われているが、日本企業からの投資はこの時点ではまだ少ない。

黒龍江省に日本企業からの投資が少ない点について、ジャーナリストの莫(2003)は、日本と遠く離れているという地理的要因ではなく、黒龍江省の人々の気質を挙げている。人口80万人の国境開放都市に指定されている佳木斯では、調査時の2002年の時点では、まだ国際電話もインターネットもクレジットカードも使えなかった。そんな状況であるのに、市政府の幹部は「日本企業の投資を呼び込むにはどうしたらいいか」と、のんきに考えている。また、佳木斯の農村部では、厳寒のため農閑期が半年にも及ぶが、その間人々は何もせずに満足して過ごしている。かたや、上海や大連などに近い沿海部の農村の人々は、冬場は暖かい海南島に行って野菜栽培をし、大都市に供給している。黒龍江省の農村地帯と、外部資本をどんどん呼び込んでいる沿海都市とその近郊農村との間隙は開くばかりだというのである。

表5-2　飛行機の便数：大連－日本／哈爾浜－日本（2003.12）

大連	37便／週、往復	東京	18便／週、往復
		大阪	9便／週、往復
		福岡	7便／週、往復
		名古屋	3便／週、往復
哈爾浜	4便／週、往復	新潟	4便／週、往復

　参考までに、2003年の日本と両地域間の直行便の便数を、表5-2に示す。この便数の差からも、大連と黒龍江省では、日本語・日本関連の情報量および日本人・日本語との接触量において歴然とした差があり、両地域で学ぶD北方方言話者とK北方方言話者は、それぞれまったく異なる状況の下で日本語を学んでいることがうかがえる。

2. 調査9　2機関の日本語教師の言語観・言語教育観

2.1 調査方法

学習者の所属する日本語教育機関の教育方針、教師の言語観、教育方法を知るため、アンケート調査[1]と面接調査を行った。

（1）　アンケート調査

3種の教授法に次の説明をつけ、初級段階の日本語教育方法として、①最も支持する教授法、②授業で実際採用している教授法、③支持する教授法の支持理由を聞いた。

1)　対訳法＝日本語の語彙・表現に中国語の対訳を与え、中国語で解説する
2)　直接法＝中国語の対訳は与えないで、日本語による問答形式で進める
3)　速成法[2]＝日本語の語彙表現に中国語の対訳を与えた教材を事前に予習させておき、授業では日本語による問答形式中心に進める

（2）　面接調査

アンケート調査の回答者に対して、自由に歓談する形式でアンケート調査の回答を確認するとともに、日本語教育機関の教育方針、教師の言語教育観、教育方法について、各自の取り組み状況を主に聞いた。後に、各機関のシラ

バス、時間割、ひらがな教育について詳しい資料を入手し、説明を受けた。

2.2　調査対象者と調査時期
（1）　アンケート調査対象者
日本語教師 31 名
　・聴解力の高い学習者が多い D 機関の日本語教師 15 名
　・聴解力の低い学習者が多い K 機関の日本語教師 16 名
（2）　面接調査対象者：日本語教師 25 名
　・D 機関のアンケート回答者 15 名全員
　・K 機関のアンケート回答者 16 名のうち 10 名
（3）　調査時期
2002 年 3 月
（4）　面接調査の時間
D 機関　1 時間半（2002/03/12　12：00 〜 13：30）
K 機関　2 時間（2002/03/14　15：00 〜 17：00）

2.3　結果と考察
2.3.1　2 機関の日本語教育体制
　日本との交流史を考えると、大連市の D 機関と黒龍江省の K 機関をとりまく状況的環境は大きく異なり、この違いが両機関の日本語教育体制にも少なからず反映されていると考えられる。しかし、前述したように、中国の大学または大学に準じる高等教育機関では、『教学大綱』[3]により、学習時間、学習内容が全国一律になっている。そのため、本調査当時は両機関とも日本語科目は 2 学期制で、1 学期 17 週、週 14 コマ以上（1 コマ 50 分）の履修が義務づけられていた。表 5–3 に、D 機関と K 機関、および調査 7 で対象とした上海語話者の所属する S 機関の日本語カリキュラムも参考に示す。
　表中の米印、*1 の「精読」の授業では、1–2 年は『基礎日本語』、3–4 年は『日本語精読』が使用されている。*2 の「視聴覚」の授業は、1 年次は、D 機関、S 機関ではテープを使用した「聴解」の授業が行われているのに対して、K 機関では「ビデオ視聴」の授業が行われている。2 年次以降

表 5-3　D 機関・K 機関・S 機関の日本語カリキュラム

	機関	全単位	精読[*1]	視聴覚[*2]	会話	文法・語法	作文	翻訳	通訳	その他[*3]
1年	D	24	16	6	2	—	—	—	—	—
	K	28	22	2	2[*4]	2	—	—	—	—
	S	24	20	4	0	—	—	—	—	—
2年	D	28	16	4	4	—	—	—	—	速読 2
	K	24	16	4	4	—	—	—	—	—
	S	32	20	4	4	—	—	—	—	泛読[*5] 4
3年	D	28	12	4	—	—	4	4	—	新聞 2 語法 2
	K	28	16	4	—	—	—	4	—	泛読 4
	S	28	12	4	—	—	4	4	—	口訳 2 語法 2
4年	D	28	8	—	—	—	0	4	8	日本文学 4
	K	32	16	4	—	—	4	—	4	泛読 4
	S	22	8	—	—	—	4	—	—	文学史 4、日本経営 4、経貿文選 2

（D 機関、S 機関は 1999 年次、K 機関は 2000 年次のカリキュラム。中国語による講義は省略。）

は、3 機関ともビデオ視聴が多くなる。*3 の「その他」は、日本語を使用言語とする選択科目だけ示した。*4 の K 機関の 1 年次の「会話」の授業は、実際には行われておらず、「文法・語法」の授業に振り替えられている。因みに、「文法・語法」の授業は K 機関だけで行われている。*5 の「泛読」は、日本語の文章を教師が主に中国語で解説する授業である。

2.3.2　初期段階における音声言語教育と文法・語法・文化教育

『教学大綱』によって定められているとはいえ、必修科目、選択科目の教育内容、教育方法、単位数の学年配当は、各機関で多少異なる。特に、表 5-3 に示すように、D 機関と K 機関では、必修科目の「精読」、「視聴覚」、「会話」、「文法・語法」の授業時間の取り方と授業内容が異なっている。

「精読」は、1-2 年次は『基礎日本語』を使用した文法・語法解説中心の

授業で、3-4年は『日本語精読』を使用した読解の授業である。この「精読」の授業時間数は、D機関よりK機関のほうが多い。1年次からK機関では週22時間であるのに対して、D機関では週16時間と、差がある。4年間合わせると、K機関は70時間、D機関は52時間と大きく異なる。この「精読」の授業時間数の違いから、K機関の文法・語法重視の言語教育観がうかがえる。

「視聴覚」の授業も両機関で時間数、授業内容ともに異なる。D機関では1年次に週6時間で、聴解を主体とした授業を行っている。一方、K機関では1年次に週2時間で、ビデオ視聴を主体とした授業を行っている。2・3年次は両機関とも同じ単位数で聴解またはビデオを視聴し、学習が進むにつれビデオ視聴が多くなる。しかし、4年次になると、D機関では視聴覚の授業がなくなる一方、K機関では週4時間のビデオ視聴の授業が続く。つまり、「視聴覚」授業の総時間数は、全学年を通して変わらないが、D機関では初級段階で聴解を主体とした授業を行っているのに対し、K機関では初級から上級段階まで文化教育の一環として、ビデオ視聴を主体とした授業を行っている。

その他、D機関とK機関には、1年次に「会話」の授業が設定されている。しかし、K機関ではこの「会話」の授業を、「会話は1年次では困難だから」という理由で『基礎日本語』の文法・語法の授業に振り替えている。その結果、もともとK機関だけに設定されている1年次、週2時間の「文法・語法」の授業が週4時間になっている。

D機関とK機関の教育方針の違いは、こうした「文法・語法」、「視聴覚」、「会話」の授業時間の配分、授業内容に象徴されている。D機関では、初期段階において聴解を主体とする音声言語教育が重視されている。一方、K機関では、初期段階で文法・語法解説に重点をおいた文字言語教育、文化教育が重視されている。

この他、D機関では、1年次はじめの日本語学習開始前に、約3週間もの長期間にわたって、学習動機、規律を高めるために、「しつけ」を兼ねた精神・身体鍛錬が行われている。この期間はまったく日本語学習を行わず、早朝から軍人による厳しい集団教育が行われる。これは、遼寧師範大学、大連

理工大学でも行われており、大連の高等教育機関ではかなり一般的に行われているという。戦前・戦時下に行われた練成教育を髣髴させるものがあるが、これを実施する理由として、「日本語学習の動機を高め、学習習慣を形成する上で、効果をもたらしている」という説明があった。この身体教育とその後に続く音声教育が、教育上どのような効果をもたらしているのか興味深いものがあるが、ここでは指摘するにとどめる。

因みに、聴解力の最も高い上海語話者の所属するS機関では、「視聴覚」、「会話」といった音声言語を基調とする科目は、D機関やK機関に比べて特に多いわけではない。1年次では、S機関には会話の時間がなく、視聴覚の時間もD機関より少ない。S機関では、1年次、2年次は、「精読」、「泛読」の授業時間が最も多く、音声言語よりかえって構文・読解の文字言語理解に、より多くの時間をさいているほどである。

2.3.3　2機関のひらがな教育の目的と方法

次に、D機関とK機関で使用している初級教科書のひらがな教育の位置づけを通して、調査時に両機関で行われていた日本語学習最初のひらがな教育を比較する。

　　D機関：『新大学日本語』第1冊（大連理工大学出版社）
　　K機関：『新編基礎日本語』第1冊（上海経文出版社）

まず、D機関のひらがな教育の概要を示す。D機関の『新大学日本語』の前半は、「発音篇」として、日本語の音韻体系、アクセント、文字体系の概説の後、以下の順にひらがな、カタカナ、ローマ字を導入している。

　　第1～5課：清音
　　第6～7課：濁音と半濁音
　　第8課：撥音・促音・長音
　　第9課：拗音・外来語の特殊音節

それぞれの文字には、調音図と音声記号による解説がつき、ひらがな、カタカナは、発音に付随する音声記号の役割を果たしている。各課に発音練習用のことばもついていて、リズム・アクセント等の練習も行えるようになって

いる。ひらがな、カタカナの清音には、5コマ10時間、濁音・半濁音、特殊音節には3コマ6時間、アクセントに3〜4コマ6〜8時間、さらに外来語の発音に1〜2コマ2〜4時間、全部で12〜14コマ、24〜28時間かけて、教師の発音を聞かせ、真似させ、書かせるという繰り返し練習を行っている。D機関では、ひらがな教育は、文字教育というより日本語の音声・音韻教育として捉えられ、初期段階に体系的に、時間をかけて徹底的にひらがなの知覚・発話練習が行われている。ことばの「意味」を伴わない初期段階の音声・音韻教育は単調でしばしば困難を伴うが、前述の「しつけ」を兼ねた精神・身体鍛錬は、その教育効果を上げるのに貢献しているのではないかと思われる。

　一方、K機関の使用している『新編基礎日本語』第1冊では、はじめの2ページ半に、ひらがなとカタカナの五十音表と、濁音、半濁音、拗音、特殊音節の文字が示され、数行の簡単な説明がついている。その後は、第1課から本文の講読が始まり、本文の後の注釈欄に、調音図付のあ行〜さ行のひらがなとカタカナの説明と文法説明がともに記されている。第5課までは同様の形式で、本文講読を終えた後、清音、濁音、半濁音、特殊音節、拗音、アクセントの解説がなされている。そして、第6課以降から会話体の本文がはじまる。K機関ではこの教科書の構成のもとに、最初のひらがな教育は日本語の文字体系の導入としてとらえ、5コマ10時間で文字を教えて第1課に入り、まずひらがなを読めるようにしている。

2.3.4　2機関の教員が支持する教授法

アンケート調査の結果から、2機関の教員が支持する教授法を図5-2に、その支持理由を表5-4に示す。図5-2に示すように、K機関には対訳法または直接法を支持する教員が多く、速成法に関心を持っている教師は2人だけである。一方、D機関には直接法または速成法を支持する教員が多く、対訳法を支持した教員は初級を教えてまだ1年目の1人を含む2人だけである。

　表5-4に示すように、自由記述の支持理由についても、K機関では対訳法を評価する意見が多いが、D機関では直接法、速成法を評価する意見が

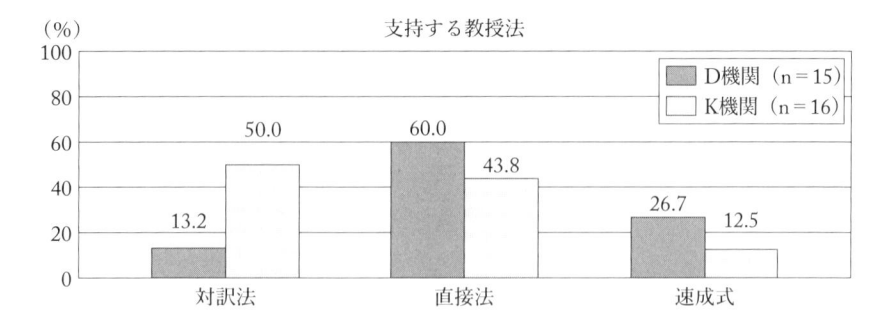

```
(%)              支持する教授法
100
 80                                    ┌─┐ D機関（n＝15）
                    50.0               └─┘ K機関（n＝16）
 60          ┌──┐       60.0
 40          │  │    ┌──┐ 43.8
             │  │    │  │┌──┐              26.7
 20    13.2  │  │    │  ││  │           ┌──┐ 12.5
       ┌─┐┌──┤  │    │  ││  │           │  │┌──┐
  0    └─┘└──┘  │    │  ││  │           │  ││  │
        対訳法          直接法              速成式
```

図5-2 初級日本語教育の教授法について：支持する教授法

大半を占めている。この支持理由の内容から、2機関の教員の言語観・言語教育観が大きく異なっていることがうかがえる。

K機関の教員は、対訳法が成人に対する文法説明に有効で初級の学生には最も理解しやすい教授法であると考え、直接法は日本語だけで対応するので初級には不向きで中・上級用の教授法であると考えている。後の懇談で、K機関で直接法を支持した教員は中・上級を担当していることがわかった。速成法を支持する教師はK機関では少なかった。ただし、初級の教科書には中国語の対訳がついているので、もし初級の授業で日本語だけを用いて指導しているのであれば「速成法」と答えるはずである。しかし、「対訳法」と答えている教師が多いことから、教科書と授業での教育方法は連動している、つまり、教科書に対訳がついているので授業でもその対訳を用いて教えていると思われる。

D機関の教員は、直接法の支持理由として、「自然な日本語らしい表現力の養成」、「日本語の発想の養成」など、K機関の教員とも共通する理由を挙げている他に、「学生の聴解力を高める」、「発音を矯正しやすい」という、音声言語教育の効果を理由に挙げている。また、速成法の効率的な利点を指摘する意見も多く挙げているが、対訳法を支持する理由は新任教員からわずか2点挙げられただけである。しかも、そのうち1点は「速成法が望ましいが、1年生には必要」という消極的な支持理由であった。

第5章 第一言語の音韻転移を促進・抑制する社会的要因 153

表5-4 K機関・D機関の日本語教師が支持している教授法の支持理由（複数回答）

	K機関		D機関	
対訳法	初級では理解しやすい　3	11	母語の説明のほうが理解できる　1	2
	母語と比べながらできるので理解しやすい　1		速成法が望ましいが、1年生には必要　1	
	学生の理解力に限りがある　1			
	わかりやすく解説できる　1			
	文法の説明がはっきりできる　1			
	初級では必要　1			
	時間的に効率的　1			
	成人には適している　1			
	教養として学んでいる学生に適している　1			
直接法	生き生きとした日本語の習得　2	7	自然な日本語らしい表現力の養成にいい　3	11
	日本語らしい表現を養成できる　1		日本語の応用能力を高める　1	
	語学に役立つ　1		学生の聴解力を高める　1	
	日本人の考え方を身につけるのに役立つ　1		発音を矯正しやすい　1	
	日本人の言語・文化・心理を表す表現を学べる　1		適当な翻訳のない場合もあるから日本語で理解させたほうが根本から理解できる　1	
	多くの知識を早く身につけられる　1		正しく理解させられる　1	
			効率的　1	
			日本語の発想の養成に有利　1	
速成法	漢字圏の学生には最も効果的　1	2	適度に母語を使用しながら直接法の利点を発揮できる　2	6
	母語と比べながら勉強できる　1		本文の内容もわかるし会話練習もできる　1	
			1年生は速成法が効率的　1	
			初中級の学生に適している　1	
			運用能力を高める　1	

実際に採用している教授法

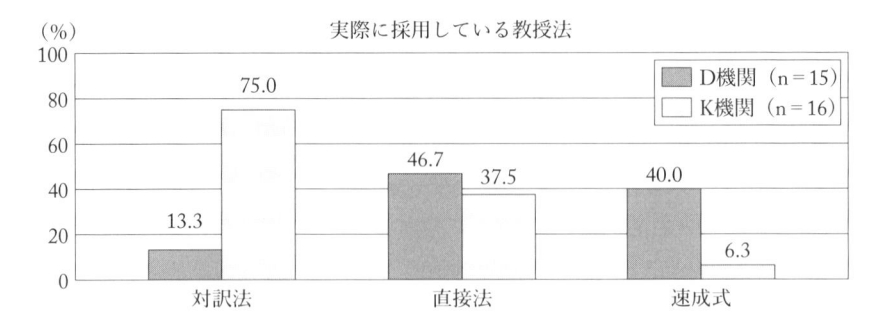

	対訳法	直接法	速成式
D機関 (n=15)	13.3	46.7	40.0
K機関 (n=16)	75.0	37.5	6.3

図 5-3　初級日本語教育の教授法について：実際に採用している教授法

2.3.5　2機関の教員が採用している教授法

次に、教師が実際に採用している教授法を図 5-3 に示す。D 機関では実際にも支持している直接法か速成法のいずれかで授業を進めている教師が多い。それに対して、K 機関では実際の授業では対訳法を採用している教師が圧倒的に多い。直接法を採用していると回答した教師は中・上級担当の教師であり、初級を教えるとしたら対訳法であるというコメントを残していた。つまり、K 機関の初級教育ではほぼ 100％対訳法が採用されていることになる。

2.3.6　D機関の音声重視の言語教育観

2 教育機関の日本語教師の言語観・言語教育観の違いは、面接調査を通して一層鮮明になり、アンケート結果を裏付けるものとなった。

　大連市に位置する D 機関は、1964 年 9 月に開学した。しかし、1966 年 6 月にはじまった文化大革命の余波を受け、1966 年 11 月、わずか 2 年余で閉校を余儀なくされている。しかしながら、この創立後の 2 年余の期間は、60 余名もの日本語教員が、50 クラス 1,000 名の学生に対して教育に当っている。この 60 余名の日本語教員は、中国東北 3 省、特に、戦前・戦時下に「関東州」[4]、および「満鉄」[5] 沿線地域で日本語を学習した中国人 30 余名と、日本から招聘された日本人の高校教師 30 余名[6] であった。この日本人教師は中国語を解さないこともあり、媒介語としての中国語は一切使わず、

また文法教育も一切せず、その意味で直接法ともいえる教育方法で、初歩から教えている。当時、日本語の教科書はまったくなかったこともあり、学習者はまず五十音を日本語教師の発音を真似して学んだ。その後、単語から文へ、文から文章へと、繰り返し教師の発音を聞いて書くという学習方法で日本語を学んでいった。面接調査を実施した2002年の時点で、専任の日本語教員50名のうち、15名がこのD機関創設後に日本語を学んだ第一期生であった。この第一期生は、1970年、D機関で日本語教育が再開されると、新任の日本語教師として教壇に立っている。教育方法は、最初の2年余で自ら学んだ方法を踏襲しているという。そして、それは今日に至るまで、D機関の教育方針、言語教育観として受け継がれてきている。

　前述した、ひらがな教育を音声・音韻教育の重要な目的として位置づけている点は、その最たる象徴として挙げられる。この他、教員からは、音声言語から文字言語へという言語教育方法や、話し言葉によるコミュニケーションを意識した授業運営の必要性、ビデオ・テープなど、最新の視聴覚教材が不足している点などが強く指摘され、学習初期段階において音声言語教育を重視しなければならないという言語教育観が、教師間に当然のごとくに共有され、浸透していた。また、講読教材が日本の中学校、高等学校の国語教科書に掲載されている文学小説の抜粋が中心になっていることに対して、D機関の第一期生であった陳(2002)は、今日の日本社会の状況を反映する素材を用いて、生きた日本語教材にするべきであると主張している。このような主張からも、開学当初からの教育方法が今日に至るまで後輩の教員に連綿と伝えられていることがうかがえる。

2.3.7　K機関の文法・語法重視の言語文化教育観

黒龍江省哈爾浜市に位置するK機関には、年配教員とともに若手教員も多い。日本への留学経験や、姉妹校関係にある日本の大学で1～2年間中国語を教えた経験をもつ教師が大半を占めている。言語教育の関心は主に文法・語法の解説、読解教育にあり、学生に文法的な解説を上手く行える教師は高く評価されている。また、ひらがな・カタカナ教育は、特に音声を意識して組まれたものではなく、文字教育に重点がおかれている。文字を覚えた

ところで、読解を通して文法教育へと進む、文法積み上げ方式の教授法を支持する意見が多く聞かれた。

しかし、決して、視聴覚教育、話し言葉によるコミュニケーション教育を軽視しているわけではない。それらの教育は基本語彙・文法が習得された段階でなければ困難であるとして、日本語学習の後半にするべきであると考えている。その考えは、前述した、1年次にカリキュラム上では「会話」の時間があるのだが、実際には会話教育は困難であると考えてその時間を文法説明の授業に振り替えていることからもうかがえる。

ただ、K機関には、2002年の面接時点で、この主流の考え方から外れる若手教員が1名だけいた。彼女は、K機関に2年前の2000年に赴任しているが、自らK機関では非主流の教育方法で臨んでいることを認識していた。また、他の教員も彼女が新しい方式で教えていることを認識していて、授業観察の1クラスとして推薦された。アンケート調査で、唯一「速成法」で教えると答えていた教師である。

2.4 調査9のまとめ

以下に、調査9の結果をまとめ、D機関とK機関の日本語教師の言語観・言語教育観の違いを示す。

◆ D機関の音声言語重視の言語観・言語教育観

1) ひらがな教育：
   日本語の音声・音韻体系の教育として捉え、音声・音韻の知覚・発話訓練に十分な時間を割いている。
2) 初級(1年次)の教授法：
   a. 「視聴覚」の授業は週6時間で、聴解を主体とした授業を行っている。
   b. 「会話」の授業は週2時間、「精読＝基礎日本語」の授業は週16時間、「文法・語法」の授業はなし。
   c. 教授法は、直接法もしくは速成法を支持し、実際にもそのいずれかを採用している。
3) 直接法を支持する理由：
   a. 日本語の発想を豊かにし、自然な日本語コミュニケーション能力を

養成する。
  b. 発音を矯正しやすく聴解力を高め、音声言語教育上、効果的である。
 4) 速成法を支持する理由：
  母語を適度に使用し、直接法の利点を生かせる効率的な教授法である。

◆ K機関の文字言語・文化教育重視の言語観・言語教育観
 1) ひらがな教育：
  日本語の文字体系の教育として捉え、音声・音韻の知覚・発話訓練は特に行わない。
 2) 初級の教授法：
  a. 「視聴覚」の授業は週2時間で、ビデオ視聴による文化紹介を行っている。
  b. 「会話」の授業は週2時間、「精読＝基礎日本語」の授業は週22時間、「文法語法」の授業は週2時間に設定されているが、「会話」の授業は「文法・語法」の授業に振り替えられており、実際にはしていない。
  c. 対訳法を支持し、初級の授業ではほぼ100％の教員が対訳法を採用している。
 3) 直接法を支持せず、対訳法を支持する理由
  a. 直接法は日本人の考え方、心理を教えやすくし、中・上級の教授法として適しているが、初級の教授法としては適さない。
  b. 対訳法は成人に対する文法説明に有効で、初級の学生に最も理解しやすい教授法である。

以上から、D機関とK機関の日本語教師の言語観・言語教育観に認められる顕著な違いは、学習初期段階で音声言語教育を重視するか、文法・語法解説を中心とした文字言語・文化教育を重視するかの、教育カリキュラムの違いを象徴的に反映していると考えられる。また、こうした言語観・言語教育観の違いは、両地域で戦前・戦時下に日本語学習の経験を持つ教員により引き継がれていることから、一朝一夕に変化するものではないこともうかがえる。

3. 調査10　学習者側の要因と聴解力との関連

前節では、2群の北方方言話者が所属する日本語教育機関の方針や、毎日接している日本語教員の言語観・言語教育観が大きく異なることを示した。そこで、本節では、この2機関の教員の言語観・言語教育観の違いが、学習者の学習観、学習方法に反映されているのか、反映されているとすればどのように反映されて聴解力と関連しているのか見る。

3.1　調査方法

まず、次の4項目、14の質問[7]により、学習者の学習観、学習方法、学習行動、学習意欲を調査する。

〈A〉　日本語・日本関連情報のインプット量とインプット方法

① 文字情報のインプット量

　　x1：教科書以外の日本の雑誌や本を読む時間

② 音声映像情報のインプット量

　　x2：日本のテレビ番組や映画を見る時間

③ 音声情報のインプット量

　　x3：日本のラジオ番組や歌を聴く時間

　　x4：日本人と話す時間

〈B〉　日本語学習、技能別学習にかける時間

　　x5：大学の授業以外に日本語を勉強する時間

　　x6：大学の授業以外にする日本語の勉強で、聴解にかける学習時間

　　x7：大学の授業以外にする日本語の勉強で、読解にかける学習時間

　　x8：大学の授業以外にする日本語の勉強で、発話にかける学習時間

〈C〉　学習者の性格

　　x9：間違いを気にせず話すタイプか否か（話す：1点、話さない：0点）

　　x10：日本人の話し方に違いを感じるか否か

　　　　（感じる：1点、感じない：0点）

　　x11：（x10で感じると答えた人のみ）日本人のような話し方をしたいか

　　　　（はい：2点、いいえ：0点、どちらとも言えない：1点）

〈D〉学習動機の強さ
　　x12：就職・経済的理由
　　　・将来、日本の会社に就職したい
　　　・将来、通訳など、日本語を使える仕事をしたい
　　x13：言語的・文化的・学問的興味
　　　・日本語に興味がある
　　　・日本の文化社会に興味がある
　　　・日本の政治経済に興味がある
　　　・日本文学に興味がある
　　x14：日本人とのコミュニケーション意欲
　　　・日本人と話せるようになりたい
　　〈消極的理由〉
　　　・親や先生に勧められたから
　　　・特に理由はない

　〈A〉の質問は、日本語・日本関連の情報を、ラジオ、新聞、テレビ、日本人との会話を通してどのぐらいインプットしているかを問うものである。日本語の音声情報、文字情報、音声・文字・映像による情報のインプット量とインプット方法の違いを通して、学習者の学習観、学習方法、学習行動の違いを見る。

　〈B〉の質問は、〈A〉の質問に関連して、日本語学習、技能学習にかけている時間から、学習観、学習方法、学習行動の違いを見るものである。聴解学習に対する積極的、能動的学習行動をつかむために、4技能の勉強時間の多い順に1～4と答えさせ、聴解、読解、発話の順位をそのまま点数化する。

　〈C〉の質問は、学習者の性格を問うもので、x9～11の回答を得点化する。

　〈D〉は、学習者の学習意欲、興味から、日本語学習に対する積極性・消極性を問うものである。x12～14は、日本語を専攻した理由を複数の選択肢から1つか2つ選択させ、選択した理由に1点与えて点数化する。

　次に、x1からx14までの14の質問項目を独立変数として投入し、相関分析およびステップワイズ法による重回帰分析により、聴解力に寄与する学習者側の要因を究明する。なお、聴解力は、調査5～8で用いた1993年度版日本語能力試験の聴解試験の得点を聴解力とみなした。中級課程の学習者に

は 2 級、上級課程の学習者には同試験 1 級の聴解試験を用いた。文法試験も同時に行い、その得点を文法知識とみなした。

3.2 調査対象者と調査時期

調査対象者は、大連市の D 機関と黒龍江省の K 機関で学ぶ日本語専攻の 113 名で、調査 6 〜 8 の破裂音の聴取テストを行った調査対象者とは異なる。調査時期は、2002 年 3 月、2003 年 3 月で、学習期間、学習時間数、対象者の内訳は以下のとおりである。

	学習期間	学習時間	対象者	人数	出身地	在日経験
中級	1 年半	約 700 時間	D 北方方言話者	28 名	大連市	無
			K 北方方言話者	29 名	黒龍江省	無
上級	2 年半	約 1,000 時間	D 北方方言話者	22 名	大連市	無
			K 北方方言話者	34 名	黒龍江省	無

3.3 結果と考察

3.3.1 2 群の北方方言話者の聴解力の差

まず、聴解試験と文法試験の結果を、表 5-5 に示す。

調査 9 でも、D 北方方言話者は聴解力が高く、K 北方方言話者は聴解力

表 5-5 D 北方方言話者と K 北方方言話者の聴解・文法試験の平均値 (%)、標準偏差

課程 (級)	方言	聴解試験			文法試験のみ	
		被験者数	平均値、標準偏差		平均値、標準偏差	
中級 (2 級)	D 北方方言	n = 28	96.3	±5.1	60.1	±11.9
	K 北方方言	n = 29	54.4	±11.6	65.8	±12.0
	日本国外総受験者	n = 11,892	58.8	±19.5	—	
	日本国内総受験者	n = 4,749	78.2	±14.3	—	
上級 (1 級)	D 北方方言	n = 22	68.7	±14.7	82.0	±10.0
	K 北方方言	n = 34	41.9	±13.0	47.8	±11.3
	日本国外総受験者	n = 12,807	65.6	±19.1	—	
	日本国内総受験者	n = 23,224	75.5	±16.0	—	

が低い。この結果は、調査 6 (1999 年)、調査 7 (1999 年、2000 年)、調査 8 (1997 年) でも同じであったことから、両北方方言話者の平均的な傾向と見られる。一方、両北方方言話者はともに文法知識に比して聴解力が低い。この点は北方方言話者特有の傾向である。

K 北方方言話者は、中級では、D 北方方言話者より文法試験の成績が高い (等分散 t 検定で t 値 = 1.82、p < .01)。しかし、聴解試験は逆に D 北方方言話者より低い (不等分散 t 検定で t 値 = −17.77、p < .001 で有意)。上級では、文法試験も聴解試験も、D 北方方言話者が K 北方方言話者を大幅に上回る。聴解は等分散 t 検定で t 値 = −7.28、p < .001、また文法は等分散 t 検定で t 値 = −11.76、p < .001 で有意である。K 北方方言話者の文法知識が中級では高く、上級では低いという傾向も、他の調査結果と同じである。これは、中級段階までに破裂音の弁別能力をある程度習得していなければ、上級段階では聴解力だけでなく文法知識の定着も困難になり、結果的に聴解力がますます低下することを意味しているのではないかと考えられる。学習によって視覚的に得た文法知識は、その後、聴覚的に繰り返し活性化させていないと、心内辞書内に蓄積されず記憶されにくくなるのであろう。上級段階ではより顕著な差となって現れている。

因みに、上級の D 北方方言話者の聴解力も、調査 7 の上海語話者に比べれば、さほど高いわけではない。しかし、母語、学習環境、学習時間数などで同じ条件下にある D 北方方言話者と K 北方方言話者の間に集団規模で生じている差は、教育観・教育方法や学習観・学習方法などの言語外的要因の関与を考える上で注目すべき現象である。

3.3.2　学習方法・学習観の違いによる影響

表 5–6 は、14 の質問に対する調査結果である。

表 5–6 の x2〜4 では、日本語の音声・映像情報の総インプット量を見る限り、2 群の北方方言話者間に有意な差は認められない。しかし、音声情報のインプット方法では大きな違いが見られる。D 北方方言話者は、中級・上級ともに「日本のラジオ番組や歌を聴く時間」が多く、K 北方方言話者の 2 倍近い時間をかけている。2 群の差の等分散 t 検定では、中級は p < .05

表 5-6　D 北方方言話者と K 北方方言話者の特性（上段：中級、下段：上級）

x	調査内容	D 北方方言	K 北方方言	t 値	p 値
1	教科書以外の日本の雑誌や本を読む時間	9.2　±8.2	4.4　±5.7	−2.25	*
		12.2　±10.4	5.4　±7.7	−2.89	**
2	日本のテレビ番組や映画を見る時間	10.6　±7.4	8.3　±8.8		
		7.1　±5.1	7.1　±7.8		
3	日本のラジオ番組や歌を聞く時間	16.3　±12.4	9.9　±8.5	−2.28	*
		18.9　±13.0	10.0　±11.0	−2.81	**
4	日本人と話す時間	6.8　±6.0	7.7　±5.7		
		4.0　±4.4	11.9　±7.2	5.27	***
1〜4	音声・文字情報の総インプット量（1〜4）	42.9　±23.5	30.3　±19.5	−2.13	*
		42.2　±21.2	34.4　±22.1		
2〜4	音声・映像情報の総インプット量（2〜4）	33.8　±20.9	25.8　±17.4		
		30.0　±16.2	29.6　±18.0		
5	大学の授業以外に日本語を勉強する時間	40.1　±26.5	34.5　±36.5		
		25.5　±19.1	34.2　±30.8		
6	聴解のための勉強	2.3　±0.7	2.3　±0.9		
		2.5　±0.9	2.6　±1.0		
7	読解のための勉強	3.5　±0.8	3.3　±0.9		
		3.7　±0.6	3.4　±1.0		
8	発話のための勉強	1.3　±0.7	1.8　±0.9	2.12	*
		1.6　±0.7	1.8　±0.8		
9	間違いを気にせず話すタイプか否か	0.8　±0.4	0.7　±0.5		
		0.6　±0.5	0.7　±0.5		
10	日本人の話し方に違いを感じるか否か	0.9　±0.4	0.8　±0.4		
		0.6　±0.5	0.7　±0.5		
11	日本人のような話し方をしたいか	0.7　±0.5	0.7　±0.5		
		0.6　±0.5	0.7　±0.5		
12	就職・経済的理由	1.1　±0.7	0.9　±0.5		
		0.8　±0.7	0.9　±0.6		
13	言語的・文化的・学問的関心	1.3　±1.2	0.8　±0.8		
		0.9　±1.0	1.0　±0.8		
14	日本人とのコミュニケーション意欲	0.3　±0.4	0.1　±0.3		
		0.6　±0.5	0.1　±0.4	−3.34	**

（*** $p<.001$　** $p<.01$　* $p<.05$　+ $p<.1$）

（t 値＝－2.28）、上級は p＜.01（t 値＝－2.81）で、有意である。また、D 北方方言話者は「教科書以外の日本の雑誌や本を読む時間」も多く、K 北方方言話者の 2 倍近くの時間を授業以外の読書にかけている。その差は、中級では等分散 t 検定で t 値＝－2.55、p＜.05、上級ではさらに差が大きく、t 値＝－2.89、p＜.01 で有意であった。D 北方方言話者は「日本人とコミュニケーションしたい」という意欲も強く、特に上級では、K 北方方言話者との差は不等分散 t 検定で t 値＝－3.34、p＜.001 で有意であった。

一方、K 北方方言話者は、「日本人と話す時間」が D 北方方言話者に比べると多い。中級では有意差は認められないが、上級では D 北方方言話者の約 3 倍もの時間を、日本人と話す時間にかけており、2 群の差の不等分散 t 検定では p＜.001 で有意であった（t 値＝5.27）。そのためか、授業外の発話の勉強も K 北方方言話者のほうが多い。上級では有意差はないが、中級では不等分散 t 検定で p＜.05 で有意であった（t 値＝2.12）。

2 群の北方方言話者間の学習方法の違いは、上級段階で顕著になっていることから、こうした学習方法は、それぞれの "small culture"（Holliday 1999）内で徐々に培われ、上級段階で定着するものと見られる。

3.3.3　聴解力に寄与する学習者側の要因

聴解力に寄与する学習者側の要因を表 5-7 に示す。

表 5-7　上級学習者の聴解力に関与する学習者側要因

	偏回帰係数	標準誤差	標準偏回帰係数	寄与率 r^2	寄与率 pr^2	相関係数 r
x3	.59	.17	.40	.21	.19	.46＊＊＊
x14	15.57	4.47	.38	.10	.19	.32＊
x6	4.70	2.16	.24	.05	.08	.23＋
x1	.38	.22	.19	.07	.05	.27＊

R^2＝.40、ΔR^2＝.35、$F(4,51)$＝8.37、p＜.0001、寄与率 pr^2＝偏相関係数の二乗
＊＊＊ p＜.0001、＊＊ p＜.01、＊ p＜.05、＋ p＜.1
　　x3 ：日本語のラジオ番組や歌を聞く時間
　　x14：日本人と話がしたいというコミュニケーション意欲
　　x6 ：聴解のための勉強　　x1：教科書以外の日本の雑誌や本を読む時間

ステップワイズ法による重回帰分析を行ったところ、中級ではどの項目も選択されなかったが、上級では 4 項目が聴解力に寄与する要因として抽出された。これら 4 項目はすべて音声・文字情報を積極的・自発的に摂取しようとするもので、このうち「聴解のための勉強」時間は 2 群間に差はないが、その他の「日本語のラジオ番組や歌を聞く時間」、「日本人と話がしたいというコミュニケーション意欲」、「教科書以外の日本の雑誌や本を読む時間」の 3 要因はすべて、特に上級段階の D 北方方言話者に強く見られた学習方法である。中でも、「日本語のラジオ番組や歌を聞く時間」と、「日本人と話したいというコミュニケーション意欲」は聴解力に強く寄与している。

　興味深いのは、D 北方方言話者の「日本人とコミュニケーションをしたい」という意欲が、日本人との会話時間を多くしたり、日本のテレビや映画を見たりするという学習行動ではなく、「日本のラジオをよく聞き」、「日本の雑誌や本を読んで日本に関する音声・文字情報を大量にインプットする」という学習行動に結びついている点である。ラジオは、テレビや日常会話などのような視覚情報を伴わない分、積極的・能動的に聴いて学ぼうとする学習手段である (Gregorg 1979) と言われる。D 北方方言話者は、第二言語の音声・文字情報を自発的に摂取して「理解する」ことに時間を割き、その結果、第一言語からの負の音韻転移を抑制し、聴解力を高めているものと考えられる。

　一方、K 北方方言話者に多い「日本人との会話時間を多くしたり」、「日本のテレビや映画を見たりする」という学習方法は、一般に外国語学習では有効な手段として奨励されていると思われるが、聴解力に寄与する要因にはなっていない。K 北方方言話者は、特に上級段階では、「日本人と話す」ことに多くの時間を割き、そのためか「授業外の発話のための勉強」時間も多く取っている。これらの学習方法が聴解力に寄与する要因にならないのは、結局、音声情報の積極的なインプットに欠けるからであろう。第 3 章 4 節で示したように、日常会話は視覚情報のみの時間が全体の 3 分の 1 を占め、残る 3 分の 2 の音声付き視覚情報も、登場人物の表情・身振りによって伝えられる非言語メッセージが多い。つまり、第二言語のテレビドラマや母語話者との日常会話は、音声情報に依存することなく、非言語メッセージに

よって理解できてしまうことが多いために、時間をかけている割には学習者の耳に直接入る音声情報のインプット量が少ないと考えられる。また、第二言語の母語話者との会話では、学習者に目標言語を発話しようという気持ちが強すぎるあまり、第二言語を能動的に聞いていないことも考えられる。特に、学習者の言語能力が低い場合は、第二言語の母語話者に話のイニシアチブを取られてしまい、受け身的なコミュニケーションになりがちである。K北方方言話者の場合、中級より上級段階のほうが破裂音の弁別能力が低く、聴解力が劣る学習者が多かったが、これは、発話中心の学習方法が上級段階で定着するにつれ、日本語破裂音の類似音が定着し、その結果として正しい知覚ができなくなる、すなわち、化石化現象が生じた結果であると考えられる。

　以上から、聴解力は、単に第二言語の音声情報にさらされているだけでは伸びず、第二言語の母語話者と話したいという積極的な学習意欲が根底にあり、そのためにラジオを聴き、本を読み、聴解のための勉強時間をとるという、第二言語の音声・文字情報を能動的にインプットしようとする学習行動、学習方法が、聴解力の重要な言語外的要因になると結論できる。特に、上級段階では学習者側の音声・文字情報を積極的・自発的に摂取しようとする学習方法が定着し、それが破裂音の弁別能力から文法知識までを高める誘引となり、結果的に聴解力を高めていると考えられる。

　この結論は、調査7のD北方方言話者とK1北方方言話者の集団規模の習得差だけでなく、調査8の第二言語学習環境下の上級北方方言話者内部に生じていた個人差も説明し得る。第二言語の音声情報量が多い日本国内の学習環境でも、学習者が能動的に「聴く」という行為をしない限り、聴解力は伸びない。しかし、その学習環境のプラス面を生かして、積極的・能動的に音声情報を摂取しようとする学習者には、そのプラス効果が破裂音の弁別能力、聴解力となって現れ、さらに聴解得意意識となって表象化されるのではないかと考えられる。これは、明確な目的に基づき、自ら能動的に目標言語の情報を読み取ったり聞き取ったりするという積極的な理解行為を伴う学習方法が、言語能力を伸ばすのに効果的であるとする、Ellis (1994) の仮説を支持するものと言えよう。

また、D 北方方言話者の学習方法は、以下の点で、大浦 (1996) の指摘している「熟達者」の学習方法と共通している。
1) 能動的なモニタリングを伴った学習
「日本人とコミュニケーションがしたい」という①明確な目的意識に基づいて、「大学の授業外の余暇の時間に自主的に、日本語のラジオや新聞・雑誌を通して日本語・日本関連の情報を大量にインプットする」という②「よく考えられた」③「能動的なモニタリングを伴った学習方法」である。
2) 意味のある文脈の中での学習
「日本語のラジオ、新聞といった自然言語から情報を取得するという、第一言語話者の自然な言語行動を通して行われる」④「意味のある文脈の中での学習方法」である。

3.4 調査 10 のまとめ

以下に調査 10 の結果をまとめ、習得差のある 2 群の北方方言話者の学習観・学習方法の違いと聴解力との関連を示す。
1) 聴解力に寄与する学習観・学習方法
第二言語の音声・文字情報を積極的にインプットしようとする以下 4 つの要因が、聴解力に寄与する。
①第二言語のラジオ番組や歌を聴く
②第二言語の母語話者と話がしたいというコミュニケーション意欲が強い
③第二言語の聴解のための勉強をする
④第二言語の教科書以外に雑誌や本を自主的に読む
2) 学習観・学習方法は学習進度につれて一定の特徴が顕著になり上級段階で定着する。
3) 2 群の北方方言話者は、日本語の音声・映像情報の総インプット量は変わらないが、学習方法が異なるために、上級段階で習得差が一層顕著になる。
【上位群の北方方言話者の学習方法】上記、1) の聴解力に寄与する 4 要

因のうち、特に①、②、④の第二言語の音声・文字情報を能動的にインプットする学習方法を好む傾向が強い。
【下位群の北方方言話者の学習方法】上記、1)の聴解力に寄与する4つの学習方法はどれも好まず、日本人と話すことや発話のための勉強を好む傾向が強い。

4. 調査11　授業観察による教育方法調査

調査9、10では、大連市と黒龍江省の2高等教育機関の教員の言語観・言語教育観、学習者の学習観・学習方法に大きな違いが観察された。この違いは、実際の授業に果たして反映されているのであろうか。反映されているとすれば、どのような形式で示されているのであろうか。以下の方法を用いて調査する。

4.1　調査方法
大連市のD機関と黒龍江省のK機関の日本語クラスの授業観察を通して、教師・学生の日本語と母語の発話量と発話意図を中心に、観察・記述する。

4.2　調査対象としたクラスの授業内容
見学したクラスは、D機関で3クラス、K機関で2クラスである。授業は両機関ともに1コマ50分である。各クラスの授業内容は以下のとおりである。なお、K機関で見学した2クラスは、たまたま同一学年の同一授業内容で行われていた。

D機関：授業観察日時　2002/03/13
  1)　中級課程の「精読」
    ①観察対象者：2年生(学習期間：1年1ヶ月、学習時間：約450時間)
    ②使用教科書：『新大学日本語』第3冊(大連理工大学出版社)
  2)　中級課程の「聴解」
    ①観察対象者：2年生(学習期間：1年1ヶ月、学習時間：約450時間)
    ②使用教科書：『楽しく聞こうⅠ』第11課(2)、第12課(1)(文化外国語専門学校編、凡人社)

3) 初級課程の「精読」
①観察対象者：1年生（学習期間：7ヶ月、学習時間：約250時間）
②使用教科書：『新大学日本語』第1冊（大連理工大学出版社）

K機関：授業観察日時　2002/03/15
4) 初級課程の「精読」
①観察対象者：1年生（学習期間：7ヶ月、学習時間：約250時間）
②使用教科書：『新編基礎日本語』第2冊19課（上海経文出版社）
※　調査10で示した、文法・語法解説重視の教育方法を模範的に踏襲しているとして授業観察を推薦された、K機関では主流派の若手教員の授業である。

5) 初級課程の「精読」
①観察対象者：1年生（学習期間：7ヶ月、学習時間：約250時間）
②使用教科書：『新編基礎日本語』第2冊19課（上海経文出版社）
※　K機関では非主流派の教授法で教えているとして授業観察を推薦された若手教員の授業である。

4.3　結果と考察
4.3.1　D機関の教育方法
（1）　中級課程の「精読」

会話15分、文法35分、計50分の中級課程の「精読」の授業である。表5-8に、授業中に発話された母語と、目標言語の発話量、発話意図を示す。

〈D機関：中級「精読」授業の進行課程〉

1) 会話（発表）[15分]
　　　学生（S）：（「料理の作り方」というタイトルで発表）
　　　教師（T）：発表内容に関して日本語で質問
　　　　T　：～さんは料理が好きですか。
　　　　S1　：はい、大好きです。毎日作ります。とてもおいしいですよ。
　　　　T　：皆さん、S1さんに料理を教えてもらってください。では、皆さんにアンケートします。まず、女の人に聞きます。家

で料理を作る人は手を上げてください。次に男の人に聞きます。家で料理を作る人は手を上げてください。…（日本のお弁当のチラシを見せて紹介）…
2) 文法［35分］
 ① 「～どころか」［12分］
  a. 教師が日本語の用例をあげて中国語で文法・意味の解説［1分］
  b. 教師が1文単位の中国語を言い文法項目を含む日本語の翻訳を学生が言う［3分］
   中国語文から日本語へ翻訳させた文例：
   ・涼しいどころか寒い。
   ・雨が降るどころかとてもいい天気だ。
   ・タクシーで行ったら早く着くどころか、30分も遅れてしまいました。
   ・英語どころか日本語まで（さえ／すら／も）話せる。
  c. 文法項目を含む文を使った問答練習［3分］
   教師　：だいぶ涼しくなりましたねえ。
   学生1：涼しいどころか、寒いです。
   教師　：天気予報では今日は雨が降ると言いました。
   学生2：雨が降るどころか、とてもいい天気です。
   教師　：きのうはタクシーで行ったから、早く着いたでしょう。
   学生3：いいえ、タクシーで行ったら早く着くどころか、30分も遅れてしまいました。
   教師　：～さんは英語がよく話せますねえ。
   学生4：英語どころか、日本語も話せますよ。
  d. 学生同士のペア練習、発表［5分］
 ② 「～なんてとんでもない、事実は～」［11分］
  同様に進行
 ③ 「～はずがない」［12分］
  同様に進行

表5-8　D機関中級「精読」：日本語・中国語の発話量と発話意図

	発話意図	発話量	
		日本語	中国語
教師	1. 学生に発話内容の指示をする	30 秒	0 秒
	2. 文法・語彙の説明・質問	0 秒	4 分 10 秒
	3. 文法事項を含む文例を示す	3 分 50 秒	0 秒
	4. 文法事項を含む文を使ったコミュニカティブ・アプローチ(C・A)による質問	4 分 10 秒	0 秒
	発話時間合計	8 分 30 秒	4 分 10 秒
学生	1. 日本語による発表(3人)	9 分 30 秒	0 秒
	2. 文法事項を含む中国語文の日本語翻訳	3 分 10 秒	0 秒
	3. C・Aの質問に答える	6 分 20 秒	0 秒
	4. C・AのQ&Aの発話練習	13 分 30 秒	0 秒
	発話時間合計	32 分 30 秒	0 秒

　授業では学生は母語を一言も発することはなかった。教師は、新出の学習項目である文法・語彙の説明をするときだけ中国語を用いていたが、全体に占める割合は少ない。また、教師による日本語の発話も少ない。この授業は、中級の「精読」の時間であるが、最初に学生のスピーチが組み込まれていて、教師がそのトピックに関連する話を進めるときに日本語を用いるだけで、学生の発話量の4分の1である。

　会話の15分間はすべて日本語だけで進められた。文法の授業では、各文法項目についてまず教師が中国語で解説し、ついで中国語文から日本語文へ翻訳(1文単位)するための例文を提示する。次に、文法項目を含む中国語文を言い、学生に日本語の翻訳を言わせる。その後、各文法項目を含む文を使って答えられるように、コミュニカティブ・アプローチによる自然な会話場面にして、日本語で問答練習をする。最後に、学生同士で日本語による問答練習をさせて発表させる。教師が母語を使用したのは、文法解説と、学習項目の文法を含む日本語へ中国語から翻訳する時だけで、1文法項目につき1〜2分程度、50分の授業中でも5分未満であった。

（2） 中級課程の「聴解」

50分の中級課程の聴解授業である。初級課程の続きで「文化初級日本語聴解教材」の『楽しく聞こうⅠ』第11課(2)と第12課(1)を行っていた。教科書は絵だけでことばは示されておらず、テープの発話速度は自然である。教師が授業中に使用した中国語は、単語レベルで数回のみであった。学生の発話量は聞くことに主眼をおいているため少ない。学生は予習段階で音声テープを聴いてことばの意味を調べるよう指示されている。

〈D機関：中級「聴解」授業の進行過程〉

〈第11課(2) 私の家族〉
1) 家族・親族の呼称の確認［5分］
   「主人―夫－家内―奥さん、妻、女房」などの呼称を日本語で学生に質問して言わせ、その意味、用法の違いを日本語で説明する。
2) 内容のまとまりごとに区切って聞かせる。その後、教師は「私から質問を出します。考えてください。」といって、やや遅い話し方で日本語で内容質問する。［30分］（Ⅰ、Ⅱを同様に進行）

〈第12課(1) 料理教室〉
3) 教科書の絵を見てテープを聴き、正しいことば・文で解答する［15分］
   「塩を入れる」、「火をつける」、「フライパンで熱する」などの表現を、絵を見てテープを聞き、下線部の動詞を入れて文を完成する。教員は答えを板書して確認する。（Ⅰ）
5) 学生の予習復習の確認（Ⅱ）
   「テープを聴いて、語彙の意味を辞書で調べる」という予習事項を確認して終わる。

（3） 初級課程の「精読」

会話35分、文法15分、計50分の初級課程の授業である。表5-9は、授業中に発話された母語と目標言語の発話量と発話意図である。

　初級課程から、会話の授業は学生が予習していることを前提として行われているため、教師は中国語をまったく使用しない。文法の授業では中国語による説明は中級課程より多く、また、学生にも文法項目の意味を徹底させる

のに中国語で確認しているため、表5–11に示すとおり、初級では母語の使用が教員・学生ともに中級より多い。しかし、文法項目の練習も最後は日本語のみの問答練習で終わるため、中国語の発話が全体に占める割合は、教師・学生合わせても7分未満である。初級の授業では日本語の発話量は教員と学生で同じくらいであり、中級に比べると学生の日本語の発話量は少ない。しかし、これは、まず教師の第二言語の発話を聞くことから初めるという教育方法と合致していると言えよう。

〈D機関：初級「精読」授業の進行過程〉

1) 会話［35分］
   教師がまず本文を音読して学生は聞くのみ。その後、学生に1文ごと音読させ、最後に全文音読させる。本文理解の確認は、すべて日本語だけで本文の内容について質問し、学生に答えさせる。中国語による説明はまったくしない。
2) 文法［15分］
   ①「〜てから」と「〜たから」
     a. 教師が日本語の用例を出して中国語で文法・意味を解説する［3分］
     b. 教師が文法項目を含む1文単位の日本語を言い中国語の翻訳を学生が言う［3分］
     c. 教師が1文単位の中国語を言い文法項目を含む日本語の翻訳を学生が言う［3分］
     d. 文法項目を含む文を使った問答練習［6分］

表 5-9　D 機関初級「精読」：日本語・中国語の発話量と発話意図

	発話意図	発話量 日本語	発話量 中国語
教員	1. 学生に発話内容の指示をする	50 秒	0 秒
	2. 会話の音読・内容質問	18 分 20 秒	0 秒
	3. 文法・語彙の説明・質問	0 秒	5 分 30 秒
	4. 文法事項を含む文例を示して質問	1 分 20 秒	0 秒
	5. 文法事項を含む文を使ったコミュニカティブ・アプローチ（C・A）による質問	2 分 15 秒	0 秒
	発話時間合計	22 分 35 秒	5 分 30 秒
学生	1. 会話の発話を聞いた後、音読する	15 分 10 秒	0 秒
	2. 文法事項を含む日本語文の中国語翻訳	0 秒	1 分 10 秒
	3. 文法事項を含む中国語文の日本語翻訳	2 分 40 秒	0 秒
	4. C・A の質問に答える	3 分 30 秒	0 秒
	発話時間合計	21 分 20 秒	1 分 10 秒

4.3.2　K 機関の教育方法

K 機関では、2 人の若手教師の間で、大きな違いが観察された。まず、K 機関で最も一般的な教え方をし、その教育技能が最も高いとされる若手教師の授業内容を紹介する。次に、K 機関では非主流とされるもう 1 人の若手教師の授業内容を紹介する。なお、同じ K 機関の初級レベルの学習者を対象とした、同じ授業内容であるため、比較するのには好都合である。そこで、この K 機関の 2 クラスの授業観察の模様は、少し詳しく記述する。

（1）　初級課程の「精読」：K 機関の主流の教育方法

文法 25 分、会話 25 分、計 50 分の初級課程の授業である。表 5-10 に授業中に発話された母語と目標言語の発話量と発話意図を示す。

　授業の大半は教師が中国語で文法・語法の解説をし、意味を確認することに費やされる。日本語は、教科書に書かれている文、文法、文型の説明を読むときだけに使用する。学生は、教師の説明を聞き、それを熱心に書きとめている。また、文法項目を含む一文単位の日本語文をとつとつと読むことはあるが、本文の音読、日本語による応答練習はしない。時々当てられて日本

語で解答を求められるが、それは文法・文型を確認するための質問であるため、学生はその正解を日本語で述べるのに常に考えながら答えている。日本語で、場面性を持つ質問がなされることはないため、意味を伴った応答という自然なコミュニケーション行動は起きにくい。その意味で授業時間内に発話練習は行われれなかったと言える。そのため、表5–10に示すとおり、授業のほぼ7割は中国語で占められる。中でも、教師の中国語による発話量が多く、D機関の初級の授業の6倍である。その分、学生の発話量が少なくなくなっている。

この教師は交換留学で日本に1年留学しており、K機関の優秀な若手教師として高い評価を得ている。日本語の発音・発話能力も高く、中国語による語法解説も明晰で要領よくまとめ、K機関では伝統的・模範的な教育方法を実施している。

〈K機関主流の初級「精読」授業の進行過程〉

1) 文法［25分］
   「～ようになりました」
   a. 教師が、教科書の文法説明にそって、中国語で文法・語法の解説をする。［3分］
   b. 教師が、日本語の動詞の辞書形を示して「～ようになりました」の形に変換し、その意味を中国語で学生に聞いて答えさせる。例えば、「話す」、「話せるようになりました」と言い、その意味の違いを中国語で答えさせる。そのような例を数例挙げて、そのつど中国語で意味を確認する。［5分］
   c. 教師が、日本語の動詞、「立つ」、「作る」などを1つ1つ言い、1人ずつに「～ようになりました」の形で言わせる。学生が正しい活用形を答えると、その意味をもう一度確認するため、学生に中国語で意味を言わせる。活用練習ではなく、活用形とその意味を問う質問であるためか、学生から「立てるようになりました」「作れるようになりました」などの解答が得られるまでに時間がかかる。［7分］
   d. 学生に教科書を一文ずつ読ませ、教師が中国語でその文の説明を

する。[10分]
2) 会話［25分］
　①教師が、タイトルの「自動車工場の見学」について、「見学」と「見物」の違いを中国語で説明する。[2分]
　②教師が本文の会話を一文ずつ読んで、中国語で文法・語法の解説をする。必要に応じて活用練習、文型練習をする。[23分]
　　a. 会話の本文1行目の「私は(案内係)の～と申します」の文型練習(5分)
　　　教師がまず「私は、(～大学)の～と申します」と言い、その意味を中国語で説明し、その後、学生に中国語でキューを与えて以下のように日本語で自己紹介させる。
　　　　教師　：(中国語で)「～大学の」
　　　　学生1：(日本語で)「私は～大学の～と申します」
　　　　教師　：(中国語で)「～大学～学部の」
　　　　学生2：(日本語で)「私は～大学～学部の～と申します」
　　　　教師　：(中国語で)「中国人の」
　　　　学生3：(日本語で)「私は中国人の～と申します」
　　b. 会話の本文中の「工場見学の前にこの工場の作業内容を簡単にご説明いたします」の謙譲形「お～する」を取り上げ、教科書の中国語による文法説明を学生に読ませて意味を確認する。その後、教師が「お(ご)＋名詞」、「お(ご)～いたします」、「お(ご)～になります」の説明を中国語でする。(3分)
　　c. 謙譲語の活用練習をする。教師が中国語で動詞を言い、学生が日本語に翻訳して「お～する」の形にする。さらに、その動詞と一緒に使う目的語の名詞を中国語で与えて、日本語で言わせる。(5分)
　　　　教師　：(中国語で)「案内」
　　　　学生4：(日本語で)「案内」、「ご案内します」
　　　　教師　：(中国語で)「部屋」
　　　　学生5：(日本語で)「部屋」、「部屋にご案内いたします」

　　　　教師　：（日本語で）「お」、（中国語で）「部屋」
　　　　学生6：「お部屋にご案内いたします」
d. 教師が日本語で謙譲語を含む文、「先生、かばんはお持ちします」「私がご説明します」「お待ちします」を示し、中国語で説明する。[3分]
e. 以下同様に会話の一文ずつを教師が読み、文法・文型、語法を中国語で確認 [7分]
　　　・本文中の「ここでは」の「ここ」の意味を中国語で確認
　　　・「車」、「組み立てる」「部品」など、自動車関連の特殊用語に関して、中国語の対訳で意味の確認
　　　・文法項目は、中国語の文法書の該当部分を学生に読ませて確認

表5-10　K機関主流の初級「精読」：日本語・中国語の発話量と発話意図

	発話意図	発話量	
		日本語	中国語
教員	1. 学生に発話内容の指示をする	0秒	3分50秒
	2. 新出の語彙・文法項目の音読	1分40秒	0秒
	3. 文法・語彙の説明	0秒	26分20秒
	4. 会話文の一文を音読	2分10秒	0秒
	発話時間合計	3分50秒	30分10秒
学生	1. 文法項目を含む句・文を音読	5分10秒	0秒
	2. 文法項目を含む日本語の意味を言う	0秒	3分30秒
	3. 日本語の一文を音読	2分40秒	0秒
	4. 中国語の解説を読む	0秒	30秒
	発話時間合計	7分50秒	4分0秒

（2）初級課程の「精読」：K機関の非主流の教育方法

(1)と同じ学習内容、時間配分で、文法25分、会話25分、計50分の初級課程の授業である。表5-11は、授業中に発話された母語と目標言語の発話

量と発話意図である。

　表5-11に示すように、前述の(1)の授業とは異なり、教師が中国語を使用したのは、50分のうち、文法解説と学生のまちがいを説明する時の約2分余だけであった。学生も、日本語学習を始めてまだ全員7ヶ月にすぎないが、一言も中国語を使用しなかった。次の4点でD機関の教育方法と近い。①音読の時間が多い、②学生への指示が日本語でなされている、③学生の日本語の発話が、文法の活用や語彙・会話内容に関する教師の質問に対する答え、つまりメタ言語[8]は少なく、教師との対話の中で行われている。特にこのクラスでは、新出の文法項目を含む文が、実際に使用される場面の中で応答できるように考えられており、50分の授業の間、日本語の発話が途切れる時間はほとんどなかった。このようなコミュニカティブ・アプローチによる教室活動の形式がこのクラスではすでに定着しているようで、学生は日本語による質問もよく理解し、発話も明瞭な発音でまったく臆せずに答えていた。わずか7ヶ月間で、(1)に示した学生の日本語の聴解・発話能力とは、一見して判るほど顕著な差が生じている。

〈K機関非主流の初級「精読」授業の進行過程〉

1) 文法 [25分]
　「～ようになりました」
　　a. 教師が中国語で文法項目の解説をし、日本語文を読む。[2分]
　　b. 日本語文を学生に音読させる。その際、学生の発音を矯正するとともに、中国語で意味を確認する。[2分]
　　c. 教師が中国語で動詞を言い、学生に日本語で「～ようになりました」と言わせる。これは、語彙・文法知識を問うものではなく、文法項目のパターン・プラクティスとしてテンポよく全員に唱和させて答えさせていた。[2分]
　　d. 教師が日本語で場面を提示して簡単な質問をし、学生に日本語で「ようになりました」を使って以下のような日本語の問答練習をする。[19分]
　　　　教師　：大学に入ってからどんなことができるようになりましたか。

```
学生1：テニスができるようになりました。
学生2：料理を作ることができるようになりました。
学生3：日本語のうたを歌うことができるようになりました。
教師　：～さんはどんなことができるようになりましたか。
学生4：バレーボールができるようになりました。
学生5：日本語で電話をかけることができるようになりました。
教師　：以前は、外国人はホテルに泊まると聞いたんですが、今はどうですか。
学生6：今は外国人でも民宿のようなところに泊まるようになりました。
教師　：（めがねをかけている学生にめがねをとらせて、またかけさせて）～さん、字が見えますか。
学生7：めがねをかければ見えるようになりました。
教師　：中国人は海外へ行きますか。
学生8：最近、中国人も海外へ出かけるようになりました。
```

2）　会話［25分］
　①先生が全文音読、学生は聞いている。
　②先生が一文ずつ、モデル発音してから学生は全員でリピートする。長い文は短く切って、最後に全文続けて言わせている。
　③もう一度全文を音読
　④1文ずつ日本語で質問し、内容を確認
　⑤ペアで音読・会話練習した後、代表のペアに実践させる

　この教師は、日本の短大に2年間留学し、直接法に関する論文を執筆している。K機関では自他共に認める唯一の教育方法として、「このように教えたらクラスで日本語を話す機会が増えて学生が話せるようになるのではないかと自分で考えて」2000年からK機関で教授しているという。しかし、「他の同僚もこのような教え方はしていないし、自分自身もこのように教えてはもらわなかった」と述べている。つまり、このような教育方法は、K機関で

表 5-11　K 機関非主流の初級「精読」：日本語・中国語の発話量と発話意図

	発話意図	発話量	
		日本語	中国語
教員	1. 学生に発話内容の指示をする	30 秒	0 秒
	2. 日本語の語句・文の音読	9 分 20 秒	0 秒
	3. 文法・語彙の説明	0 秒	2 分 10 秒
	4. 日本語の語句・文の内容質問	4 分 10 秒	0 秒
	5. 文法事項を含む文を使ったコミュニカティブ・アプローチ(C・A)による質問	8 分 15 秒	0 秒
	発話時間合計	22 分 15 秒	2 分 10 秒
学生	1. 日本語の語句・文の音読	9 分 10 秒	0 秒
	2. 文法事項を含む中国語を日本語に	1 分 30 秒	0 秒
	3. 内容質問に答える	3 分 50 秒	0 秒
	4. C・A の質問に答える	10 分 10 秒	0 秒
	発話時間合計	24 分 40 秒	0 秒

は異色である。この点については、本人だけでなく他の教員からも聞いている。(1)に示した同僚からは、彼女の教え方に対する違和感とともに、「彼女のクラスの学生たちはよく話せると思う」という率直な感想が聞かれた。

　なお、本研究の調査対象者は、このK機関の非主流派教師のクラスの学生ではない。しかし、K機関においても、こうした異なる教育方法を受容する変化が生じていることは注目される。これは、第4章の調査6、調査7のK機関の北方方言話者が、1997年から2000年にかけて「第一言語にある第二言語の音韻対立」の弁別能力が向上していること、また、中級課程の学習者の聴解得意意識が高まり、聴解力に対する自己診断力が高くなったことと何らかの関連があるのではないかと推測されるが、この点についてはさらなる調査・研究が必要とされる。

4.4　調査 11 のまとめ
調査 11 の結果をまとめ、学習初期段階における音声言語重視、文法・語法解説重視の教育方法の違いを示す。

◆日本語破裂音の弁別能力・聴解力の高いD北方方言話者の所属するD機関の音声言語重視の教育方法
1) 目標言語（＝日本語）による発話量が多い：
授業は、基本的に目標言語で進められる。特に学生の発話はほぼ100％目標言語である。教師も母語を用いるのは50分授業のうち、文法説明時の数秒～5分程度である。
　会話、文法の授業では、中級では教員1に対して学生4の割合、初級では教員と学生がほぼ同じ割合で、目標言語によって発話している。
2) 聴解の授業では、目標言語の音声言語のインプット量が多い：
聴く時間が9割、残り1割は目標言語により教師の質問に対して学生が答える。
3) 本文全体の音読が多い：
本文の音読に続き、内容確認は目標言語による質疑応答で進められる。
4) 文型練習が多い：
パターン・プラクティスの後、自然な場面設定で目標言語による文型練習、質疑応答が多く行われる。
5) 学生の筆記量が少ない：
学生が顔を上げている時間が多い。

◆日本語破裂音の弁別能力・聴解力の低いK北方方言話者の所属するK機関の文法・語法解説重視の教育方法
1) 目標言語による発話量が少ない：
50分のうち、目標言語の発話量は教員と学生合わせて10分程度。その3倍強、30分以上が母語による発話で占められる。会話・文法・語法の授業では教師の母語による解説が50分のうち30分を占め、文法・語彙の意味を学生に問う質問が多い。
2) 本文理解で中国語使用が多い：
教師が1文ずつ音読した後、学生が音読する。その後中国語で文法・語法の解説をする。本文全体の音読、内容理解確認のための目標言語による質疑応答はない。
3) 文型練習はしない：

パターン・プラクティス、自然場面での文型練習、質疑応答はしない。
4) 学生の筆記量が多い：
　学生が下を向いている時間が多い。

5. 第二言語の音声・音韻習得に影響を及ぼす教師の言語観・教育方法

5.1　学習初期段階における音声・音韻教育の効果

　日本語破裂音の弁別能力、聴解力の高い D 北方方言話者が所属する D 機関では、ひらがな教育を日本語の音声・音韻体系教育の一環として位置づけ、十分に時間をかけて教育している。さらに、ひらがな学習に先立つ 3 週間、学習動機を高め、学習習慣を形成するために、「精神・身体鍛錬」を実施している。ひらがな学習の段階では意味的文脈情報に依存することなく、純粋に日本語の音韻の知覚訓練をすることができる反面、意味を持たない単調な音韻知覚訓練をいかに積極的に持続して取り組ませるかが大きな課題となる。その意味で、この「精神・身体鍛錬」教育は、大きな効果をもたらしていると考えられる。こうした初期段階おける、意味を伴わない徹底的な音韻知覚訓練が、D 北方方言話者の第一言語の負の音韻転移を最小限に抑制し、正の音韻転移を促進する言語外的要因になっていると結論される。

　一方、日本語破裂音の弁別能力、聴解力の低い K 北方方言話者が所属する K 機関では、学習初期段階のひらがな教育を文字言語教育として位置づけているため、日本語の音声・音韻体系の教育には十分な時間がとられていない。第二言語の学習者は、中級、上級と学習段階が進むにつれ、意味的文脈情報に依存してトップダウンの聞き方をするようになる。したがって、学習初期段階で第二言語の音韻の知覚能力が十分に習得できていない場合は、音韻知覚能力は学習進度に逆行して弱まる可能性がある。つまり、意味的文脈によるトップダウンの聞き方が単語認知を促進するどころか、音韻の聴取能力を妨げる要因になり得ると言え、K1、K2 北方方言話者の日本語破裂音の弁別能力と聴解力が上級段階で退行化現象を示したのは、その可能性が強いと見られる。

5.2 言語観・言語教育観・教育方法の影響

D機関とK機関は日本国外の外国語学習環境下にあって、中国の同じ学習要綱に基づき、同じ期間、同じ時間数、同じ教育カリキュラム内で日本語を教えている。にもかかわらず、すでに最初のひらがな教育からその差が生じ、初級段階の精読、視聴覚、会話、文法・語法の授業時間数、知覚・聴解主体の音声教育かビデオ視聴主体の文化教育かといった視聴覚教育の質的な違いが生じていた。

また、D機関とK機関の日本語教師に対するアンケート・面接調査の結果からは、それぞれ「音声言語重視の言語観・言語教育観」と「文法・語法解説重視の言語観・言語教育観」の違いが顕著な特徴として観察された。さらに、両機関の授業観察からは、これらの言語観・言語教育観の違いが、そのまま教育方法の違いとして反映されていた。

「音声言語重視の教育方法」では、ひらがな教育が日本語の音声・音韻体系の教育として始まり、初級段階の視聴覚教育で聴覚訓練を主体とした授業が行われる。そして、上級段階になってビデオ視聴による文化教育に移行する。授業時間内で学生たちにインプットされる目標言語の音声情報量も多く、初級段階でも学習者の母語は50分のうちの数分しか使用されない。また、教員と学生は、質問と解答という形式ではなく、自然な発話場面の中に文法形式を取り入れた応用会話によって繰り返し応答練習がなされる。

一方、「文法・語法解説重視の教育方法」では、ひらがな教育が日本語の文字・文法体系の教育として始まり、初級段階の視聴覚教育では聴解教育は行われない。視聴覚教育はビデオ視聴による文化教育として位置づけられ、上級段階で多く取り入れられている。また、授業は、母語による教師の文法・語法解説が主体で、学生たちにインプットされる目標言語の情報量は50分のうち数分である。学生による目標言語の発話も、新語、文型の繰り返しと教師の文法・語法に関する質問に簡単に答える時だけで、教師と学生が目標言語で自然なコミュニケーションを行うという形式は見られない。

こうした教師の言語観、言語教育観、教育方法の違いが、学習者の学習観、学習方法にも影響を及ぼし、それが学習者の第一言語の正・負の音韻転移を促進・抑制して聴解力の差となって表面化していると結論される。毎日

繰り返し行われる日本語教育方法の違いが学習者の学習観、学習方法の形成に与える影響は日々増幅され、教師・学生の想像を超えて計り知れなく大きいものとなって現れる。黒龍江省のK機関で唯一、大連市のD機関の教育方法をとっていたクラスの学習者の異質性は、この2つの教育方法の違いがもたらした学習効果の大きさを如実に物語っている。

5.3　情報摂取のための能動的学習方法の影響

大連市のD機関の教員と黒龍江省のK機関の異端の1教員が実践していた教育方法は、いずれもEllis(1985)が第二言語の習得を促進する要因として挙げている、次の①〜⑤を満たしている。

① 少なくとも初期段階では身の回りの状況に当てはめた会話中心の学習であること
② 多量の指示文(命令文)を聴くこと
③ 説明の要求と確認、言い換えなど、学習者が発話を展開させられるような表現を多量に聴くこと
④ 自由な練習の機会を与えること
⑤ 母語話者、教師および学習者がさまざまな言語内行為(speech acts)を行うこと

　また、次のEllis(1985)の⑥と⑦は、D機関の教員とK機関の異端の1教員が作り上げていた"small culture"内の教室作業を通して形成された学習者の言語行動である。

⑥ 学習者に、第二言語で意志伝達を図りたいという意欲があること
⑦ 学習者が、話題の選択など自分で意味内容をコントロールすること

　さらに、①〜⑦の教室作業は、学習者自身に、学習者が自ら発信するための情報を自ら摂取するように要求するものであると言える。D北方方言話者が日本人と話したいという欲求を、日本人との会話ではなく、ラジオ・新聞を通して自ら日本語の音声・文字情報を積極的に摂取することで実現していたのは、こうした教室作業がもたらした結果であると見ることができる。D北方方言話者はこの学習方法により、第一言語の正・負の音韻転移を促進・抑制し、高度の聴解力を習得したものと考えられる。

一方、K北方方言話者は、授業外で自ら日本人と話す機会を持ち、話す勉強にも時間を割くことで、D北方方言話者と同じくらい大量の音声情報をインプットしようとしていた。教室内作業ではEllis(1985)の指摘している上記7点が欠落し、目標言語の発話量もコミュニケーション目的の発話も少ないため、教室外で運用能力を高めようとしていたのであろう。しかし、こうした学習方法は聴解力に寄与せず、上級段階では退行化現象まで示すほど聴解力が劣っていた。学生の行う自由会話では音声情報自体に依存して理解する割合が少ない上に、話題選択においても日本人のペースに巻き込まれやすいため、自分自身が意志伝達を図ろうとする機会が得にくいからであると考えれる。

　以上から、第2章4節で示した「音声言語理解に関与する要因の仮説モデル」、および仮説3が立証されると考える。

注

1　日本語教師に対するアンケート調査用紙は、巻末の資料2の2.1を参照のこと。
2　「速成法」は、戦前・戦時下の中国東北部で大出正篤(1941, 1942)が提唱した教授法であるが、当時山口喜一郎(1940, 1941)によって提唱されていた「直接法」や、現在漠然と使用されている「直接法」と区別するために、この用語をあえて使用した。
3　『教学大綱』は、1986年11月、国家教育委員会の委任により第1回委員会が洛陽で開催され、2年間かけて制定されている。会議には北京大学、大連外国語学院、東北師範大学、解放軍外国語学院、黒龍江大学、北京第二外国語学院、広州外国語学院、上海外国語学院などの日本語教育の主要高等教育機関の代表が参加している。本研究の調査協力校も第1回委員会に参加し、『教学大綱』の制定に加わっている。
4　「関東州」は、1905年、日露講和条約により日本の支配下に入った遼東半島南西端にあった租借地である。本稿では歴史的名称として使用する。
5　「満鉄」は「南満州鉄道株式会社」をさす。1905年、日本は関東州の租借権とともにその経営権を獲得した。「満州」という呼称は、清朝時代(1616-1912)の東三省(遼寧＝奉天、吉林、黒龍江省)全体の総称として使われていた。語源は民族名である。「満州国」については、中国では「偽満州国」と称されているように正式名称とはいえな

い。しかし、「関東州」と同様、日本統治下の呼称として、満州、満鉄と称す。
6 大連外国語学院の当時の教え子によれば、この時集まった中国人日本語教師は、戦前・戦時下の関東州、および満鉄沿線に日本側が設置した学校で学んだ人たちが集められたという。すなわち、旅順中学、大連商業中学、大連高等商業学校(後の、大連経済専門学校)、建国大学等の卒業生で、大連・旅順の公学堂、中学、高等学校で学んだ日本語が堪能な人たちが中心になっていた。一方、日本人の日本語教師は日本共産党員から選抜された30余名の高校教師とその妻で、初級日本語科目の多くを担当した。これら日本人教師の授業や教材作成の補助的業務を、中国人日本語教師が担当したと言う。
7 学習者側要因に関するアンケート調査に用いた調査票は、巻末の資料2の2.2を参照のこと。
8 西條(1999)では、メタ言語を「談話において、自分あるいは他者の言ったこと、これから言うことに言及する表現」と定義している。

第6章
第二言語の音声言語理解に動的に関与する複合的要因

1. 調査 1-11 のまとめ

本研究では以下 3 点を明らかにするため 11 の調査を行い、多面的な観点から検討した。
 （1） 第二言語としての日本語の音声言語理解のメカニズム
 （2） 第一言語の音韻転移と第二言語の音韻習得のメカニズム
 （3） 第一言語の正・負の音韻転移を促進・抑制する言語外的要因
①調査 1　学習者の言語知識と聴解力の関連
　　対象者：上級課程の日本語学習者（文法成績上位群と下位群）
②調査 2　中国語系話者と非中国語系話者の比較
　　対象者：上級課程の破裂音の有声・無声の対立を持たない中国語系話者と、同音韻対立を持つ非中国語系話者
③調査 3　学習者の音声言語理解過程の分析
　　対象者：上級課程の漢語系語彙知識が高くて聴解力の低い学習者と、漢語系語彙知識が低くて聴解力の高い学習者
④調査 4　音声言語のテキスト分析
　　対象テキスト：日常会話、対談、講演、講義の音声言語
⑤調査 5 〜 8　中級・上級課程の日本語学習者の日本語破裂音の弁別能力と聴解力の関連
　調査 5　北方方言話者の日本語破裂音の弁別能力と聴解力

調査 6　北方方言話者と上海語話者の聴解力の構成要因
調査 7　習得差のある 2 群の北方方言話者の聴解力の構成要因
調査 8　日本国内・国外の学習環境の影響
各調査対象者の母語の音韻体系と学習環境は表 6-1 にまとめて示す。
⑥調査 9　2 機関の日本語教師の言語観・言語教育観
　　対象者：D 機関（遼寧省大連市）と K 機関（黒龍江省）の日本語教師
⑦調査 10　学習者側の要因と聴解力との関連
　　対象者：D 機関と K 機関の中級・上級課程の北方方言話者
⑧調査 11　授業観察による教育方法調査
　　対象クラス：D 機関と K 機関の初級・中級クラスの授業

調査 1-4 のパイロット調査から、日本語の音声言語理解には、日本語の①破裂音の弁別能力、②文法知識、③和語系語彙知識、④漢語系語彙知識の 4 要因が介在し、それぞれ前の要因が存在する時により一層活性化されて聴解力に寄与する、つまり 4 要因が順に階層化されていることが推察された。そこで調査 5-8 を行い、その言語的要因の階層性について検証した。その結果、破裂音の有声・無声の対立を持つ母語話者は上記 4 要因の階層性が成立して、学習時間に応じて聴解力が向上していることが明らかになった。

表 6-1　調査 5〜8 の対象者の音韻体系と学習環境

調査	対象者	調査年	有声・無声の対立	学習環境
5	北方方言話者	上級：1997 中級：2002	なし	第二言語学習環境 （日本国内）
	非中国語系話者		あり	
6	北方方言話者（大連）	1999	なし	外国語学習環境 （日本国外）
	上海語話者（上海）		あり	
7	北方方言話者（黒龍江）	2000	なし	
	北方方言話者（大連）	1999		
8	北方方言話者（黒龍江）	1997	なし	第二言語学習環境 （日本国内）
	北方方言話者	上級：1997 中級：2002		

一方、同音韻対立を持たない母語話者は第 1 要因の日本語破裂音の弁別能力で躓き、その階層性の成立が阻まれる結果、上級段階にいたっても音声言語理解に支障をきたす学習者がいた。しかしながら、その様相は一様ではなく、母語の負の音韻転移を最大限克服して中級段階から聴解力が向上する学習者もいれば、上級段階にいたっても一向に改善せず退行化さえする学習者もいることが明らかになった。そこで調査 9-11 を行い、破裂音の音韻対立を持たない母語話者に習得差をもたらしている要因を探った。その結果、第二言語の音声言語理解には、言語的要因に言語外的要因が複雑に絡み合って関与し、ダイナミックな法則性の下に理解が促進ないしは抑制され、集団および個人の間に習得差をもたらしていることが明らかになった。以下、3 つの目的にそって順に論じ、一定の結論を示す。

2. 第二言語としての日本語の音声言語理解のメカニズム

2.1 第一言語の音韻転移と第二言語の意味理解を担う音韻習得との関係

有声・無声の対立を持つ母語話者は、同音韻対立を持たない母語話者に比べると、母語の正の転移を受けて日本語の破裂音の弁別能力を習得しやすく、聴解力が高い。ただし、上海語話者のように有声・無声の対立を持っていても日本語と類似の破裂音を持つ場合は、同音韻対立を持たない北方方言話者にもまして初級・中級段階で習得困難な様相を示す。しかし、それも上級段階までには習得され、聴解力も上級でさらに向上する。これは、有声・無声の対立を持つ母語話者は、日本語音声で生起頻度が高く意味理解に深く関わる [t] 音・[k] 音を、遅くとも上級段階までには習得できるからである。彼らの無声破裂音の弁別能力が文法知識とともに寄与して聴解力が高くなるのは、その結果であると見られる。因みに、[p] 音の習得が遅く上級段階でも誤聴が多いのは、この音が意味理解にあまり関与しないためであると見られる。

第 2 章 4 節の「第二言語の音声言語理解に関与する要因の仮説モデル」で示したように、破裂音の有声・無声の対立を持つ母語話者は、有声・無声

破裂音の具現的な音響パターン (Jusczyk 1993) を心内辞書内に有しているために、音声段階で音響信号と照合して音声分節を同定する (Clark & Clark 1977: 238) 際には、その音響パターンが引き出される。音声分節を同定できれば、その後は、同じく心内辞書内に蓄積されている文法・語彙の活性度を持ったロゴジェンが、音声の音響的特徴処理によって得られたボトムアップ情報と、意味・統語処理によって得られるトップダウン情報のもっともらしさに応じて徐々に活性度が高まる。そして、一番早く活性度が閾値を越えたロゴジェンに対応する単語が認知されて (天野 1999: 229) 特定の単語が絞り込まれ、理解に至る。つまり、意味理解に関わる [t] 音・[k] 音を中心とする無声破裂音が、生起頻度の高さゆえにそれだけ心内辞書内から引き出される回数が多くなり、習得が促進される。その結果、無声破裂音の弁別能力が学習者の持つ文法知識を活性化する前提的な第1要因となり、文法知識が第2要因となって意味化に至る。そして、第3要因として和語系語彙知識が活性化され、さらに理解を深める。和語系語彙知識は、日常会話だけでなく漢語系語彙の多用されるアカデミックな音声言語でも延べ語数で約7割を占めるため、文法知識が高い学習者はもちろん文法知識の低い学習者でも聴解力の重要な構成要因になる。漢語系語彙知識は、文法知識が、ある閾値より低い場合は、たとえその知識が高くても活性化されにくい。破裂音の弁別能力、文法知識、和語系語彙知識のすべてが高いときにはじめて、漢語系語彙の多い上級段階の音声言語理解の構成要因になる。和語系語彙が理解の第3要因、漢語系語彙が理解の第4要因と考える所以である。

　この日本語の音声言語理解に関与する4要因の階層性は、破裂音の有声・無声の対立を持たない北方方言話者の場合は成立しにくい。第1要因である日本語破裂音の弁別能力の習得の躓きが、4要因の階層性を阻むためと考えられる。D北方方言話者は破裂音全体の弁別能力は高いのに、意味化に深く関与する [t] 音・[k] 音の弁別能力において上級段階でも問題が残る。その結果、文法知識が無声破裂音の弁別能力とともに聴解に寄与せず、文法知識ほどに聴解力が高くならない。破裂音の弁別能力が全体的に低いK北方方言話者に至っては、聴解力は破裂音の弁別能力とともに上級段階で退行

化さえする。これは、有声・無声の対立を持たない北方方言話者にとっては、生起頻度の高い日本語の [t] 音・[k] 音は習得を促進するどころか、混乱をいっそう深めることになっているからと見られる。日本語の音声言語では、語中無声破裂音 [t]・[k] を含む音節だけでも全体の四分の一弱を占めるほど生起頻度が高い。時間単位で示すと、[k] 音を含む音節は 1.8 秒に 1 回、[t] 音は 2.2 秒に 1 回、全破裂音を含む音節は、実に 0.8 秒に 1 回の高頻度で生起する。これだけ生起頻度が高いと、無声破裂音の習得が困難な北方方言話者には、音韻の知覚混同によって明瞭に聞こえない部分が相当量に上ると見られる。特に、言語メッセージへの依存度が高い上級段階のアカデミックなジャンルの音声言語では、音声信号の情報処理が理解の前提条件になるため、無声破裂音の弁別能力の低さが音声単語の認知処理のボトルネックになってしまうものと考えられる。

2.2 第一言語の音韻転移に関与する言語外的要因

同じ北方方言を母語とする D 北方方言話者と K 北方方言話者の 2 集団間に生じた大きな習得差は、母語の音韻体系の転移といった言語的要因の影響力を上回る、言語外的要因の影響力の強さを示唆している。

　外国語学習環境の下で学ぶ D 北方方言話者は、集団規模で、中級段階から第一言語の負の音韻転移を抑制するとともに正の音韻転移を促進してかなり高い第二言語の破裂音の弁別能力を習得し、聴解力を高めることができた。それは、学習初期段階に「音声重視」の言語教育観、教育方法の下に学習した、その結果であると考えられる。「音声重視」の教育方法によって学習初期段階に、第二言語の日本語破裂音の具象的な音響パターンを大量に学習者の心内辞書内に蓄積すれば、中級段階までにはかなり音声分節を同定しやすくなる。その結果、上級段階までには意味理解に関わる [t]・[k] 音も、同音韻対立を持つ上海語話者には劣るものの、相当程度習得し、聴解力もそれなりに高められるものと見られた。

　それに対して、「文法・語法重視」の教育観・教育方法の下では初期段階でそのような現象が生じにくい。その結果、中級・上級段階で日本語会話の練習をどんなに積んでも、また、文法・語彙の言語知識をいくら積み上げて

も、それらを聴覚的に活性化することが困難になり、文法・語彙知識ほどに聴解力が伸びなくなってしまう。「文法・語法重視」の教育観・教育方法が、こうした現象を集団規模で生み出していると言える。

　日本語の音声情報が多い第二言語学習環境下であっても、学習初期段階で音声重視の教育環境の下になければ、困難な状況は変わらない。しかし、第二言語学習環境下では文法重視の環境下であっても、上級段階までには自然に破裂音の音韻対立を習得して聴解力が高くなる北方方言話者も現れる。これは、音声情報を積極的にインプットしようとする学習方法を好む学習者は、第二言語学習環境下では学習初期段階で大量の日本語破裂音の具現的な音響パターンを自ら心内辞書内に取り込むことも可能なため、上級段階に至って第二言語の破裂音の弁別能力を習得して聴解力が高くなるのではないかと見られる。しかし、これはあくまでも学習者の個人的属性によるものなので、集団規模で生じるものではなく個人差として現れる。

　以上より第 2 章 4 節に示した「音声言語理解に関与する要因の仮説モデル」が立証され、第二言語としての日本語の音声言語理解のメカニズムについて以下 4 点が指摘される。

1. 日本語の音声言語で生起頻度の高い［t］音・［k］音を中心とする無声破裂音の弁別能力は、日本語の音声言語理解の前提的な第 1 要因になる。第 2 要因として文法知識が、第 3 要因として和語系語彙知識が、第 4 要因として漢語系語彙知識が理解に関与し、4 要因は階層性をなす。
2. 日本語の音声言語理解に関与する 4 要因の階層性は、非言語メッセージが少なく音声信号の情報処理が必要とされる上級段階のアカデミックなジャンルの音声言語理解で、より顕著に成立する。日常会話中心の初級・中級段階では、非言語メッセージへの依存度が高いため、4 要因が関与しなくても理解可能だからである。
3. 破裂音の有声・無声の対立を持つ母語話者は、日本語音声の意味理解に深く関わる［t］音・［k］音を、その弁別能力が重要となる上級段階までには習得する。その結果、心内辞書内から有声・無声破裂音の

具現的な音響パターンを引き出し、そのボトムアップ情報と、意味・統語処理によるトップダウン情報によって一番早く活性化されたロゴジェンに対応する文法項目・語彙項目を認知し、第2、3、4要因を活性化して理解に至る。一方、破裂音の有声・無声の対立を持たない母語話者は、上級段階に至っても意味理解を担う [t]・[k] 音の習得に困難が見られ、第一要因で躓く。その結果、第2要因の活性化も困難になり、4要因の階層性が阻まれて意味理解に支障をきたす。

4. 破裂音の有声・無声の対立を持たない母語話者でも学習初期段階で「音声重視」の教育方法によって学習すれば、第二言語の破裂音の具現的な音響パターンを心内辞書内に蓄積しやすいと見られ、中級段階で第一言語の正・負の音韻転移を相当程度促進・抑制して第二言語の破裂音の弁別能力および聴解力が高くなる。学習初期段階に「文法・語法重視」の教育方法で学んだ学習者との間には、集団規模で習得差が生じる。この教育方法の違いは、第二言語学習環境下でも大きく作用すると見られるが、第二言語学習環境下では「文法重視」の教育方法であっても学習初期段階から音声情報を積極的にインプットしようとする学習方法を好む学習者は、上級段階になって習得が進むと見られ、個人差として現れる。

3. 第一言語の音韻転移と第二言語の音韻習得のメカニズム

3.1 第二言語の破裂音の習得順序と有標性仮説

日本語の音声言語理解の前提的要因となる破裂音の習得順序をめぐって、明らかになった点をまとめる。まず、破裂音の弁別特徴の習得順序を見てみると、本研究の調査から、次の順に習得され、有声性・無声性の習得が最も困難であることが明らかになった。

　　［破裂音の前後の母音 → 調音法 → 調音点 → 有声性・無声性］

　有声性、無声性の習得順序については、第一言語に有声破裂音を持つか持たないかによらず、破裂音の知覚においては有声性は無声性より習得が容易で速いと見られる。これは、有標の有声音は習得が遅いとするヤーコブソン

(1976) の有標性仮説とも、第一言語と第二言語の有標性の関係から第一言語と異なる項目で第一言語より有標の項目 (= 有声破裂音) は習得困難であるとする Eckman (1977) の有標性差異仮説とも一致しない。一方、第一言語で、より無標の項目のほうが転移が生じやすいとする Gass (1981) の仮説を支持している。つまり、第二言語の音韻の知覚は、語の意味や文法と同様、第一言語で無標の項目のほうが習得困難であり、有声性のほうが習得困難な破裂音の発話とは異なると結論される。

　調音点による無声破裂音の習得については、第一言語と第二言語の違いによって、習得順序、習得の進度が異なる。第一言語に第二言語の音韻対立を持つ母語話者は、第一言語の正の転移を受けて、第二言語で生起頻度の高い破裂音から、すなわち [k] → [t] → [p] の順に習得していく。これは、口腔の前寄り (唇・歯茎) の無標の音から後寄り (硬口蓋・軟口蓋) の有標の音へと段階的に獲得されるとするヤーコブソン (1976) の第一言語の音韻獲得仮説とは逆の順序である。一方、第一言語に第二言語の音韻対立を持たない母語話者は、第一言語の負の転移により、第二言語で生起頻度の高い破裂音は習得困難で、化石化現象が生じやすい。ただし、生起頻度の低い [p] 音を先に習得しているわけではないので、第一言語の音韻獲得仮説と一致するわけではない。

3.2　第二言語の類似音・新音の習得理論

本研究の調査では、日本語の語中・低ピッチ無声破裂音は、第一言語に無声破裂音を持つ中級・上級段階の北方方言話者と、中級段階の上海語話者にとって習得困難であった。また、有声破裂音は、第一言語に有声破裂音を持つ上海語話者には、特に中級段階で習得困難であった。これは、第一言語と第二言語の音韻対立の異同に加えて、音韻の類似性の問題が関与しているためである。「北方方言と上海語の無気・有気無声破裂音と日本語の無声破裂音」、また「上海語の有声破裂音と日本語の有声破裂音」は、それぞれ音響的にはわずかしか違わない類似音である。ただし、上海語話者は母語に有声・無声の音韻対立を持っているので、正の音韻転移を受けて、習得困難な類似音であっても上級段階までには習得が進む。それに対して、北方方言話

者は、母語による負の転移の上に、類似音による困難度が重なるため、語中無声破裂音の習得が著しく遅れて、化石化・退行化現象も生じやすい。なお、破裂音の弁別能力が全体的に劣る北方方言話者の場合は、新音の有声破裂音の習得も困難であるが、類似音に比べれば容易であると言える。

3.3 化石化現象のメカニズム

化石化現象は、第一言語の類似音で産出した音が第二言語の音韻であると知覚するようになるという、Flege & Port (1981)、Flege & Hillenbrand (1987) の仮説、また、外国語の発音にいつまでも訛りが残るのは生理学的な機能低下によるわけではなく、第一言語の確立した成人は第一言語の類似音を転用する傾向が強いからだとする Flege (1981) の仮説によって説明される。

中級・上級段階の北方方言話者も上海語話者も、有声破裂音の識別能力は比較的高いことから、日本語の語中無声破裂音を、音響的にまったく異なる有声破裂音として聞き間違えているわけではないと考えられる。第二言語と第一言語の類似した複数の無声破裂音に対して、第二言語の有声・無声の二項対立の枠組みの中で判断を求められるために混乱し、結果的に第一言語の無気・有気の音韻対立を適用していると見られる。つまり、Flege (1981) の仮説が音韻の知覚にも適用すると言える。

第二言語の音韻対立を、第一言語の音韻対立に当てはめて同じであると思い込む確信は、一般に、文字言語中心の学習が多くなる上級段階の学習者に強い。これは、第二言語習得においても、本来連続性を持つ自然言語に文字を与えることによって弁別範囲を調整していく過程で、非連続単位としての音韻の概念が定着することによると見られる。

中国語の拼音では、無声無気音 [p・t・k] を「b・d・g」、無声有気音 [p^h・t^h・k^h] を「p・t・k」と表記して、二項対立させている。そのため、中国語系話者は、一般に、日本語のパ行・タ行・カ行の子音を「p・t・k」、バ行・ダ行・ガ行の子音を「b・d・g」と表記して、中国語の拼音に対応すると考えている。しかも、この表記法によって、母語の無声無気音が日本語の有声音と同じ音であると思い、「中国語にも有声破裂音が存在する」と確信を持って主張する上級段階の中国語系話者も少なくない。

中国語系話者は、日本語の有声破裂音は音響的に識別しやすいので、第二言語の新音として正しく知覚した上で、第二言語の有声破裂音の表記法「b・d・g」をあてる。つまり、第二言語の新音を正しく識別した結果、語頭でも語中でも正答率が高くなる。因みに、中級の上海語話者に日本語の有声破裂音の誤聴率が高いのは、前述したとおり、類似音による知覚混同の結果である。日本語の語頭無声破裂音の場合は、一般に呼気が強く発話されることが多いので、音響的には北方方言、上海語の有気無声破裂音と類似している。それで、同じ表記の日本語の語頭無声破裂音は、中国語の有気無声破裂音と同音であると認知して、その表記を用いる。その結果、日本語の語頭無声破裂音も正答率は高くなる。ところが、日本語の語中無声破裂音は、特に低ピッチで発音された場合は呼気を伴わないことが多いため、音響的には中国語の無声無気音と類似する。中国語の無声無気音は拼音では「b、d、g」と表記されるので、誤聴が表面化して「誤答率」が最も高くなってしまう。

　ここで日本語の有声破裂音と同じ表記を用いることに対する疑念が生じないのは、日本語の語中無声破裂音に対しては第一言語の音韻対立を用い、日本語の有声破裂音に対しては第二言語の新音として認知するという調整が行われているためであろう。こうした音韻概念の混同が初級から上級にかけて修正されることなく、むしろ上級段階で定着してしまうために、上級段階のほうが弁別能力が低くなるという化石化・退行化現象を引き起こし、聴解力の差がいっそう開いてしまうものと考えられる。

　韓国語話者にも同様の傾向が見られる。しかし、韓国語話者の場合、日本語の音韻対立を母語の音韻対立によって知覚したとしても、韓国語の音韻とそのローマ字表記法が日本語の音韻と表記法にうまく一致して、「正しく」聞かれる率が高い。韓国語のローマ字では、有気無声音 [p^h・t^h・k^h]（激音）は「p・t・k」、無気無声音 [p・t・k]（平音）は「b・d・g」と表記して、二項対立させている。そのため、韓国語話者は一般に、日本語のパ行、タ行、カ行の子音を「p・t・k」と表記して「激音」に、バ行・ダ行・ガ行の子音を「b・d・g」と表記して「平音」に対応していると認識している。例えば、日本語の「プ」の語頭無声破裂音は比較的呼気が強いので、韓国語の激

音として認識し、激音のローマ字表記「p」に対応する日本語表記「ぷ」を当てはめて「正聴」になる。また、日本語の「ぶ」の語頭有声破裂音は一般に呼気が弱いので、韓国語の平音として認識し、平音のローマ字表記「b」に対応する日本語表記「ぶ」を当てて「正聴」になる。また、韓国語話者は、日本語の語中有声破裂音は語中で有声化する平音として認識し、日本語の語中無声破裂音は韓国語のもう1つの無声音である濃音として認識する（中東 1998）ため、日本語の語中破裂音の正聴率は語頭より高い。韓国語話者の聴解力が日本国内で高くなるのは、こうした日本語と母語の類似音の対応関係が目標言語の音声情報量が多い第二言語学習環境では調整されやすく、日本語破裂音の習得が促進されるからであると考えられる。

　以上より、第一言語の音韻転移と第二言語の音韻習得のメカニズムについて次の5点が指摘される。
1. 第二言語の破裂音の弁別特徴は、[破裂音の前後の母音 → 調音法 → 調音点 → 有声性・無声性] の順に習得され、有声性・無声性の習得が最も困難である。
2. 第二言語の破裂音の知覚と発話では有声性・無声性の習得順序が異なる。知覚では、第一言語に有声破裂音を持つか持たないかによらず、第一言語で無標の無声性のほうが転移が強く習得困難である。これは、Gass (1981) の第二言語習得仮説と一致し、ヤーコブソン (1976) の有標性仮説、Eckman (1977) の有標性差異仮説とは矛盾する。
3. 第一言語に第二言語の破裂音と同じ音韻対立を持つ母語話者は、生起頻度による有標性スケールの順に習得が進み、遅くとも上級段階までには習得する。一方、第一言語に第二言語の破裂音と異なる音韻対立を持つ母語話者は、生起頻度による有標性スケールとも第一言語の音韻獲得仮説とも矛盾し、生起頻度の高低に関わらず無声破裂音の習得が困難で、第一言語の負の音韻転移は上級段階まで影響する。
4. 第二言語の類似音は、新音より習得困難で、Flege (1981, 1987)、Major (1987) の仮説と一致する。第一言語にその音韻対立を有する場合は、第一言語の正の音韻転移を受けて上級段階までにはほぼ習得す

るが、第一言語に第二言語の音韻対立がない場合は上級段階にいたっても習得困難で、化石化・退行化現象が生じやすい。
5. 第一言語の確立した成人は、第二言語の音韻対立の知覚には、第一言語の類似の音韻対立を転用する傾向が強い。その結果、化石化・退行化現象が、より生じやすい。特に、中国北方方言話者のようにローマ字表記法によって第一言語と第二言語の音韻知覚の混同が生じやすい場合は、化石化・退行化現象がさらに助長される。

4. 第一言語の音韻転移を促進・抑制する言語的・社会的要因

4.1 言語的・社会的要因の動的関与のメカニズム

第一言語の正・負の音韻転移は次の3要因によって促進ないしは抑制され、第二言語の音韻習得に深く関与する。
1) 言語的要因：第一言語に第二言語の音韻対立があるかないか。
2) 社会的要因1（＝学習環境要因）：日本語を日本国内で「第二言語」として学んでいるか、日本国外で「外国語」として学んでいるか。
3) 社会的要因2（＝教室環境要因）：日本語教育機関や日本語教師の言語教育観・教育方法、学習者の言語学習観・学習方法等によって形成される教室環境が、音声重視か文法・語法重視か。

　1)の言語的要因は、第一言語に第二言語の音韻対立を持つか持たないかという、学習者の言語能力を規定する1属性である。2)の社会的要因1は、学習者をとりまく外部社会の使用言語が学習者の第一言語か第二言語かという、学習者個人の力ではコントロールできない社会的因子である。3)の社会的要因2は、一見、日本語教師、学習者の個人的資質ないしは嗜好ととられやすいが、日本語教育機関や日本語教師の言語教育観、教育方法は、学習者の学習観、学習方法と相互に影響し合って教室環境を形成する。それは、教師や学習者をとりまく歴史的・地域的環境の下で徐々に培われるものであることを考えると、個人の力を超えた社会的因子であると考えられる。

　第二言語の音韻対立の習得では、表6-2に示すように、言語的要因が大きく関与する。第一言語に第二言語の音韻対立がある場合はプラスに作用

表 6-2　L2 の音韻対立の習得難易度を決定する 3 要因

言語的要因：L1 の音韻体系			社会的要因 1：学習環境		社会的要因 2：教室環境	
L2の音韻対立	ある	＋ （正の転移）	第二言語 （日本国内）	＋ （中・上級）	音声重視	＋
					文法・語法重視	＋
			外国語 （日本国外）	△ （中・上級）	音声重視	＋
					文法・語法重視	－
	なし	－ （負の転移）	第二言語 （日本国内）	中級：－	音声重視	？（△）
					文法・語法重視	？（－）
				上級：△	音声重視	？（△）
					文法・語法重視	？（△）
			外国語 （日本国外）	－ （中・上級）	音声重視	△
					文法・語法重視	－

※表中の「＋」は習得容易、「△」は習得差が生じている、「－」は習得困難、「？」はデータが不十分で、「（　）」は予測結果であることを示している。

し、正の音韻転移によって一般に習得が容易で速い。一方、第一言語にない場合はマイナスに作用し、負の音韻転移によって一般に習得困難である。

　しかし、この言語的要因は社会的要因 1、2 によって大きく影響を受け、促進ないしは抑制される。「第一言語に第二言語の音韻対立がある」プラスの言語的要因の場合、第一言語による正の音韻転移は、社会的要因 1 が第二言語学習環境であればプラスに作用して促進され、自然習得が進む。その場合、社会的要因 2 が音声重視であれ文法・語法重視であれ、変わることなく自然習得される傾向が強い。しかし、社会的要因 1 が外国語学習環境の場合は、社会的要因 2 が「音声重視」であればプラスに作用して習得されるが、「文法・語法重視」であればマイナスに作用して習得困難になる。

　一方、「第一言語に第二言語の音韻対立がない」マイナスの言語的要因の場合は、第一言語による負の音韻転移が強く、社会的要因 1、2 が何であれ習得困難になる。しかし、社会的要因 1、2 に触発されて習得する学習者も現れ、集団規模で習得差が生じる。

　社会的要因 1 がマイナス要因の外国語学習環境の場合、社会的要因 2 がプラス要因の音声重視であれば習得差が生じる。しかし、マイナス要因の文

法・語法重視であればきわめて習得困難になり、「第一言語にある第二言語の音韻対立」も未習得であるために化石化・退行化現象まで生じる。一方、社会的要因1がプラス要因の第二言語学習環境の場合、中級段階では習得困難であるが、上級段階では習得する学習者も現れる。今回の調査だけでは断定できないが、社会的要因1がマイナス要因でも社会的要因2がプラス要因であれば中級・上級ともに集団規模で第二言語の音韻習得が促進されていたことから、第二言語学習環境下でも社会的要因2がプラス要因の音声重視であれば集団規模で中級から習得が進むものと推論される。また、社会的要因2がマイナス要因の文法・語法重視であったとしても、目標言語の音声情報をインプットする率の高い第二言語学習環境下では、上級段階までには自然習得する学習者も現れ、個人差が顕現すると見られる。

　ここで3因子の重みを確認してみよう。言語的要因は、社会的要因1、2を促進・抑制する因子として最も強力である。社会的要因2の教育観・教育方法は、社会的要因1がマイナス要因の外国語学習環境であっても集団規模で習得差を生むことから、社会的要因1の学習環境より強力な因子であると言える。これは、学習初期段階における「音声重視」の教室環境が学習者のその後の学習方法の決定要因となって中級・上級段階でも音声・文字情報を積極的にインプットしようとする学習方法を培い、そうした学習方法が社会的要因1のマイナスの学習環境要因をも凌ぐからであると見られる。したがって、第二言語の音韻対立の習得では、言語的要因＞社会的要因2：教室環境＞社会的要因1：学習環境の順に重要であると考えられる。

　なお、個人差および学習時間数は、上記3要因ほど重要ではないと考えられる。なぜなら、言語的要因、社会的要因1・2がともにマイナス要因の場合、すなわち第一言語に第二言語の音韻対立がない学習者が、外国語学習環境下で文法・語法重視の教育方法の下で学ぶ場合は、学習時間数が増えて上級段階に至っても個人差が生じず、集団規模で習得困難な状況に陥っているからである。つまり、学習者にプラスの個人差を生むには、プラスの言語的要因と、プラスの社会的要因とが必要であると言える。

4.2　学習者の聴解得意意識と聴解力に関与する言語的・社会的要因

学習者はどのような要因によって聴解を得意だと意識するのか。また、その聴解得意意識と聴解力との相関は何を意味しているのか。今回調査で得られた結果を、前節で述べた言語的要因、社会的要因 1、2 の関係から捉えなおし、表 6–3 に示す。

表 6–3 から、言語的要因と社会的要因 1 がともにマイナス要因であるとき、すなわち破裂音の有声・無声の対立を持たない母語話者が外国語学習環境下で学ぶときは、聴解得意意識が中級段階では高いが上級段階で低くなる。また、上級段階で聴解得意意識と聴解力との間に相関が認められないことから、聴解力の自己診断能力も弱くなる傾向がある。これは、日常会話を主とする中級段階より、破裂音の弁別能力がより強く求められるアカデミックな音声言語主体の上級段階のほうが聴解力に支障をきたす率が高くなるが、その理解に支障をきたしている理由が何なのか把握できない焦燥感が苦手意識として表出され、聴解得意意識および自己診断能力を弱めているので

表 6–3　聴解得意意識・聴解力と言語的要因・社会的要因の関係

対象者	言語的要因	社会要因 1	社会要因 2	課程	聴解得意意識	聴解との相関
日本国内 北方方言	L2 の音韻対立 無し　×	第二言語 ○	どちらでもない	上級	2.50	.80**
上海語	L2 の音韻対立 有り　○	外国語学習環境 ×	どちらでもない	中級	2.23	—
				上級	2.23	.40*
D 北方方言			音声重視 ○	中級	1.83	.38*
				上級	2.40	—
K2 北方方言	L2 の音韻対立 無し　×		文法・語法重視 ×	中級	1.72	.56**
				上級	2.48	—
K1 北方方言				中級	2.30	—
				上級	3.60	—

※聴解得意度は、聴解を最も自信があるとした場合は 1 点、2 番目は 2 点、3 番目は 3 点、4 番目は 4 点として、4 段階スケールで点数化したものの平均値である。
※表中の「○」は、L1 の正・負の音韻転移の促進・抑制にプラス要因であること、「×」はマイナス要因であることを示す。

はないかと考えられる。
　一方、言語的要因か社会的要因1のいずれかがプラス要因であるとき、すなわち有声・無声の対立を持つ母語話者が外国語学習環境下で学ぶとき、または、破裂音の有声・無声の対立を持たない母語話者が第二言語学習環境下で学ぶときは、上級段階で聴解得意意識と聴解力との相関が見られ、聴解力の自己診断能力が高まる。これは、この条件下では、心内辞書内に破裂音の有声・無声の音響パターンを蓄積している学習者は、上級段階になって聴解得意意識、聴解力ともに高くなることを示していよう。
　今回の調査結果だけでは不十分であるが、言語的要因と社会的要因1が同一条件で社会的要因2だけが異なっていても学習者の聴解得意意識の傾向は変わっていないことから、社会的要因2の教室環境は学習者の聴解得意意識には深く関与しないと見られる。これは、学習者にとって教師の教育観や教育方法の違いを客観的に把握することは難しいため、その違いが得意意識として反映される可能性は低いからだと考えられる。

　以上より、第一言語の音韻転移を促進・抑制し、第二言語の音韻習得に動的に関与する言語的・社会的要因について、次の7点が指摘される。
1. 第一言語に第二言語の音韻対立があるかないかという言語的要因に、社会的要因1（学習環境要因）と社会的要因2（教室環境要因）が動的に関与して、第一言語の正・負の音韻転移が促進・抑制され、第二言語の音韻習得に関与する。
2. 言語的要因が「第一言語に第二言語の音韻対立がある」プラス要因の場合：
第一言語からの正の音韻転移によって習得が容易で速く、社会的要因1がプラス要因の第二言語学習環境下では自然習得される傾向が強い。マイナス要因の外国語学習環境下では、社会的要因2がプラス要因の「音声重視」であれば習得可能であるが、マイナス要因の「文法・語法重視」では習得困難になる。
3. 言語的要因が「第一言語に第二言語の音韻対立がない」マイナス要因の場合：

第一言語の負の音韻転移により、社会的要因1、2がプラス・マイナスによらず習得困難である。しかし、社会的要因1がマイナス要因の外国語学習環境下でも、社会的要因2がプラス要因の「音声重視」であれば、中級段階から第一言語の正・負の音韻転移を相当程度促進・抑制して第二言語の音韻習得が進む。一方、マイナス要因の「文法・語法重視」の場合はきわめて習得困難で化石化・退行化現象さえ生じて、集団規模での習得差が生じる。社会的要因1がプラス要因の第二言語学習環境下では、上級段階で自然習得する学習者も現れ、個人差が顕現する。

4. 第二言語の音韻習得に関与する3要因は、言語的要因＞社会的要因2：教室環境＞社会的要因1：学習環境の順に重要であると見られる。学習者の個人差、および学習時間数は、これら3要因ほど重要な因子ではない。学習初期段階における「音声重視」の言語観・教育方法（＋の社会的要因2）は、中級・上級段階になって音声・文字情報を積極的にインプットしようとする学習方法に発展し、第一言語に第二言語の音韻対立を持たない場合（－の言語的要因）でも、また外国語学習（－の社会的要因1）であっても、第一言語の正・負の音韻転移を促進・抑制して聴解力を高めるのに効果的である。

5. 言語的要因と社会的要因1がともにマイナス要因であるとき、すなわち破裂音の有声・無声の対立を持たない母語話者が外国語学習環境下で学ぶときは、中級から上級にかけて学習者の聴解得意意識が下がり、上級段階では聴解力の自己診断能力も弱まる。これは、日常会話の理解が主な中級段階ではその非言語メッセージによって理解可能であるが、言語メッセージの多いアカデミックな音声言語理解が中心となる上級段階では破裂音の弁別能力がより強く求められ、その弁別能力に問題のある学習者は上級段階で原因もよくわからないままに聴解に支障をきたす率が高くなることに起因している。

6. 言語的要因か社会的要因1のいずれかがプラス要因である時、すなわち破裂音の有声・無声の対立を持たない母語話者が第二言語学習環境下で学ぶとき、ないしは有声・無声の対立を持つ母語話者が外国語

学習環境下で学ぶときは、中級から上級にかけて聴解得意意識が下がることはなく、上級段階になれば聴解力の自己診断能力も高まり、聴解得意度の高い学習者は実際に聴解力も高い傾向がある。これは、この条件下では、心内辞書内に破裂音の有声・無声の音響パターンを蓄積している学習者は、上級段階になって聴解得意意識、聴解力が高くなるためであると考えられる。
7. 社会的要因2の教育観・教育方法の違いは学習者には判断が難しく、聴解得意意識には反映されにくい。

5. 今後の課題

同じ北方方言話者であっても2つの異なる教育機関の学習者には大きな習得差が生じていた。これには両機関の教師の言語観・言語教育観、また学習者の学習観等が大きく関与していると見られたが、こうした言語観・言語教育観、学習観等はどのように形成されていくのであろうか。文字言語に全面的信頼を寄せる中国文化社会で、D機関における音声言語重視の言語観が一朝一夕に形成されたとは思えない。戦前・戦時下の旧関東州において実施されていた音声重視の言語観が強く影響しているのではないかと考えられる。また、K機関における語法・文法、文化教育を重視する言語観も戦前・戦時下の旧満州北端で行われた言語観が今日なお引き継がれているのではないだろうか。このような中国における日本語教育史的背景が日本と両地域との交流史とともに深く影響し、歴史的遺産として今日なお両地域における日本語学習者の学習観、日本語教師の言語観に反映されて、それぞれ異なる教室環境を形成していると推論される。

今後の課題として、中国の他の教育機関においても同様の調査を行い、さまざまな教授法に潜在する言語観、学習観、および学習者の第二言語に対する心的距離と言語能力との有機的関連を明らかにしていきたい。また、母語に破裂音の有声・無声の対立を持たないベトナム語話者も、日本語の聴解・発音に困難を伴うことは経験的によく知られるところである。同様の調査を行い、検証する必要があると考えている。

音声は、一般に、聴取できなければ生成も困難であると言われ（重野1991）、聴取能力と生成能力は切り離して考えることは出来ない。しかし、北方方言話者の音声習得研究においては、これまで発音と知覚の問題を別々に論じ、主に発音の問題に対して対策を講じるという対症療法的な処置がなされてきたように思う。たとえば、日本語の語中の無声破裂音は知覚に問題があり、日本語の有声破裂音は発音に問題があるとして、有声破裂音の発音の問題に対し、日本語と北方方言の破裂音の音響的類似性を利用して発音矯正の方法を考案してきた。しかし、こうした対症療法的な処置をしている限り、北方方言話者の日本語破裂音の弁別能力は向上しない。なぜなら、このような方法は有声・無声、有気・無気の境界を認知する能力をかえって弱め、化石化を促すことになってしまうからである。

　しかしながら、本研究で、学習初期段階におけるオーディオリンガル法によるミニマルペアの聴取訓練が、第一言語による正の音韻転移を最大限に促進して負の音韻転移を最小限に抑制し得るという教育効果を検証できたことは、大きな救いとなった。自信を持って、今後の指導の指針としたい。

　個々の学習者の個人的な資質の違いは個人差として現れ、集団規模では現れない。しかし、音声重視か文法・語法重視かといった言語教育観・教育方法の違いは、集団規模での習得差を生み出す。教師の教育観・教育方法の違いは学習者の学習観・学習方法にも強く影響し、中級・上級へと学習が進むにつれて定着するからである。影響力の規模から考えると、第二言語教育における教育観・教育方法はきわめて重要な研究分野である。しかし、これまでこの分野における科学的研究はあまり重視されていなかったように思われる。その意味で、序論に示したように、本研究で示した法則性が日本語以外の第二言語でも適用されるのか、この分野における今後の科学的研究の発展に少しでも寄与できないかと願うばかりである。

参 考 文 献

天野成昭 (1999)「音声単語認知モデルの動向」『心理学研究』70: 228-240.
鮎澤孝子 (1995)「日本語学習者による東京語アクセントの聞き取り―韓国語・英語・フランス語・北京語話者の場合―」『平成7年度日本語教育学会秋季大会予稿集』165-170.
鮎澤孝子 (2003)「外国人学習者の日本語アクセント・イントネーション習得」『音声研究』7 (2): 47-58.
生駒裕子、山田玲子 (2004)「第二言語の音韻知覚学習に及ぼす音響的および意味的文脈効果」『電子情報通信学会技術研究報告』37-42.
板倉武子、後田冨久子 (1971)「英語の聴解理解力と読解力について」Language Laboratory 10: 3-14.
岡秀夫 (1979)「聴解力の測定」Language Laboratory 16: 38-48.
市川伸一 (1995)『現代心理学入門3 学習と教育の心理学』岩波書店
乾秀行 (1998)「最も音素数が少ない言語」『言語』27 (5): 22-25、大修館書店
遠藤光暁 (2003)「中国語音韻史研究の課題」『音声研究』7 (1): 14-22.
大石初太郎 (1955)「話し言葉とその研究」『国語学』24: 13-24.
大石初太郎 (1958)「話し言葉と書き言葉」『講座現代国語学Ⅲ ことばの変化』49-82、筑摩書房
大石初太郎 (1971)『話し言葉論』秀英出版
大浦容子 (1996)「熟達化」波多野誼余夫編『認知心理学5 学習と発達』11-36、東京大学出版会
大津由紀雄編 (1995)『認知心理学3 言語』東京大学出版会
大坪一夫 (1986)「外国人のための日本語能力認定試行試験について」『日本語教育』58: 10-23.
大出正篤 (1940)「日本語の世界的進出と教授法の研究」『文学 特集東亜に於ける日本語』8 (4): 66-82.
大出正篤 (1941)「大陸における日本語教授の概況」『日本語』1 (3): 22-33.
大出正篤 (1942.2)「日本語教室漫言 (二)」『日本語』2 (2): 30-34.
大出正篤 (1942.5)「日本語の南進と対応策の急務」『日本語』2 (5): 58-64.
大出正篤 (1942.10)「日本語の南進に就いて」『日本語』2 (10): 49-53.

荻野綱男(2002)「計量言語学の観点から見た語彙研究」『国語学』53(1): 97-115.
長志珠絵(1998)『近代日本と国語ナショナリズム』吉川弘文館
オング、W. J. (1990) 桜井直文、林正寛、糟谷啓介訳『声の文化と文字の文化』藤原書店
筧一彦(2001)「人間と機械の音声認識—音声聴覚研究の学際性—」『認知科学』8: 207-211.
筧一彦(2002)「音声知覚と認知科学」『音声研究』6(2): 4-5.
鹿島央(2003)「外国人日本語学習者の分節音の習得」『音声研究』7(2): 59-69.
門田修平(2002)「読みと音韻：話し言葉と書き言葉の接点」『音声研究』6(2): 11-22.
川本喬(1982)「ナチュラル・メソッド」小川芳男、林大編『日本語教育事典』626、大修館書店
教育部高等学校外語専攻教学指導委員会日語組編(2000)『高等院校日語専攻高年級段階教学大綱』大連理工大学出版社
教育部高等学校外語専攻教学指導委員会日語組編(2001)『高等院校日語専攻基礎段階教学大綱』大連理工大学出版社
金田一春彦、林大、柴田武編(1988)『日本語百科大事典』大修館書店
窪薗晴夫(1995)『語形成と音韻構造』くろしお出版
窪薗晴夫(1999)『日本語の音声』岩波書店
窪薗晴夫(2003)「音韻の獲得と言語の普遍性」『音声研究』7(2): 5-17.
グリーン、J. (1990) 長町三生監修、認知科学研究会訳『認知心理学講座4 言語理解』海文堂出版
クリスタル、ディビッド(1992)風間喜代三、長谷川欣佑『言語学百科事典』大修館書店
ロベルジュ、C. 木村匡康編著(1990)『日本語の発音指導—VT法の理論と実際—』凡人社
薫天寧、池田朋子、宮城幸枝(2004)「中国人日本語学習者における長音・短音の知覚」『日本語教育学会春季大会予稿集』209-214.
国際交流基金(2002)日本語教育学会編『日本語能力試験出題基準改訂版』凡人社
国語文化学会編(1943)『外地・大陸・南方日本語教授実践』輿水實、芳賀登監修、復刻版(1996)冬至書房
国立国語研究所(1955)『談話の実態』秀英出版
国立国語研究所(1960)『話し言葉の文型(1)—対話資料による研究—』秀英出版
国立国語研究所(1963)『話し言葉の文型(2)—独話資料による研究—』秀英出版
国立国語研究所(1980)「日本人の知識人階層における話し言葉の実態」文部省科学研究費特定研究『言語』報告書
国立国語研究所(1982)『日本語教育基本語彙七種比較対照表』大蔵省印刷局
駒込武(1991)「戦前期中国大陸における日本語教育」講座『日本語と日本語教育第15巻

日本語教育の歴史』127-144、明治書院
駒込武 (1996)『植民地帝国日本の文化統合』岩波書店
駒木亮、山田玲子 (2004)「第二言語の語彙学習　意味学習と音韻知覚の関係」『電子情報通信学会技術研究報告』31-36.
崔春基 (1992)「中国の日本語教育における音声教育の二三の新方策」文部省科学研究費重点領域研究「日本語音声」(研究代表者：杉藤美代子) 国際シンポジウム『日本語音声の研究と日本語教育』279-281.
三枝令子、小出慶一、青木惣一、野口裕之、青山真子 (2000)「日本語能力試験が目指したもの、目指すもの」『日本語教育学会秋季大会パネルセッション予稿集』279-290.
西條美紀 (1999)『談話におけるメタ言語の役割』風間書房
佐伯胖 (1982)『認知心理学講座第 3 巻　推論と理解』東京大学出版会
佐伯胖 (1985)『理解とは何か』東京大学出版会
佐治圭三 (1991)「戦後中国の日本語教育」講座『日本語と日本語教育第 15 巻　日本語教育の歴史』374-398、明治書院
重野純 (1991)『単語レベル・文レベルの知覚における視聴覚情報の統合過程についての実験的研究』平成 2 〜 3 年度科学研究費補助金 (基盤研究 (C) (2)) 研究成果報告書
清水克正 (1983)『音声の調音と知覚』篠崎書林
清水克正 (1993)「閉鎖子音の音声的特徴—有声性・無声性の言語間比較について—」『アジア・アフリカ言語文研究』45
清水克正 (2000)「有声性・無声性に関する普遍的特徴」『音声研究』4 (3)：32-33.
白井恭弘 (2003)「第二言語習得とは何か？」『第二言語習得・教育の最前線— 2003 年版—』日本言語文化学研究会
朱春躍 (1994)「中国語の有気・無気子音と日本語の有声・無声子音の生理的・音響的・知覚的特徴と教育」『音声学会会報』205：34-62.
朱春躍、杉藤美代子 (1998)「中国語無気音の有声化—その母音環境および声調との関連—」『第 12 回日本音声学会全国大会予稿集』115-120.
杉藤美代子、神田靖子 (1987)「日本語話者と中国語話者の発話による日本語の無声及び有声破裂子音の音響的特徴」『大阪樟蔭女子大学論集』24：1-17.
関正昭 (1997)『日本語教育史研究序説』スリーエーネットワーク
詹伯慧 (1983) 樋口靖訳『現代漢語方言』光生館
専門教育出版 (1998)『改訂品詞別・A 〜 D レベル別 1 万語語彙分類集』
曹剣芬 (1982)「常陰沙話古全濁声母発音特点—呉語清濁音弁別之一—」『中国語文』4：273-278.

高野陽太郎 (1995)『認知心理学 2 記憶』東京大学出版会
陳岩 (2002)「日本語専攻教学内容改革の初歩的なやり方について」『大學教育目標與日語教育論文集』29–38、東海大學日本語文學系國際學術研討会會
錢乃栄 (1992)『当代呉語研究』上海教育出版社
鄭恩禎、桐谷滋 (2004)「ピッチパタンが日本語の有声・無声の弁別に与える影響―韓国語母語話者と日本語母語話者の比較―」『音声研究』2 (2): 64-70.
戸田貴子 (2003)「外国人日本語学習者の日本語特殊拍の習得」『音声研究』7 (2): 70–83.
中嶋幹起 (1983)『呉語の研究―上海語を中心にして』不二出版
中東靖恵 (1998)「韓国語母国語話者の英語音声と日本語音声―聞き取り・発音調査の結果から―」『音声研究』217: 63–71.
中村通夫 (1956)「話し言葉と文化」西尾実編『言葉と生活』110–134、毎日新聞社
仁田義雄 (1989)「現代日本語のモダリティの体系と構造」仁田義雄、益岡隆志編『日本語のモダリティ』1–56、くろしお出版
日本語教育学会編、小川芳男、林大他編 (1982)『日本語教育事典』大修館書店
日本語教育学会編 (1991)『日本語テストハンドブック』凡人社
日本語教育学会編 (1994–1999)『日本語能力試験の概要 1993–1998 年版』国際交流基金、日本国際教育協会
服部四郎 (1984)『音声学』岩波書店
林四郎 (1983)「日本語の文の形と形成」『談話の研究と教育 I』43–62、国立国語研究所
日比谷潤子 (2002)「言語変異の地理的差異」『音声研究』6 (3): 60–68.
福岡昌子 (1995)「北京語・上海語を母語とする日本語学習者の有声・無声破裂音の横断的・縦断的習得研究」『日本語教育』87: 40–53.
福岡昌子 (1998)「イントネーションから表現意図を識別する能力の習得研究―中国 4 方言話者を対象に自然・合成音声を使って―」『日本語教育』96: 37–48.
藤崎博也 (2001)「音声科学と音声言語処理の展望」『音声研究』5 (1): 57–58
許宝華、湯珍珠、湯志祥 (1982)『上海方音的共時差』4: 265–272.
許宝華、湯珍珠、湯志祥 (1988)『上海祖孫三代語源状況的抽様調査呉語論叢』上海教育出版社
馮富榮 (1999)『日本語学習における母語の影響―中国時を対象として―』風間書房
彭国躍 (2001)「中国の社会言語学とその関連領域」『社会言語科学』3 (2): 63–76.
胡明揚 (1978)「上海話一百年来的若干変化」『中国語文』3: 199–205.
前川喜久雄、助川泰彦 (1995)「韓国人日本語学習者による日本語長母音の知覚」『日本音声学会全国大会予稿集』40–45

前田富棋 (1989)「語彙総論」『講座日本語と日本語教育』第6巻 (上) : 1-22、明治書院

三浦種敏 (1955)『通話品質』共立出版

三木理 (2004)「『じゃない』の発話意図とイントネーション」『日本語教育学会春季大会予稿集』203-208.

皆川泰代 (1995a)「母語干渉された閉鎖音の無音時間・VOT について—7カ国語各母語話者の発話資料より—」『平成6年度日本語教育学会秋季大会予稿集』100-104.

皆川泰代 (1995b)「日本語学習者における長音知覚の諸要因」『日本音声学会全国大会予稿集』42-57.

皆川泰代 (1997)「長音・短音の識別におけるアクセント型と音節位置の要因—韓国・タイ・中国・英・西語母語話者の場合—」『平成9年度日本語教育学会秋季大会予稿集』123-128.

莫邦富 (2003)「『負け組み』の怪訝な視線」mo@china『朝日新聞』2003.3.22.

ヤーコブソン、R. (1976)「幼児言語、失語症および一般法則」服部四郎編・監訳『失語症と言語学』岩波書店

山口喜一郎 (1940)「外国語としての我が国語の教授に就いて」『文学　特集東亜に於ける日本語』8 (4) : 57-62.

山口喜一郎 (1941)「北支における日本語教育の特殊性」『日本語』1 (2) : 11-16.

山口喜一郎 (1942.8)「直接法と対訳法 (一)」『日本語』2 (8) : 18-24.

山口喜一郎 (1942.9)「直接法と対訳法 (二)」『日本語』2 (9) : 14-25.

山田玲子 (2004)「第二言語音の学習—基礎研究から応用への挑戦—」『電子情報通信学会技術研究報告』25-30.

山本富美子 (1994a)「上級聴解力を支える下位知識の分析—その階層化構造について—」日本語教育学会誌『日本語教育』82: 34-46.

山本富美子 (1994b)「話し言葉の分類, 及びその類型的特徴について—日本語学習者のための上級聴解テクストとしての観点から—」名古屋大学言語文化部紀要『日本語・日本文化論集』2: 1-22.

山本富美子 (1995)「講義・対談等の聴解のメカニズム—テクスト分析を通して—」日本語教育学会誌『日本語教育』86: 13-25.

山本富美子 (1997a)「第3章聴解指導の視点と技法」藤原雅憲、籾山洋介編『上級日本語教育の方法』91-122、凡人社

山本富美子 (1997b)「母語干渉による異文化間コミュニケーション上の問題—中国語系日本語学習者の中間言語分析より—」『富山大学人文学部紀要』26: 225-237.

山本富美子 (1998)「日本語の有声・無声破裂子音の弁別能力と聴解力の関連—中国語官話

話者に対する調査・分析より―」『日本語教育学会春季全国大会予稿集』165-170.
山本富美子(1999)「中国人日本語学習者の有声・無声破裂音の弁別能力について―北京語・上海語話者に対する聴取テストの誤聴比較分析より―」『日本音声学会全国大会予稿集』179-184.
山本富美子(1999)「中国語系日本語学習者の聴解力の習得研究」『アジア太平洋地域における日本語教育と日本研究：現状と課題』第4回国際日本語教育・日本研究シンポジウム
山本富美子(2000)「中国人日本語学習者の有声・無声破裂音と聴解力の習得研究―北方方言話者に対する聴取テストの結果より―」『日本語教育』104: 60-68、日本語教育学会
山本富美子(2000)『中国語系日本語学習者の聴解力と有声・無声破裂子音の弁別能力の調査・分析』平成10年～11年度科学研究費補助金(基盤研究(C)(2))研究成果報告書
山本富美子(2004)「日本語談話の聴解力と破裂音の知覚との関係―中国北方方言話者と上海語方言話者に対する比較調査より―」『音声研究』8(3): 67-79、日本音声学会
横山和子(2000)「中国語話者の日本語閉鎖音習得における困難点―有標性と類似性の観点から―」『多摩留学生センター教育研究論集』2: 1-11.
米山聖子(2002)「心内辞書と語彙接近のための語彙表示について」『音声研究』6(2): 23-34.
王宏(1991)「中国における日本語教育概観」『講座日本語と日本語教育第16巻 日本語教育の現状と課題』31-48、明治書院
王崇梁(1991)「中国語の方言 上海語」『日本語音声の韻律的特徴と日本語教育―シンポジウム報告―』81-85、文部省重点領域研究「日本語音声における韻律的特徴の実態とその教育に関する総合的研究」(研究代表者 杉藤美代子)
王力(1986)『漢語音韻学』王力文集第4巻、山東教育出版社
Anderson, A.; Lynch, T. (1988) *Listening*. London: Oxford University Press.
Birdwhistell, R. (1970) *Kinetics and Context*. Philadelphia: University of Pennsylvania Press.
Borden, G.; Harris K. S.; Raphel, L. J. (1994) *Speech Science Primer—Physiology Acoustics, and Perception of Speech—*. Baltimore: Williams and Wilkins.
Broselow, E. (1987) An investigation of transfer in second language phonology, In Ioup, G.; S. H. Weinberger. (eds.), Interlanguage Phonology—*The Acquisition of a Second Language Sound System—*, Cambridge: Newberry House Publishers, 261-277.
Chomsky, N.; M. Halle (1968) *The Sound Pattern of English*. New York: Harper and Row.

Crooks, G. R.; Schmidt, R. (1991) Motivation: Reopening the research agenda. Language Learning 41, 469–512.

Clark, H. H.; Clark, E. V. (1977) *Psychology and Language*, New York: Harcourt Brace Javanovich. 藤永保、小菅京子、酒井たか子、秦野悦子訳 (1987)『心理言語学―心とことばの研究―』上・下、新曜社

Clement, R.; Dornyei, Z.; Noels, K. A. (1994) Motivation, self-confidence, and group cohesion, in the foreign language classroom. *Language Learning* 44, 417–448.

Corder, S. P. (1981) *Error Analysis and Interlanguage*. Oxford: Oxford University Press.

Corder, S. P. (1983) A role for the mother tongue. In Gass, S.;, L. Selinker (eds.), *Language Transfer in Language Learning*. 85–97. New York: Newbury House.

Crystal, D (1995) *A Dictionary of Lingustics and Phonetics (4th edition)*, Blackwell.

Cutler, A.; Otake, T. (1997) Contrastive studies of spoken language perception. *Journal of the Phonetic Society of Japan*, vol. 1, No. 3, 4–13.

Denes, P.B. (1963) On the statistics of spoken English. *Journal of the Acoustical Society of America* 35, 892–904.

Denes, P. B.; E. N. Pinson. (1993) *The Speech Chain: the Physics and Biology of Spoken Language*, 2nd ed. New York: Freeman. Acquisition, Foris Publications, 9–40.

Dupoux, E.; Kakehi, K.; Hirose, Y.; Christoph, P.; Menler, J. (1999) "Epenthetic Vowels in Japanese: A Perceptual Illusion?" *Journal of Experimental Psychology HPP* 25: 6, 1568–1578.

Dupoux, E.; Pallier, C.; Kakehi, K.; Menler, J. (2000) "New Evidence for prelexical phonological processing in word recognition", *Language and Cognitive Processes*, 16: 5/6, 491–505.

Eckman, F. R. (1977) "Markedness and the Contrastive Analysis Hypothesis" In Ioup G.; S. H. Wineberger (eds.), 55–69.

Eckman, F: R. (1981) "On the naturalness of Interlanguage Phonological Rules" In Ioup G.; S. H. Wineberger (eds.), 125–147.

Eimas, P. D.; Siqueland, E. R.; Jusczyk, P.; Vigorito, J. (1971) Speech Perception in Infants, *Science*, 171, 303–306.

Ellis, R. (1985) *Understanding Second Language Acquisition*, Oxford: Oxford University Press.

Ellis, R. (1994) *The Study of Second Language Acquisition*. Oxford: Oxford University Press.

Ericsson, K. A.; Krampe, R. T.; Tesch-Romer, C. (1993) The role of deliberate practice in the acquisition of expert performance, *Psychological Review* 100, 363–406.

Ferguson, C. A. (1984) Repertoire universals, markedness, and second language acquisition. In W. E. Rutherford (ed.), *Language Universals and Second Language Acquisition*, pp. 247–258.

Amsterdam: John Benjamins.

Flege, J. E.; R. Port. (1981) Cross-language phonetic inference: Arabic to English. *Language and Speech* 24, 125–146.

Flege, J. E.; J. Hillenbrand. (1987) "Limits on phonetic accuracy in foreign language production". In Ioup G.; S. H. Weinberger, (eds.) op cit, 176–203.

Flege, J. E. (1981) "The Phonological basis of Foreign Accent: a Hypothesis", *TESOL Quarterly* 15: 4, 443–455.

Flege, J. E. (1986) "Effects of Equivalence Classification on the Production of Foreign Language Speech Sounds". In James, A.; J. Leather (eds.), *Sound Patterns in Second Language*, 9–39.

Flege, J. E. (1987) "The Production of 'new' and 'similar' Phones in a Foreign Language: Evidence for the effects of equivalence classification", Journal on Phonetics 15, 47–65.

Fodor, J. A.; T. G. Bever; M. F. Garrett (1974) *The Psychology of Language: An Introduction to Psycholinguistics and Generative Grammar*. New York: McGraw-Hill, Inc. 岡部慶三、広井脩、無藤隆訳 (1982)『心理言語学―生成文法の立場から―』誠信書房

Gass, S. M. (1981) An investigation of syntactic transfer in adult second language learners. In Scarcella, R. C.; S. D. Krashen (eds.), *Research in Second Language Acquisition*, pp. 132–141, Rowley, MA: Newbury House.

Green, J. M.; Oxford, R. L. (1995) A closer look at learning strategies, L2 proficiency, and gender. *TESOL Quarterly* 29 (2), 263–297.

Gregorg, A. F. (1979) Learning / teaching styles: Potent forces behind them. *Educational Leadership* 16, 234–236.

Hollyday, A. (1999) Small cultures. *Applied Linguistics* 20 (2), 237–264

Handel, S. (1987) *Listening: An Introduction to the Perception of Auditory Events*, Cambridge, MA: MIT Press

Ioup, G.; S. H. Weinberger, (eds.) (1987) *Interlanguage Phonology—The Acquisition of a Second Language Sound System—*, Cambridge, MA: Newbury House.

Jackson, A.; Morton, J. (1984) Facilitation of auditory word recognition, *Memory and Cognition*, 12, 568–574.

Jakobson, R.; Halle, M. (1956) *Fundamentals of Language*. Mouton, The Hague.

Jakobson, R. (1968) *Child Language, Aphasia and Phonological Universals*. A. R. Keiler, Trans. The Hague, the Netherlands: Mouton.

Jakobson R.; L. Waugh (1979) *The Sound Shape of Language*. Bloomington: Indiana University Press.

Jusczyk, P. W. (1993) From general to language—specific capacities—the WRAPSA Model of how speech-perception develops. *Journal of Phonetics* 21, 3–28.

James, A.; L. Leather (eds.) (1986) *Sound Patterns in Second Language Acquisition*. Dordrecht/Providence: Foris Publisher.

Kakehi, K.; Kato, K.; Kashino, M. (1996) "Phoneme/syllable perception and the temporal structure of speech", In Otake, T.; A. Cutler (eds.), *Phonological Structure and Language Processing*. Berlin: de Gruyter.

Keating, A. P.; Linker, W.; Huffman, M. (1983) Patterns in allophonic distinction for voiced and voiceless stops. *Journal of Phonetics* 11, 277–290.

Kellerman, E. (1979) Transfer and non-transfer: Where we are now. *Studies in Second Language Acquisition*, 1, 37–57.

Kelly, P. (1991) Lexical Ignorance: The Main Obstacle to Listening Comprehension with Advanced Foreign Language Learners, *International Review of Applied Linguistics in Language Teaching*, xxix/2, (eds.) Bertil Malmberg, Lund G. Nickel, Julius Gross Verlag Heidelberg.

Krashen, S. (1981) Second Language Acquisition and Second Language Learning. Oxford: Pergamon.

Lasky, R. E.; Syrdal-Lasky, A.; Klein, R. E. (1975) VOT discrimination by four to six and a half month old infants from Spanish environments, *Journal of Experimental Child Psychology* 20, 215–225.

Larsen-Freeman; Long, M. H. (1991) *An Introduction to Second Language Acquisition Research*, Longman. 牧野髙吉、萬谷隆一、大場浩正訳（1995）『第2言語習得への招待』鷹書房弓プレス

Leather, J; James, A. (1996) Second Language Speech. In Right, W.; T. Bhatia (eds.), *Handbook of second language acquisition*, 269–316.

Lenneberg, E. (1967) *Biological Foundations of Language*. Wiley, New York.

Lisker, L.; A. S. Abramson (1964) A cross-language study of voicing in initial stops: acoustical Measurements. *Word*. 20, 384–422.

Long, M.; D. Larsen-Freeman (1991) *An Introduction to Second Language Acquisition Research*. New York: Longman..

Lynch, T. (1998) Theoretical perspective on Listening. *Annual Review of Applied Linguistics* 18, 3–19.

Maddieson, I. (1984) Patterns of Sounds—*Cambridge Studies in Spoken Science and*

Communication—, Cambridge: Cambridge University Press.

Major, R. C. (1987) A model for interlanguage phonology. In Ioup G.; S. H. Weinberger, (eds.), op. cit., 101–124.

Major, R. C. (1998) Interlanguage phonetics and phonology; An introduction, *Studies in Second Language Acquisition* 20, 131–37.

Major, R. C. (2001) Foreign Accent: The Ontogeny and Phylogeny of Second Language Phonology, New Jersey: Lawrence Erlbaum Associates.

Major. R. C.; Kim (1996) The Similarity Differential Rate Hypothesis", In Leather, J. (ed.) (1999) *Phonological Issues in Language Learning*. Malden, MA/Oxford: Blackwell, 151–183.

Mehbralian, A. (1968) Communication without words. *Psychology Today* II, 52–55.

Miller, G. A. (1963) *Language and Communication*, New York: MacGrow-Hill Paperbacks.

Miller, G. A.; Nicely, P. E. (1955) Analysis of perceptual confusions among some English consonants. *Journal of the Acoustical Society of America* 27, 338–352.

Odlin, T. (1989) *Language Transfer*. Cambridge: Cambridge University.

Oxford, R. L. (1990) *Language Learning Strategies: What Every Teachers should know*, Cambridge, MA: Newbury House.

Oxford, R. L.; Ehrman, M. (1993) Second Language of Applied research on individual differences., *Annual Review of Applied Linguistics* 13, 188–205.

Oxford, R. L. (2003) *The Role of Styles, Strategies, Motivation, and other Individual Factors in Language Learning*. Society for Teaching Japanese as a Foreign Language presented in Nagoya, Japan.

Ramsey, S. R. (1987) *The Languages of China*. New Jersey: Princeton University Press. 高田時雄他訳 (1990)『中国の諸言語―歴史と現況―』大修館書店

Ried, J. M. (1987) The learning style preferences of ESL students. *TESOL Quarterly* 21, 87–111.

Rubin, J. (1975) "What the good language learners" can teach us. *TESOL Quarterly* 9, 41–51.

Scarcella, R. C.; Oxford, R. L. (1992) *The Tapestry of Language Learning*, Boston: Heinle & Heinle Publishers.

Selinker, L. (1969) Language transfer. *General Linguistics* 9, 67–92.

Selinker, L. (1972) Interlanguage. *International Review of Applied Linguistics* 10, 209–231.

Sharwood-Smith, M. (1994) Second Language Learning: Theoretical Foundations, New York: Longman.

Shimizu, K. (1989) A cross-language study of voicing contrast of stops, *Onseikagakukenkyu*, [Studia Phonologica] 23, 1–12.

Shirai, Y. (1992) Conditions on transfer: A connectionist approach, *Issues in Applied Linguistics*, 3, 91–120.

Stryker, S. B.; Leaver, B. L. (1997) *Content-Based Instruction in Foreign Language Education: Models and Materials*, Washington, D. C.: Georgetown University Press.

Tarone, E. E. (1980) Some influences on the syllable structure of interlanguage phonology. *IRAL*, 18, 2, 139–152.

Tarone, E. E. (1987) The Phonology of Interlanguage. In Ioup G.; S. H. Weinberger, (eds.) op. cit., 70–85.

Uemura, Y. (2002) The relationship between production and perception of the stop voicing contrast by Korean learners of Japanese 『世界の日本語教育』12: 21–42.

Warren, R. M. (1970) Perceptual restoration of missing speech sounds, *Science*, 167, 392–393

Zobl, H. (1983) Markedness and the projection problem. *Language Learning*, 33, 293–313.

Zobl, H. (1984) Cross-language generalizations and the contrastive dimension of the interlanguage hypothesis. In Davies, A.; C. Criper & A. P. R. Howatt (eds.), *Interlanguage*, 79–97, Edinburgh, UK: Edinburgh University Press.

あとがき

　本書は、2007年3月15日付けで授与された学位論文（論文博士、日本語学・日本語教育学）を加筆修正したものである。審査にあたって、名古屋外国語大学のカッケンブッシュ知念寛子先生（主査）、水谷修先生、尾崎明人先生、そして早稲田大学の戸田貴子先生からいただいた貴重なご指摘が、本書の刊行への思いに拍車をかけた。

　この研究テーマに興味を持って以来20年近く、大学での日々の教育、諸々の仕事に何度も忘れ去ろうとして、抜け出せない状態が続いた。そんな中で私なりの結論に達したのは、ある日、突然のことだった。しかし、あまりにも長期間カオスの中で右往左往してきたせいか、結論に至った長い過程がすっぽり抜け落ちてしまい、説明の術を失っていた。この研究テーマが教育現場での疑問から始まったこともあり、現実社会のさまざまな要因が複雑に絡み合った、私にはあまりにも大きすぎるテーマであったことも災いしていた。適当な先行研究や研究仲間を見つけることも難しく、ただひたすら湧き上がる疑問に仮説を設定し、検証するという孤独な作業を繰り返すだけの時間が長すぎて、私なりの結論をなかなかうまく表現することができなかった。

　水谷修先生にご相談したのは、そんな苛立ちを抱えていた時のことだ。名古屋外国語大学の学長としてお忙しい日々を過ごしていらっしゃるのに、持ち前のゆったりした話し方で、「聴解」という科目を昭和36年に千葉大学で始めて設定したことなど話され、この論文の完成を心待ちにしてくださった。名古屋大学でこの道に導いてくださった先生が、奇しくも「聴解」の創始者だったのだ。思えば、私がこんなにも音声言語の世界にのめりこむことができたのは、名古屋大学言語センター（現、留学生センター）で非常勤講師をしていた当時、水谷修先生、大坪一夫先生、土岐哲先生、鹿島央先生、そしてカッケンブッシュ寛子先生といった、音声学の大家とお話しできる幸運に恵まれたからであった。このことに思い至ってはじめて、名古屋大学時代の日本語教育を冷静に振り返ることができ、説明のことばが少しずつ口を

ついて出てきた。

　第二言語の音韻習得には、第一言語の音韻獲得とは異なる法則性が作用している。しかし、その法則性は不変のものではなく人間の営為によって変化し、第二言語の音声言語理解に集団規模の能力差を生むこともあり得る。それは、人間の倫理思想と営為がスタティックな法則性にダイナミズムをもたらすという、かつて名古屋大学大学院社会学講座の阿閉吉男先生の下で学び、体験した学問的驚きと興奮を再燃させるものであった。

　学位授与式で水谷修先生からいただいた「課題発見・解決型の論文のあり方を示すもの」とのおことばに胸踊らすと同時に、「まだまだ研究の出発点に立ったばかりである」ことに気の引き締まる思いがしている。しかし今は、本書で提示した作業仮説が他言語でも検証され、より普遍的な理論に発展していくことを願うばかりである。

　論文審査をお引き受けくださったカッケンブッシュ知念寛子先生、水谷修先生、尾崎明人先生、戸田貴子先生、そして日本音声学会誌『音声研究』編集委員長の土岐哲先生をはじめとする査読の先生方、名古屋大学で数知れぬ貴重なアドバイスをくださった先生方、統計分析でご指導いただいた三和化学研究所の杉本典夫氏、龍谷大学の松村省一先生、録音でご好意を賜ったFM鹿児島東京支社長渡部英綱氏、出版にあたって自ら編集の労をとってくださったひつじ書房編集長の松本功氏、アシスタントの細間理美氏には改めて感謝の気持ちをお伝えしたい。

　中国の遼寧省大連市、黒龍江省哈爾浜市、上海市での調査に当たっては、大連外国語学院の陳岩先生、肖爽先生、姜春枝先生、上海外国語大学の皮細庚先生、黒龍江大学の陳百海先生、呂寅秋先生（現、上海外国語大学）、哈爾浜工業大学の卞紅先生をはじめとする多くの先生方、学生の皆さんのご協力をいただいた。特に、授業観察とその公表を快諾してくださった先生方には心から感謝申し上げたい。また、日本国内の調査では龍谷大学の稲垣宏明先生、東京外国語大学の工藤嘉名子先生、そして、名古屋大学・金城学院大学・名古屋大学・立命館大学の多くの留学生の皆さん、補助金を受ける前の非常勤時代に惜しむことのない多大なご協力をいただいた留学生の皆さんには、ここに記して感謝の意を表したい。さらに、戦前・戦時下に中国関東州

で日本語教育を受けたという李華章氏とその中国人同窓生、日本人同窓生の皆様からは当時の日本語教育の状況をつぶさに教えていただき、本研究の考察に多大な示唆を与えていただくと同時に、今後の大きな研究課題を新たに与えていただくことになった。この研究はこれらの多くの方のご好意なくしてはもとより完成することはなかった。

なお、本研究は、1998–1999年度科学研究費補助金（基盤研究（C）、研究代表者）、および2000–2002年度立命館アジア太平洋大学言語教育センタープロジェクト研究費助成（研究代表者）、2002–2004年度科学研究費補助金基盤研究（基盤研究（A）（1）、研究分担者）の一部を受けて行った。

最後に、長きにわたって心身ともに支えてくれた家族に心から「ありがとう」の気持ちを込めて本書を捧げたい。

2008年6月
山本富美子

資料1
聴解力調査の資料

1.1　聴解授業で用いた音声言語（ビデオ）のスクリプト
①ドラマ：「精神力〜世にも奇妙な物語〜」(1992. 4. 28 収録)(14 分 32 秒)
若者1：とんでもないとこじゃないかよお。かあちゃん。
　倉橋：高校浪人の大沢君、わが塾へ入門したからにはこの倉橋が性根をたたきなおし、卒業の暁には胸を張って予備校生活を送ることになるであろう。
若者2：あ、いたい！
　倉橋：緊張感が足りん。精神を集中しろ。
若者2：はい。
　倉橋：酒、たばこ、万引で停学か。いい度胸だね、寺島君。それになかなかいい面構えだ。親に感謝しろよ。10 日間で更正させてやろう。なめんじゃねえ。この「精神力」鉢巻を何とこころえる。鉢巻をかけて何人もの塾生が精神を鍛え、成長し、社会へ巣立っていったのだ。その鉢巻へ向かってガムを飛ばすとは。
若者3：すいません。
　倉橋：よおし。わかればよし。列に戻れ。浅井君、何度、小便をしたら気がすむんだ。早く来い。いいかね、君達。この精神鍛錬短期集中コースはだな、たったの 10 日間で君達の精神力を鍛え、心の底にある病んだ膿や灰汁を取り除き、真っ当な人間として社会に貢献できる精神構造を立て直すという極めて高度な精神鍛錬を行う。思う一念岩をも

通す。精神一統何事かならざらん。精神力を鍛えれば、何も恐れるものはない。浅井君、君は心の病からか、学校にも行かず、ぐじゅぐじゅ、ぐじゅぐじゅ、部屋に閉じ込もってばかりいるそうだな。(はあ)そういう君のような奴には適面に効果が出るのだ。

浅井：はい。

倉橋：返事ははっきり。

浅井：はい。

倉橋：大きな声で。

浅井：はい。

倉橋：みんなも。(はい)　小さい。(はあい)

倉橋：はい。はい。こらあ！こらあ！はしれ！こらあ！

若者2：一体どこが高度な精神鍛錬だい。これじゃ、ただのしごきじゃねえかよ。

若者3：まったく。今日から10日間も合宿なんてぞっとする。

倉橋：こらあ！無駄口たたくんじゃねえ。走りに集中しろ、走りに。精神力を鍛えるんだ、精神力を。たああああ！何をやっちょるか、行きよい(？)。

倉橋：まだまだまだ。こんにゃろ！こんにゃろ。

妻：ねえ、あんた。あの子たちも3日ぐらいで追い出してさ、次の塾生が来るまでの間、少しお休みして海外旅行でも行かない。

倉橋：う？あ。そだな。

妻：ちょっと。あんたさ、うちのお父さん残した剣道場使って、金がばがば儲けてやるって言ったよね。あたしまでこんないんちき商売の片棒かつがせてさ、それで何よ、サラリーマンやってた時の安サラリーの方がよっぽどましな生活できたじゃないのよ。その上ね、あたし、塾長の女房ってことでこの部屋一歩出たら、しゃきいんとしてなきゃいけないのよ。どっかで息抜きしなきゃやってらんないわよ。ったくだらしないんだから。こんなだらしない姿、熟生に見られたらどうすんのよ。あんたが海外旅行連れてってくれないんだったら、あたし、あんたと別れてこの塾の実態世間にばらしてやるから。

倉橋：おい。んん、んよ。
　妻：ね、だから、あんたもたまには息抜きが必要なのよ。ねえ、見て、見て、これ。
倉橋：あ、ちょっと待って。おしっこ。……（かいぐり、かいぐり）
　（塾長は、トイレで、塾生の一人がたばこを吸っているのを見つける。）
倉橋：仕方がない！連帯責任だ。眠るということに精神を集中させる鍛錬である。部屋の明りはつけっぱなし。このロックのビージーエムもボリュームをあげたまま朝までだ。精神を集中させろ。子守唄だと思え。お休み。
若者2：うるせえ。
倉橋：呼吸というものは精神の安定、ならびに精神の集中に非常に関わり合いの深いものである。本日は潜水による精神訓練を行う。精神の集中を高めれば、5分、10分の潜水は何でもない。水に入れ。浅井君、それが10代の体の動きかね。
浅井：ちょっと、筋肉痛で。
倉橋：精神を集中しろ。ほら。精神を集中せんか。入ったばかり。集中しろ。集中。集中。おい。寺島君、まだ上がれって言っとらんぞ。
寺島：おい、ふたりとも、上がれ、上がれ。
倉橋：寺島君、いったいどういうつもりだ。
寺島：よう、塾長さんよお。見本見せてもらおうじゃねえか。おれたちばっか精神力で何とかなるって言っちゃってよお。潜水で5分も10分もなんて死んじまうぞ。おい、上がれ、上がれ。塾長が見本を示すってよお。
倉橋：そうか。
寺島：見せてもらおうじゃねえか、精神力とやらをよお。…………
若者3：死んじゃったんじゃないか。
浅井：もう5分以上たったよ。
若者3：10分以上たったよ。
浅井：精神力の強さかな。

寺島：上がった。すげえ。
倉橋：これが精神力だ。精神集中。
若者：はい。
倉橋：しぶといやつらだ、あいつら。やはり1本か2本腕でも折ってやらにゃこたえんか。
妻：ちょっと、警察ざただけはやめてよ。まあね、ほんとにあんたに強い精神力があったら、こんな割の合わない商売じゃなくて、もっとちゃんとした商売で成功して金儲けしてるのに。ねえ。ほんとに海外旅行つれてってよお。
倉橋：やつらめえ。絶対に音をあげさせてやる。いちに、いちに、…
寺島：塾長、これも精神の鍛錬でありますか。
倉橋：そうだ。
若者3：塾長、まだですか。いつ終わることかと。
倉橋：2時間しかたっておらんではないか。精神を集中しろ。苦しいか。降参してもいいんだぞ、貴様らあ。わっはっはっはっ。どうだ。こういう場所での座禅は精神力を高める。おそろしいか。
若者：平気です。
倉橋：まだまだこれからだぞ。
若者：はい。
倉橋：精神力を高め。
寺島：塾長、たいせつなはちまきが。
倉橋：ああ、まあ、しかたねえや。
寺島：塾長、取りに行かないんですか。
倉橋：何を言ってんだ、おまえ。こんな滝だぞ。おれに飛びこめってのか。
寺島：塾長、精神力さえあればできるでしょ。意気地がないんじゃないんですか、塾長。
倉橋：意気地とか、精神力とかの問題ではないんだ、こりゃあ。
若者3：問題じゃない。
倉橋：ちょっ、何だよ、おまえたちは。しかし、こっからじゃ。

寺島：塾長の精神力を見せてください。
倉橋：ふん。ばかな。ああっ―。
寺島：あれ。上がってこねえな。塾長なら大丈夫だろ。
若者3：塾長、死んじゃったな。
寺島：はん。なんでえ。やっぱり精神力なんてうそっぱちじゃねえかよ。ばかばかしい。
若者3：おれたちあのペテン師におどらされてたんだよ。
寺島：おれなんか、精神力なんてはじめっから信用しなかったもん。ふん。
浅井：ぼく、行くよ。
寺島：よお。
若者3：あの野郎まで。浅井。
寺島：死んじまったよ。
若者3：あっ。生きてるぞ。
寺島：やったぜ。奇跡だ。おおい、やったよ。これが精神力だ。精神力。精神力。
タモリ：とかく日本人は無理難題にぶつかると、精神力、精神力と口にしますが、無論、無理は無理。ゆめゆめ精神力さえあればと、無理をしないように。ただ、人間にはまだはかりしれない能力が秘められていることだけは事実のようです。

②対談：筑紫哲也ニュース23「自衛隊海外派遣―法文・運用ここが問題」（1992.3.14収録）(21分15秒)（ア：アナウンサー、ツ：筑紫、オ：小川）
ア：え、今晩は自衛隊機の海外派遣問題について検証を行います。
ツ：ああ、世の中に、えてして、その、たいへんこみいってて、ええ、そのために、まあ、たいした問題じゃないと見過ごしてしまう。うー、しかし、実際には話は簡単であって大ごとだっていうことがあります。私は、このテーマはまさにそうだと思うんですが、あの、戦後47年、ま、いろんなことありましたけども、軍人として海外に出かけて死んだ日本人の若者は一人もいません。ええ、このことは私はたいへんなこと

だと思うんですが、今後はそうでなくなる可能性があるという、テーマだと、簡単に言えばそうわたしは思うんです。はい。

ア：はい。今夜はお客様に軍事ジャーナリストの小川和久さんをお迎えしております。よろしくお願いします。

オ：よろしくお願いします。

ツ：ええ、ま、じつは、そのう、日本の若者が出て、軍人として、自衛隊員だってわたしは軍人だと思うんですが、出てって、そういうことが起きる可能性っていうのが3つの道筋があって、（はい）え、それは、ま、今の法律で見てみますと、例の国連のPKO法案、そして、難民災害、これは、ま、セットで出てるんですが、緊急援助隊法を改正すると、で、最後に自衛隊法改正と。これは、海外の居留民、日本人を助けるためにと。で、ええ、こっちのほうの議論はいままでかなりされてきたわけなんですけども、あたしはむしろ問題だと思うのはこの最後の一番最新にでてきた問題だと思うんですね。ええ、つまり、その居留民保護という名前でいろんなことが過去に起きてきたわけですから。ええ、小川さん、その、なぜ、何が何でもとにかくこの3つの道筋で実績を作りたいというこの原動力ってのは何なんでしょう。

オ：いや、これはですね、やはり、あのうアメリカとの協調関係を、ま、テコにして自らが日本の国の中で大きな政治力を持とうとしている有力政治家のひとつのですね、あの思惑の中での出来事ではないかと、思われてならないんです。で、私自身はあのう、とにかく日本の、ま、平和主義っていうのは、ま、世界の平和に責任がありますし、国連中心主義外交って言ってまいりましたし、分担金の大きさからいっても国連の平和維持活動に対して日本の責任って、あるわけですね。で、その中でその国連平和維持軍、PKFっていいますが、それに自衛隊を出すっていうのは、日本にとってはひとつの有力な選択肢ではあろうと思うんです。ただ、その場合にもですね、やはり、その、周辺アジア諸国が納得をしてくれるための日本の青写真を示さなきゃいけない。ところが、今回の場合はですね、そういったもの全然関係なくですね、唐突に出てきている。非常にそのなんか不純な動機っていうのを感じるんですね。

ツ：ああ、はじめに、そのう、何が何でもっていうのがありきっていう感じがするんですが、(え)あのう、私は、そのう、特に、そのう、最後の自衛隊法改正の問題を持ち出すのはですね、ええ、その過去の事、それから現在のこと、それから先のことを考えてみると、両方3、3つの面でいろいろ問題があると。ま、その辺はきょう小川さんにうかがいたいんですが。もうひとつですね、やっぱりね、日本人を日本人が助けにいって何が悪いという非常にあのある意味では入りやすい論理で、ものごとが起きているということなんですが。じつは過去にですねえ、過去の戦争のかなりの部分は居留民保護と(そうですね)ゆうことで起きてますねえ。

オ：出兵の口実になってますですねえ。(ええ)はい。

ツ：ええ、今ここに出ておりますが、日本だけ、ええ、これは、あのうちゃんと防衛庁の歴史研究の中でも認められている例でありますけれども、日本だけでもこれだけのことがあって、ええ、そして、これ、の多くが最後には拡大した戦争になっておりますねえ。

オ：そうです。で、特にシベリア出兵などはですねえ、ま、最初の2年間は、ま、アメリカなんかの軍隊もシベリアにいたんですが、それがどんどん引いていくと。そのなかで日本だけが居残るわけですね、丸あと2年ぐらい。その中で、そのう、あのう尼港事件といって、あのうま、ニコラエフスクという町で日本人の居留民が逆にその結果、殺されるような事件も起こしてるんですね。

ツ：それから、ああ、これは、あ、これがあのやや古典的な最新の例ですけどもね、(そうですね)これ、あのうグレナダという小さな国にレーガン大統領、このアメリカが行くわけですが、ここで、アメリカ人を保護するためっていうんですが、実際には医学の勉強かなにかしている留学生が何人かいてですね(そうです)この子たちは何の危害も受けなかったという。にもかかわらず、要するにあの政権が気に入らなかったわけですね、(ええ)アメリカにとって。(はい)ですから、戦争というのは、ま、そういう理由で出ていくというケースが歴史の中できわめて多いと考えたほうがいいと思うんですけど。

オ：ええ、わたし、やっぱり、そのう、居留民保護とか、ま、邦人保護の問題ですね、気になってならないのは、そういったことは当然国民が諸手をあげて国民が賛成すべきことでありますよね。と、そこで国民的な集団ヒステリー状態が生まれやすいってことなんですよ。で、戦前においても、やっぱりそういったことが大陸政策を軍部の主導によって、ま、拡大していく大きな源になってしまったと。で、わたくし、あのう、ま、2月にちょっとアメリカに取材にまいりましてね、あの、アメリカの、そのう、3大ネットワークの中で、ま、一番権威があるとされているCBSニュースに行きまして、その、ま、日本でいいますと筑紫さんにあたるニュースキャスターのダンラウダーさんとあったり、むこうの副社長と話をしたんですが、彼らが反省してる点があると。それは湾岸戦争の決断だと。で、とにかくですね、なんで、そのう、アメリカのジャーナリズムは軍事問題を検証しなかったんだと。で、特にそのパウエル統合参謀本部議長がなにか、あのう疑惑をまねくような発言をしても、それに対して質問なかったじゃないかと。（ああ）で、その話をしましたら、いや、それをチェックできる記者はうちにもいたし、あの、活字の記者にもいたんだと。しかし、あの愛国的なムードにはだれも抵抗できなかったと。つまり、その愛国的なムードというのはある意味では集団ヒステリーです。それが起きたとき、ま、国というのは舵取りを、ま、大きく誤ることが多いんですね。ですから、そういった状況にならないためにこの自衛隊法の改正にしてもきちんとした議論とツメが必要な問題だと思うんです。

ツ：ああ、まして、そのジャーナリズムはそういうときにどこまで、アメリカですらそういう反省があって、残念ながら日本のジャーナリズムはそういうときにですね、これはおかしいじゃないかということが言えるのどうかっていうことは、わたしはあまり自信ないですね、はっきり言って。

オ：そうですねえ、やっぱり、あのうあのムードの中でですね、質問をすることすらはばかられたっていうんですね。で、これはアメリカのテレビジャーナリズムで、これから課題となってくる問題であろうっていう

ことはCBSが言っておりましたけれども。
ツ：ああ、はあはあ。はい。それでは次のコーナー。
ア：それではここでコマーシャルをはさみますが、次のコーナーでは自衛隊法の改正案の分野、その運用の問題について、検証していただきます。
宮沢：国民の安全を全うするという本来的な使命からして、私はまちがっていないのではないか、日本はまた、結局よその国に頼って日本人を救ってもらったんですかねえっと、言われることはいかにも残念でもあるし、また、同胞に対してもすまないことでございますから、今度のような法案を御提案を致した次第でございます。
ア：え、改正されます自衛隊法の法文、そして、その運用面に問題点ありということで、その検討をすすめていただきます。え、まず法文からです。
ツ：この外務大臣の要請によりという点が、私、まず、ひっかかったんですけども、いままで、たとえばそういう決定っていうのは国防会議とか安全保障会議とか、そういうのがあったわけですねえ。（そうです）ええ、そうすと、外務大臣が要請すると、これ、今の法文でいうと自動的にこうなっちゃうんですかね。
オ：そうですね、あのう、外交問題だから、ま、外務省の扱う事項だろうってことなんですねえ。ただ、非常に矛盾してるなと、ぼくは思ってる点があるんです。それはですね、これまで、そのう、ええ、戦争が起きたり、革命が起きたりした国から、その日本人を、ま、連れて来るために日本航空の飛行機が飛んでますね。ところが湾岸戦争までは一回も外務大臣の要請ってのはないんですよ。これは、私が知ってるところではこれは事実です。ですから、日航側では臨時便というかっこうで、自分とこの経費を、ま、どんどん使いながらですね、もう、自分の判断で飛んだというかっこうだったんです。で、ほかの便に影響が出て、お客さんへの説明で四苦八苦して、たいへんなことなんですね。で、外務省のそのときの論理と言うのはその国に救援機を、ま、要請して飛ばせば、その国が危険な国だということを認定することになるから（外交上

認定することになっちゃうんですね）ええ、よくないと。ところが、もうアメリカの飛行機とかどんどん飛んできて、自分の国の国民連れてくんですね。で、それを見て、日本のジャーナリズムが日航はまだ救援機を出さないのかとかたたかれて非常につらかったと、いう話を聞かされたことあります。

ツ：あの、実際の運用面ではまさに小川さんのおっしゃる事が起きると思うんですが、つまり、日本の外交っていうのはそういう点で、あのう相手国に非常に気を使ってきた外交ですから、最後まで危険国っていう認定をしないようにすると。そうすると外務大臣が要請した時は非常に危険な状態で自衛隊が行くという状況が実際面にはありうるんじゃないかっていう気がするんですねえ。

オ：そうですねえ。ですから、あのう日本航空にすら要請したことのない日本国の外務大臣、あるいは外務省がこの自衛隊機の派遣を要請できるのかというのを、ま、政府関係の人に、ま、２、３聞いてみましたら、「いや、政治力のある外務大臣でありゃ大丈夫だ」って答えなんです（ああ、ああ、なるほどね）ま、その人がどの人であるかってのは、また、いろいろ議論があるとこですけども。

ツ：で、ま、そのう、たとえば今でいえばミッチー、失礼、渡辺外務大臣ですけれども、彼が事実上自衛隊の派遣を決めてしまうという部分があるわけですね。（そうですね）で、それは、閣議で議論するだろうという話がありますがねえ、閣議で当該大臣があれしたものにどこまで閣議、反対できるかっていうことですねえ。（はい）日本のいままでの閣議の運営っていうのは、やっぱりそういうときには和をもって尊しとなす」ですから、実質上、渡辺道雄さんが日本のその決定権を握ると。国防会議・安保会議よりむしろそっちのほうにウェートが大きくなると、いう絵が私は考えられると思うんですね。（はい）はい。次の問題。

ア：はい。それでは次の問題点はこちらになります。

ツ：この武器の点は。

オ：はい、ま、あの、武器といいましてもですね、はっきりいいますと、そのう、武器を持った保安要員、ま、警務隊員を乗せるかどうかってい

う議論が技術的にありますけれども、それ以前に軍用機である自衛隊の C130 を飛ばすことがもっとも危険だという認識がないっていう点でですね。これはもうはじめから綻びをもっているっていうことなんです。ですから、逆にですね、なにかその不純な動機があって、これを突破口にしようとしているんじゃないかと疑われてもしょうがないところがあるんですね。

ツ：はあはあ。全体にその規定の中身っていうのがこう、はっきりしてないんですよね。（はいはい）つまり、歯止めっていうものがぜんぜんないでしょ。どこまでの武器ならいいかという点もあんまりはっきりしてないですね、いまのところ。

オ：しかも、現実につめていきますと、たとえば輸送機を守るためにテロやなんから守るためですと、そのう、保安要員が拳銃か、ま、小型の機関銃を持つと。これはイスラエルの航空機などにのっておりますけれども、それが考えられると。しかし、この歯止めのない状況ですと、たとえば護衛戦闘機を近距離であったらつけるのかっていう問題まで絡んでまいります。で、それはやはりそのう、日本の外交から考えますとですね、まわりの国の不信感を誘うだけですから、国威上好ましくないっていう議論が当然ながらでてきておかしくないと思うんです。

ツ：ああ、なるほど。

ツ：いま、少しでてきましたけれども、3番目の次の問題行きましょうか。

ア：はい。それでは、次は3番目の問題、こちらです。

ツ：これはいま小川さんがすでにお触れになった点ですけれども、機種というものの限定がないと…

オ：それであのう、じつは、そのう、輸送機に限定した場合にも自衛隊機は軍用機ですから、たとえば迷彩塗装のまま行けばですね、誤認されて攻撃をされる場合もあるだろう。あるいは当然ながら、日本の軍事行動の、ま、意志をそこに感じてむこうが反撃する場合もあるだろう。たいへん危険なんですね。で、じつはその C130 っていうのはどうして後方機になるかっていいますと、航空自衛隊がもっている有力な輸送機であ

るっていうことだけじゃなくて、非常にいい飛行機なんです。それで、航続距離は長い、人も物もつめる、しかもその滑走路が短くても、でこぼこのところでも離着陸できるっていう、ま、ベストセラーなんですね。だからでてきているんですが、じゃあ、そのC130であってもですね、民間型はないのかっていうとあるんですよ。で、ロッキード社のL100Zという飛行機が、まったくおんなじものがありまして、世界で111機、民間用として使われているんですね。じゃあそういったものをですね、あの民間機として飛ばした方が安全ではないか、で、ちがう組織がそれを運用した方がこの邦人保護の目的には沿うんじゃないかと。そこをつっこまれると専門の立場の人が答えに窮するぐらいのあらっぽさなんです。

ツ：はあ、はあ、はあ。それからもうひとつ副次的に出て来るのは内乱状態のところの邦人を救出するために、あの、ヘリコプターを内蔵してピストンで運ぶっていう問題出てきますねえ。

オ：ま、前回このニュースのほうでも、このシュミレーションをやっておられましたけれども、これは、あのう、当然ながらそのうC130に1機ですね、中型の、ま、HUIHというヘリコプターを積んで行くと、ま、これを数機の形でもっていって、離発着のむずかしいとこから、ま、邦人をヘリコプターで救出するってことなんです。ただ、それはもうますますですね、その国が内戦状態なんかにあった場合にはですね、日本が、もう、そのまま内戦に巻き込まれるきっかけになりかねないと。ですから、ま、要請があったときにそういった事もできなきゃいけないっていうんで、ま、自衛隊がプランをねったり訓練をするっていうのは、これは彼らの立場からすれば、しかたのないことなんですが、自衛隊がこういったことを画策しているっていう問題じゃなくて、やはり震源地はきわめて政治的なところにあるってとこでおさえていったほうがいいと思います。（なるほど）はい。

ア：はい。では、つぎは4番目の問題です。

ツ：これはどういう問題だろう。

オ：あのう、これは現地でですね、たとえば友好国の、ま、はっきりいい

ますとアメリカの軍人が同じ場所に避難をして、しておる、それをいっしょにつれて帰るかっていう問題が常に問われるわけですね。
ツ：つまり、どういう外国人を選ぶかっていうことは、どっちの側につくかということとつながってくるわけですね。
オ：そうです。ですからやはり、邦人保護っていうことで純粋に、ま、軍事行動でないっていうことを示そうとすれば、乗せる外国人も民間人に限るっていう規定ははっきりもりこまなきゃいけないであろうっていうことなんです。
ツ：うん、なるほど。ええ、後、そのう、法文は以上の通りでありますけれども、そのう、この前、後藤田さんにお会いしたときに、後藤田さんが言ったのは、その、法律でさえ、その後、そのときはきちんとやっておいても一人歩きを始めるんだと。（それ）から、まあ、最近は大変元気な若い層がでてきてるんで、ええ、心配だっていうことをおっしゃってましたけど、さらに、そのう、こういう穴だらけの法文だとすると、運用面というので自由自在にいろんなことが起きるんじゃないかと思うんですが。
オ：そうです。で、私、やっぱり一番心配しますのはですね、あのう先ほどの居留民の保護の問題、で、集団ヒステリーにつながりやすい問題ですね。で、そうなってきますと、それが、ま、世論だということで、マスコミも、ま、それに荷担してしまう可能性があるわけですよ。そこでは、もう際限のないエスカレートがですね、ま、目の前に展開される可能性がある。ですから、まずぼくは、そのう、この問題については自衛隊機を使うなんてことは考えるなと。で、もし使うっていうことになれば、やはり、そのう、アジア諸国に対して説明できるだけのプランが必要だし、同時に法的なもう厳密な規制を加えるべきである。そういったことを踏まない議論であるからもう全面的に反対ってことなんですね。
ツ：はあはあ、（はい）あのうもともとこの話はですね、出方としてはたいへん穏やかにでてきた、つまり、政府、総理大臣の専用機を２機つくったと、で、これをそれだけに使うのはもったいないし、ゆうんで、かん、管理を自衛隊に防衛庁にやらせようと。で、その話がどんどんこ

う広がっていくわけ、きたわけですね、もともと出だしが。それから、もうひとつのながれは、この前難民輸送をするときに自衛隊法のなかで、ええ、そのう、政令で法を改正じゃなくて、政令でやって、VIPと難民はおんなじであるという拡大解釈でやろうとしたわけですね。

オ：そうです。非常に強引な解釈をやりました。ただあのうあのときもですね、ま、危機管理のほうの専門家、これはま、政府の関係の人も含めてですが、なんという愚かなっていう疑問が出てたんです。ていうのは、たとえば中東において難民を輸送するばあい、自衛隊のC130が行くことの危険性、あるいは輸送能力の問題からいってもいろいろあるんですね。そうなってまいりますと、あの場合一番、そのう、効率的で安全なのは、中東諸国の民間旅客機をチャーターをして国際赤十字の旗のもとに飛ばせるのが一番安全なんですよ。しかも、輸送能力もある。なぜそういう選択肢を取らないのか。非常にせつ、拙劣であるという言い方を某政府高官がしておりました。

ツ：うんうん。なるほど。ええ、さて、つぎのコーナーを。

ア：ここで一度コマーシャルをはさみます。

ツ：将来の問題を。

　小川さん、そのう、21世紀までもう10年を割っちゃってですね、今後何が起きるかっていういろんな予想っていうのが、ま、世界中のいろんなとこででている。で、非常に特徴的なのは冷戦が終わって、イデオロギーで東西対立するのがなくなったあとなにが起きるかっていえば、国内も、あるいは国同士の民族的な紛争、つまり内乱状況みたいなものが各地で起きるだろうと。（そうですね）もしかしたら、冷戦時代がなつかしかったっていうような時代が来るかも知れないっていう予測が非常にありますね。で、私はやっぱりこの自衛隊法改正っていうのはそのときに居留民保護っていうのをどうやるのかっていう問題とつながってくると思うんですね。作った人の意図に、が、どこにあるかとしても。

オ：まさにあのうその辺なんですね。で、おそらく、そのう、ま、渡辺外務大臣が、ま、震源地ではないかっていう説がありますけれども、渡辺さんもおそらく胸の中にあるのは、ですね、去年の湾岸戦争が終ったあ

との、そのう、アメリカの、特に朝鮮半島に対するひとつの姿勢だったと思うんです。で、大変な危機感を、そのう、政府の内部で当時持っておりまして、アメリカが湾岸戦争の延長でたたこうとしているってことをものすごく感じてたんですよ。で、それを、ま、起こされますと、韓国は困る、日本も困る。だから、韓国と日本と話し合って北朝鮮に態度を和らげてもらおうということで、相当な働きかけをやったんですね。それで、核の査察問題ができてるんです。ですから、そのう、朝鮮半島において、いつなんどき、そういうことが起きるかわからない、あるいは中国においても、そのう、トウショウヘウさんの時代が終わって、あるいは、リホウさんも今度やめると、いうことになりますと、また民主化運動の、ま、あのう高まりがあります、ですね。で、そこで近い場所だけにですね、やはり邦人の保護の問題っていうのが緊急の課題になる可能性があるっていう危機感はあると思うんです。ただ、そこにおいてですね、自衛隊機をだすという必然性は、これまでお話しましたようにないんですね。民間用のC130でも十分なわけです。そうなってまいりますと、やっぱりあのう非常に気になりますのは、まず朝鮮半島やなんかで、ま、激動の時代がまいりました場合ですね、そのう、多国籍軍型の、ま、軍事力行使をまたアメリカを中心にすることになったときに、近い、しかもアメリカの戦略的根拠地である日本からですね、たとえば輸送任務だけでも自衛隊機飛べないのかという要請があったときに非常に断わりきれないっていうような感じがあるんですね。で、そのための布石を打ちたい。あるいは、そのう、今回、そのう、カンボジアのフンセン首相が自衛隊出してくれといったようなコメントしておりました。で、そういった問題もやはり、そのアジア諸国アセアン諸国の首脳の中にはあるんです。ただ、ま、これの問題っていうのは、そのう、リーダーたちは日本から援助をもらいたいっていう問題もありますから、そういったことを言いますけれども、国民っていうのはやはり日本に対する不信感っていうのは、こう根強くもっておる、ま、それに対して答えていないっていう問題ありますけれども、そういったものに答えなきゃいけないと。あるいはそれだけではなくて、ですね、とにかく、その

う、ま、アジアの中で日本がどのように、そのう、ま、ひとつの、ま、プレゼンスを示す事ができるのか。そういったことに答えながら、たとえば自衛隊をPKFにこのまま出していく、あるいは将来朝鮮戦争型の国連軍に出していく、そのための風穴をあけようとしている、そういう感じがしてならないんですね。

ツ：あのう、3つの法案のどこから穴があいてもたぶんいいんだろうと思うんですね。あのうそれからさっきは拡大解釈をいろいろやっていく関係で、これは、あのう、ある意味では、そのう、ある意味では真剣に考えているなっていう、私は気がするんですね。今小川さんがおっしゃった朝鮮半島の情勢、例えばもうこれはもう仮にですけど安全保障は当然考えるときに一番近隣の国の状況はどうなるかと、朝鮮半島と中国ですよね。そうなりますと、たとえば北側がある種の暴発をおこして南に降りて来ると。それは日本は絶対に防ぎたいっていうことになると。日本の居留民保護であそこで布陣をすると。ま、一種のサポートをすると。そういう状況が極端な場合あるかもしれない。あるいは中国の政変でいろんなことがパーッと起きたときに、ええ、それが日本に波及する。たとえば何百万もの難民が入って来るっていうようなことはたいへん恐ろしいことだと。そうするとそれのために何をやるかっていう、その防波堤的な部分で、ええ、なんらかの措置を取ると。で、そのときにどんな法律を使おうかという、たぶん、そのへんのことを、ま、ある意味では頭の悪い方々じゃないんだから考えてないはずはないと私は思うんですね。

オ：ただ、かりに志しがいいにしてもですね、それが日本の国益をですね、どのように、そのう、そこなう問題であるかっていうことはもっとつめてほしいんです。で、日本は経済立国をするっていうことになっておりますでしょ。それは世界から信用されないと土台が築けない問題だと（思うんです）。その問題っていうのはやっぱりつめがあまいっていう感じがしますね。

ツ：そうですね。（はい）いずれにしろ、これはもうほんとにきちんと議論していってもらいたいと思うんですが、きょうはありがとうございま

した。
ア：どうもありがとうございました。

③講演：「森林交付税フォーラム 梅原猛基調講演」（1993. 3. 8. 収録）（12分46秒）

ナレーター：2月16日、和歌山県の山の町で、森林交付税を実現させようとするはじめてのフォーラムが開かれました。森林交付税というのは森林を守る目的で国から自治体へ渡される交付金のことです。現在はまだこのような制度はありません。森林交付税のアイデアを出したのは和歌山県本宮町の町長中山義弘さんです。

中山：体は寒うございますが、心の中は燃えきっておりますので、その燃える気持ちを読み上げさせていただきますので、どうぞよろしく、うー、御協賛をお願いいたします。森林は私たち人類にとってかけがえのない大切な宝であり、命の源です。このすばらしい森林を21世紀、さらに未来永遠に承継していくことは現在を生きる私達に託された最も大きく重要な課題です。しかしながら…

ナレーター：全国から大きな反響があり、去年の11月からは実現を働きかける組織もできています。この日は北海道から九州まで110の市町村から町長、村長をはじめ、役場の職員や林業関係者など600人余りが集まりました。

中山：今こそ森林のもつ公益的機能とそれを守り育てていく山村社会の役割を広く国民に訴え、大きな運動として森林交付税の創設を強く政府に要望していくことをここに宣言します。

ナレーター：今夜はこのフォーラムの模様を通して、森林を守る立場にある人たちが抱える問題について、あらためて考えてみたいと思います。

梅原：森はいったい人類にとって、何であったかと言うことでございます。人類は、昔、森の中で暮らしていた。森は人類の古里であります。そして森の中で暮らしていた人間は森のもたらすいろい

ろなものを食べて山の幸、そして、海のもたらすいろいろな幸を食べて、そして生活していたわけでございます。だから人類文明は森の近くで栄えた。近くに森がなかったら文明は有り得ない。しかし、森を食いつくして滅びたと。その例が、ギリシアなんです。わたしは一昨年秋にギリシアへ3週間ほど旅をしました。それはすばらしい旅だった。わたしは若いときにギリシアの哲学を勉強して、そしてギリシアに強い憧れをもっていた。けれど、私の学問の方向が変わりまして、日本研究に移った。けれど、あの青年の日に情熱を燃やしたギリシアに対するあこがれは残って、そして、そういう私の青春の夢であったギリシアに行ってみたい。そうすると、まだソクラテスが入った牢獄が残っている。ホメロスの、おー、戦いの、おー、ミケーネやトロイヤが残っている。そういう城壁がですねえ、いままだ発掘されて、残っている。あるいはギリシア悲劇の、おー、エディプス王の悲劇の場所も残っている。それはわたしにとってものすごく感動的でした。しかしながら、わたしは、悲しかったのはギリシアの自然の荒廃であります。ギリシアは、まだ、エジプトやメソポタミアが、の自然が崩壊してもまだ青々とした森が残っていた。ギリシアの財産は森であったんです。その森の中から、あのギリシア文明が出てきたんです。ところが今はギリシアは森がない。山は全部禿山。クレタ島という島がありますが、これはギリシア本土より少し前の文明でございますが、このクレタ島のミノス王の宮殿に絵が描いてある。その絵を見ると日本の大和絵のような、ああ海にはたくさんの魚が群れ遊び、木にはいろんな花が乱れ咲、き、そして山にはいろいろな動物がいる。そういう絵が描いてあるんですが、かってクレタにはこんな動物がいたんだ。そして、そしてそこの絵には、ぐるぐるぐるぐるぐると渦巻の紋が描かれていて、その渦巻紋のまん中にワゼッタの花がある。この渦巻紋は何かと、ロゼッタの花は何かと尋ねましたら、渦巻紋は循環を表すと。生死の循環を。ロゼッタの花は死者の魂を表すと。ここに豊

かな自然があり、ここに豊かな循環があったことがそれでわかりますが、いまクレタへ行って、山に一本の木もない。そして、もう、農耕はほとんどできない。そして牧畜も山羊だけ。自然はみごとに荒廃した。山に木がない。山に木がないと、川に水がないんです。山に木がなく川に水がないと、海に魚はいないんです。ええ、海に魚はいないんです。いても、ごくわずか。あれは山の森の成分を川が運んで、そして、海にその成分を、そこで魚が海草が栄え、そしてそこで貝がいて、そしてそこに魚が群れている。それが海なんです。だんだん森を食いつぶして、だんだん文明は北へ北へと移助した。ええ。だから、ギリシアが栄え、こんどはローマが栄え、ローマが滅ぶと、文明はアルプスの北へ行ったと。そこで新しい近代文明という文明を生んだのでございます。そしてこの近代文明は技術という力を、巨大な自然支配の力を得た。この文明は、もはや自分達の近くの森では、ばかりじゃなくて、地球、全地球の森を破壊していると。一番目がつけられるのは結局は熱帯雨林。ええ。カナダの森、あるいは南米のアマゾンの森、東南アジアの森。こういう森を短期日で見事に破壊した。そして己の富を増殖させた。こういうような、ああ森林破壊の先頭に日本も立っているのはまちがいないんです。そういうのが世界の状況でございます。しかしながら、こういうような文明が、ま、これ一万年にわたる人類の文明の方向が、改められなくてはならないときがきている。これが現代です。どうしてか。これは皆さんはもうおわかりだと思いますね。最近の環境破壊。世界の人は木の文化、森林を、みなおすときがずっとやってきつつある。このときに、やはり日本の森を保全しておくと。今からでもお金をかけて保存する義務があるというふうに私には思います。すばらしい森があれば、まだまだ、この自然破壊は防げる。そういう森を日本に保全していくことは、これからの人類の義務であると。これをやるか、やることができる。これをやることができれば、日本は環境問題の先頭に立つことができる。環境問題

の先頭に立てば、日本はこれからの国際的な、やはり国際社会のリーダーになることができる。それを、まず日本の内地でどうするか。これが私は1つの試金石になるように思うのでございます。(講演部分だけを分析に用いた)

④大学の講義：学部学生に対する1講義科目「環境政策」(29分)

それでこの流れをですね、1ページのレジュメを見てもらいますと、地球環境保全政策の国際的潮流と、いうことで、昨日、に、モーリス・ストロング博士がですね、＊＊＊＊大学に来て、で、今日午後は、＊＊大学の方に、えー、モーリス・ストロング博士が行って講演をされます。このモーリス・ストロング博士が中心になって、1972年に国連人間環境会議がスウェーデンのストックホルムで行われました。まこのときに、もこれはも何回でも、皆さんも知っていると思いますけれども、人間とは何か、環境とは何か、開発とは何かと、いうことがはじめて議論をされたわけです。ま、この時にですね、えー、開発と、いう言葉が戦後定着をして、開発をしてる国というのは素晴らしい国で、開発をしてない国は、貧しくて意味のない国だと。だから開発をしてる国が、開発をしてない国に対して、援助をする、補助をするという言い方が、このときに反省をされてきたわけです。つまり、1945年に開発をすることが世界の目標だと、その視点でまだ世界でですね、開発をされてない国は、当時の英語で言えばアンディベロップということで、アンと、いう風な形の否定の形をですね、言われてきたわけです。ま、こういう風に見た場合に、こんな開発という視点だけで、人間を見ることができるかどうかと。たとえば今アメリカの、および日本のGNPはですね、大体4万ドル、ま日本はまあ3万5千ドルぐらいです。たとえばベトナムの場合はですね、えー2百ドルからま3百ドル、ということは日本のとベトナムの人とをですね、そういう経済指標だけで比較した場合は百分の一ということになります。そしたら、ベトナムの人は百分の一不幸せな人生を送って、日本人が百倍、幸せな人生を送っているかというと、もうほとんどそういうことはなくてですね、もちろんベトナムには貧困がありますし日本でも現在3万人の人が毎年自殺をしてます。そして3万人のうちですね、えー6千人

がリストラ、で、たぶんみなさんのお父さんがたでもそういうリストラにあっている人もおると思いますけども、約6千人の人が死んでいると。そういう国民が1億のうち毎年3万人が自殺をして、そして、えー1万人が交通事故で死ぬ、つまり7千万台車がありますので1万人が死ぬと、いうことは確率的にはあるんですが、そういうことが幸せかどうかと、いうことをですねはじめて問われた会議です。

　で結局は、そのときの結論はまあこれはもう何回でもいっていますが、開発された国にとってみれば、もうこれ以上開発されることによって環境が汚染されて生活環境が悪くなると、だから環境を大事にしましょうというのは開発をされた国のエゴだと、むしろ開発をこれからしていきたい国は開発をすることによって環境を良くすると、このことをですね絶対譲らないという会議が行われました。それで、まあ結論としては、まあ環境は人間にとって一番重要なもので、そして開発というものは人間の福祉を向上するものだということで、なんとか両論、2つの立場の国の考え方が、えーまあ、認められたわけです。そして、まあこういう中でですね10年間たって、結局そういう抽象的なことを言っても意味がないと、いうことで、ナイロビで理事会がありました。UNEPという、えー国連環境計画で理事会がありまして、環境を大事にしようということをいくらいっても意味がないと、環境をよくするためにはどれだけのお金とどれだけの人と、そしてどういう方法があるかというのを確実に議論をして、その人材を育てなければ意味がないと、そして、それ以上にですね、環境をよくすることによってどれだけの便益が生み出せるかと、いうことをはっきりしなければ環境を大事にしようという考え方は否定されると、いうことがはじめて議論をされたわけです。今までは、環境を大事にしましょうということで、大体の人は納得したけれども実行はしなかったと。それで世界のですね、13カ国でその意識の調査をしたわけです。13カ国で環境を大事にしたいと思う人が大体世界のまあ16カ国、13カ国で70パーセントの人が環境を大事にしたいと。これはいろいろな国でありますが、そのとき日本はですね世界で最低の評価をされました。日本の国民がやはり環境に対する意識が世界で一番低いと。ところがもっと驚くべきことは環境をよくするためにどういう行動をするかということに対

して、たとえば一日にですね、500円とか、い、まあ50円とか、お金を出してもいい、もし50円も出せない人は1日30分でも環境に対する行動をしてもいいかどうかという意識調査も同時にしたわけですけども、そのときにほとんどの国は80パーセントの国民は、えーそういう行動をしてもいいと、ところが日本の場合はですね、約30パーセントの人がこういう環境をよくするためには、そういう、えーお金なり、自分の時間を出してもいいということには答えなかったと、いうことで、日本というのは環境に対してこんなに冷たい国だということが世界的に、えーこのUNEPの調査ですね、批判を、まされたわけです。ま日本から見れば、えーこ、えー公害対策基本法が1967年にできて、公害対策も一生懸命やってるのに、なぜそこまで言われなければいけないのかという風に感じるわけですけども、実際はかなり、あのーそういう環境に対する意識と同時に行動が要求されているというのがあります。そこで、えーその次にですね、あのー1992年に、えーリオデジャネイロの国連人間環境会議があったわけです。まこれについては、まああのカセム先生がこの前の授業で言いましたので省略しますけども、えーその2ページに見てもらいますと今度2002年の9月にリオプラステンというのがあります。え昨日行われた、えーAPUでのえー会議ではですね、講演では、このリオプラステンに向けてのひとつのえー皆さんの若い人の意見を聞こうというような形でモーリス・ストロングさんがAPUにま来られて、えー来たわけです。この中で、現実は、つまり地球サミットが1992年に行われて、現実はですね枠組み程度はできております。えー気候変動に対して京都えー議定書ができて、これの実現は難しいんですけども、なんとかフレームはできたと、枠組みはできたと。しかし現実はですねもっと、特にアジア太平洋を中心に環境はまだまだ悪くなっていると。たとえば、えーフロンによるオゾン層の破壊でもですね、えーいろいろと対策が打たれて、そしてフロンを使わないようになってるんですけども、今までの蓄積で、かなりそう、大気中のですね、オゾンホールというのは大きくなってます。だからいったん対策を、制度を作って対策をすれば環境がよくなるというほど現実は甘くないと、いうのがこの10年間の結果としてわかったわけです。これは、まあはっきりいえば対策をするのがま遅すぎたと、たとえ

ば地球温暖化でもですね、もうそういう面ではいまから30年前、たとえば酸性雨でもですね、今から200年前にもう発見をされているわけです。そういう発見をして、そしてそれがどういう影響があって、そしてどういう対策をして、どの結果どういう風な協力ができるかという議論がこの100年間ほとんどされなかったわけです。しかしそういうことをやろうということで1972年1992年、のことをですねふまえて、やはり枠組みを作って実行しようというだけでは環境はよくならないと、もうちょっと現実的に目を向けなければいけないというので、リオプラステンではもう少し環境というのを具体的に考えようと、いうことで、えー具体的な環境のサービス、たとえば水の問題をですね、一人、一日2リッター飲める人がこの地球上でどれくらいおるかと、現在、約15億人の人が1日2リッターの水を飲めずに2週間以内に死ぬ可能性、危険性があると、いう風にいってます。これは、国連でいう、ま絶対的貧困の人がまだおると、そういう人たちに、ただ一方ではですね日本のように280リットルと、まーアメリカのようにですね、たくさん水を使ってる人の幸せを考えるだけじゃなくてそのことはもうサービスとして、環境サービスとして施設を作らなければ、環境問題の一般論では意味がないということをいってます。また空気の問題、肥沃な土地の問題、森林の問題、海洋生態系の問題をですね、たとえば、えーこういう種類の魚が、えなくなってる、ま死んでると、いうのを一般論でいえるわけではなくて、この海にはこの種類の魚が何匹おると、一個一個ラベルをつけて、その魚がどういう行動をして、そしていつごろ生まれていつ頃死んでいくかという、もう数量的な管理をしなければ絶対的な種類の問題だけではないんだというレベルまで、今来てます。だからそのいっぽ、一個一個今までの議論はどういう多様性の問題で魚の数が減ってきているという段階からこういう種類の数が何匹おって、そしてどれだけ増える可能性があると、でその魚の、えー汚染されてる度合い、たとえばダイオキシンのレベルがですね、どっからきてるかというようなことをですね、はっきりと、えー認識しなければ、えー本当の環境というのは保全できないと、つまり私たちはそういう汚染された魚を食べているわけですから、その魚の汚染のレベルまで、はっきりしなければいけない（?）です。今狂牛病の問題で、日本がですね、二頭目を

発見をされたわけですけど、もうこれは、日本の場合でももう 5、6 年前からですね、酪農家はおかしい牛がおるというふうに訴えてきているけど、まあ日本の農林水産省なり、厚生省などは、そういうことはないんだと、これはヨーロッパの話なんだと、ヨーロッパのほうは現実にあるということで、それを食べる人が、人間に影響を受けると、いうことで、えーかなり、行政的にもやって、対応してます。で肉は、もう全般的に焼却をするという風にしてます。そのとき日本は何もやらなかったわけではなくて、え当時ですね、日本のまあ東京大学の医学部とかですね、農学部とか、各研究のところでは、もう日本にもその可能性が高いというので研究をして来たわけです。しかし、実際には研究をするというところで行政的な処置をとらなかったために、今回この狂牛病が発見をされて、食べた（？）。そして、まさらにそういうものがですね単なる肉だけじゃなくて、いろいろ乳製品、ということになればもう私たちはもうある面では生きる道がいまなくなってきてる。たとえば小学校でも中学校でも給食の中には肉を、えー入れないという決定を、まこれ文部科学省が（？）。そういうふうに考えた場合には肉関係の人だけじゃなくて、運送関係、そしてえーにゅ、たとえばバターとかマーガリンとかそういう人たちも生活ができなくなると、そういうふうな影響をですね、具体的に考えなければ、ただ、えー牛のいい環境を守りましょうというレベルではもうなくなってきたというのが、この、えーリオプラステンでは議論をされます。ともうひとつは、経済の場合でですね、1992 年のリオサミットで、今までは、環境をよくするためには国連、および政府ががんばっていこうと、それに対して、92 年では、やはり最後の決め手になるのは企業だということが言われていたわけですけども、そのときに、企業がほんとに環境産業を実現できるかどうかと、たとえば中国でも、えー環境産業の GNP に占める比率は 0.6 パーセントぐらいです。つまり大事だということと現実はほとんど大きく離れていると、そのためには、環境産業を支えるような方式をですね、考えなければいけない。だから環境、経済両方とも具体的に考えていこうというときには、意外と、この市場化された中でですね、なかなかそういう方法が見つけ出せないというので、このリオプラステンでは力づけと、昨日のモーリス・ストロングさんも言われたように、この力づ

けというのが今一番必要だと。つまり、すぐ答えが見えて努力をしないというならまだ楽なんですけど、答えが見出せない中で、努力を見出しなければいけないと、いうので、じゃあ力づけをするためには何が一番重要だろう、いうことで、これはですね、ひとつの答えは、いろいろな関係者、まステイクホルダーとか、インタレストグループと言いますが、そういう人たちが、自分たちの行動について意思決定プロセスにま関与すると、つまり責任を持ってその問題に関与をしなければやはり人間は元気にならないと、たとえ間違っても、たとえいい答えが出なくてもそれに関与してる人はその結果についてですね、自分の意識で考えて、またいい方向を見つけ出そうとすると。たとえばその問題に関与してない人がですね、仮に悪い結果になった場合は、それ見たことかと、いうような形でですね、結局問題が解決しないと、いうことで、もう抽象的な議論ではなくて、まあ、ある面では意思決定に参加できるような形をですね、考えましょうと、もうそのときに従来は環境とか政策、特に政策科学部を作るときにでも、政策というのは国家が作るもので、地方自治体とか、ある面ではNGOとかNPOとかですね、そういう人たちが考える問題ではないんだと、いうことで、当時の文部省は政策という言葉を非常に嫌ったわけですけども、しかし、21世紀はそういう国家だけではなくて、むしろ主体になるのはNGOとかNPO、まそういう人たちがですね、がんばって政策を作らなければ国家に任せて置けないと。たとえば阪神大震災があって約6500人の方々が、えーなくなったわけですけども、国としてはですね、ほとんど対応はできなかったと。例えば、えー神戸市にしても都市計画を作るときに、震度、えー7、が来た場合には確実にあの人たちがなくなるということがわかっているにもかかわらず、震度5ぐらいの対策で、あと少しのお金を出すね投入して、家の補充、えー補強などをすれば、えーいま6500人の人がですね、もっと少なく犠牲者ですんだわけですけどもそれもしないと。そしてなくなった後でもですね、例えば、えーいろいろな仮設住宅、でも遠くに作って生活ができないようにして、そしてその人たちがですね、仮設住宅の中で、えー一人さびしく死んでいくとか自殺をしていくと、いうような政策を国がとってる、そういう面では国民、また国の財産を守るという国家の役割がだんだんなくなってきたんでは

ないかというのが、この阪神大震災で言われてきたわけです。こういう具体的に被害者が出ている問題でも対応できないのに、環境とか、地球温暖化とかですね、大気汚染とか、いうレベルの問題で、国に任せては置けないと、自分たちでやっていかなければいけないというのが、この、えーリオプラステンでより明確になってきたわけです。ま日本の場合にも、この環境基本計画、これは、あの先週、ぜん、2回前に言いましたけども、そういうことですね、えーこの環境基本計画を作って対応していこうと、いうことがあります。それで環境産業というのを、ちょっと5ページを見てください。これはあのー例えばあのー、えーAPUでも3年生になりますと、そういう、え環境、え経済とか、かん、エコビジネス論がありますし、えー政策科学部でもあると思いますけれども、まこういう環境産業を、いろいろな発展があると、例えば＊＊大学で1992年にですね、日本で初めてエコビジネス論が行われました。当時はエコビジネス論という言葉もない時代ですが、環境と企業が結びつくことが意味があるんだと、いうことで、こういうエコビジネスということが発展すると、いうことで、企業は公害対策技術をさらに発展するという段階から、さらに環境産業というような考え方をしていこうと、いうことで、えー今、企業にとっても重要な産業になってます。その中でですね、これを作るためには、どういうふうにするのかというので3点紹介したいと思います。1点が、やはり、えー、この、地球環境問題の対応と市民の環境行動の意識と、いうことで、実際の、えー地球環境問題を考えた場合に、産業が、ま努力すれば、えー、というように、そうすれば環境問題が解決すると、いうふうに言ってきたわけですけども、エネルギーの使用量CO_2の排出量などいう、いいますとかなりの部分がもう改善をされてきてます。そして、えーこの伸び率、エネルギー使用量の伸び率をみますと産業部門では、年間伸び率は（？）0.6パーセント、民生部門が1.8パーセント、運輸部門では1.1パーセント、そういう面では産業を興すために、は、こういう各産業の努力、環境をよくするためには産業の努力というのは、0.6パーセント、そして、民間がですね1.8パーセントと、いうことで、産業部門の1.8倍の、いやいや約3倍のですね、のびをしているわけです。つまり1億、日本だけでいいますと1億2千6百万の人が、毎日毎日豊かな生活を

求めてエネルギーの使用量が伸びてきていると。そこに、メスを入れなければ地球環境問題は考えることができないということと、同時に、そういうことを行動を起こさなければ、この環境問題を解決できないと。でそういう行動を起こすということは、従来の産業ではなくて、従来のライフスタイルではなくて、新しい、(？)えー環境産業を作らなければいけないという、結びつきがですね、考え方えにそういう結びつきができなければ、やはり環境産業は育たないと。よく、あのデパートなどにいったら、エコ商品とか、いろいろありますけども、これは、ほとんど売れてないわけです。なぜ売れてないかというとやっぱり1.2倍、1.3倍ぐらい高いと。でデパートの人にいろいろヒアリングしますと、じゃ売れない製品をなぜおくのかと、いうと、デパートに環境エコ商品が置いてないとそのデパートはレベルが低いというふうに見られると、いうのでおいてるけれど実際に売れないと。そしたら売れないから買う、買う人が少ないために、逆に、あのーみんなの行動がですね、次の環境産業を興そうというところまで、きない、こ来てない。だから、えー一番環境産業を支える市民の意識、そして市民の行動がですね、えーやっぱり必要だと。えー先ほど言いましたUNEPの調査で日本が世界の13ヶ国の調査の中で一番環境意識が低いと。まこの講義を受けてる人なり、え一般の人は自分は環境に対する意識が高いというふうに思ってるんですけども、それは一部の人であって平均値から見ればかなり低いというのが出てます。で2番目はですね、暮らしを支えるために環境産業の市場が拡大しなければいけないと。これは、やはりいくら環境産業をやる立場の人ががんばろうと思っても市場が、発達しなければ、やっぱりそこでやる気が出ないと。それでOECDやら日本の通産省がですね、予測をしたわけですけども、えー約、まあ300億ドル。これは最初の段階では、えーひゃくごじゅっ、日本のGNPがひゃく450兆ですけども、150兆円の、環境産業の可能性があるということで、みんなまびっくりしたわけです。つまり、日本のGNPの三分の一を環境産業で支えると、その根拠は、生産部門、そして、廃棄部門というふうにすれば、今までの廃棄物に対して、循環という考え方をいれば、新たな産業が生まれて、それがまた新たな生産になるというふうになれば、150兆円だと。だから環境産業は重要だと、いうふうにいわ

れてきたわけですけども、ま実際はですね、まそう単純ではなくて、ま今んとこまあ日本の GNP の、数パーセントになってますけども、そういう中で、いろいろな、例えば建設関係でも、そういうふうな、え資材をですね、廃材を捨てるんではなくて、それを再利用すると、そういう制度を作ったりそういう技術を作るということで、環境をですね、破壊してきてた建設産業が環境産業に変わる可能性もあると、いうことが、だんだんといわれてきたわけです。そしてそれをより厳密にするためには、え LCA、ライフサイクルアセスメントとか、環境会計、そういうふうな技術を持って、環境産業をよくしないと、ただいい製品を作りましょうというわけではなくて、環境会計を導入することによってこれは主に日本では4年ぐらい前から、急激に環境会計を受け入れてますけども、そのことによって利潤が上がるようになったと、だから環境会計、そして環境マネジメント、そして LCA、そういうものを導入することによって企業の利益もあがるし社会的貢献もできるしその製品がより売れるようになると、いうようなことがま重要になってきてます。まそれと同時にま自治体でもですね、そういう産業企業を大事にしていこうと。例えば大分県、では ISO14000 を日本の自治体では最初に導入しました。例えば滋賀県ではですね、えー ISO14000 をとってない企業とは、業者とは取引をしないと、いうふうにしてます。まそういう面では環境産業を作る基盤として市民の意識、そして市場ができて、そしてそういう仕組みが、LCA とか環境会計、環境マネジメントができることによって、それがじわじわとですね、産業に結びついていくと。その中でま一番大事なのはですね、一企業ががんばるだけではなくて、行政、産業界、大学、地域市民、これは、例えば今から 12、3年前からアメリカのメリーランド州とメリーランド大学、が、情報提供して、例えば二人でも三人でも、そういうエコビジネスをやるところには支援をしますと、いうような形で、この環境産業を一個一個作っていくと、それがトータルになればネットワークができて、そして、えー大きなですね、成果を生み出せば環境産業が、成立をしていくと、いうようなことがなってます。ま 21 世紀が循環型社会といわれる中で、中心はもう環境産業、というふうにいっても過言ではないんですけども、実態はまだまだ出発したばかりと。そのときに、例えば企業がですね

ISO14000 とってるということに注目をすると同時に、なぜ ISO14000 をとらなければいけないのかと、いうことも、やはり、あのーこの授業で勉強していきたいというふうに思ってます。

1.2 3種のビデオの内容理解テスト
①ドラマ:「精神力〜世にも奇妙な物語〜」(14分32秒)
7場面に分けて場面ごとに見せ、以下の内容質問に答える。

場面1　1. どんな子供たちが集まっている塾ですか。その子供たちはどんな目的のためにどのくらいこの塾にいますか。
　　　　　①どんな子供たちか。
　　　　　②どんな目的か。
　　　　　③どのくらいいるのか。
場面2　2. 塾長はこの塾を始める前は何をしていましたか。
　　　　3. 塾長の妻はどんな希望を持っていますか。
場面3　4. 塾長はどうして全員にうるさい音楽を聞かせたのですか。
場面4　5. 塾長は何をしましたか。子供たちはそれを見てどう思いましたか。
場面5　6. どうしてきびしい練習をしているのですか。
場面6　7. 何が起きましたか。その後、子供たちと塾長はどう思いましたか。そして、何をしましたか。
場面7　8. 男の人は、ここで何が言いたいのですか。

②対談:筑紫哲也ニュース23「自衛隊海外派遣—法文・運用ここが問題」(21分15秒)
10場面に分けて、以下の質問に答える。

場面1　1. 筑紫さんは、この問題は簡単に言うとどういう問題だと思っていますか。
場面2　2. 小川さんは、自衛隊の海外派遣を今法案化させようとする理由についてどう考えていますか。
　　　　3. 二人は何が一番問題だと考えていますか。どうしてそう考えて

場面3　4. 小川さんは何を心配していますか。どうしてそのような心配をしていますか。

場面4　5. 今まで、戦争や革命が起きた国にいる日本人の救出はどのように行っていましたか。そのとき、外務大臣は何かしましたか。

場面5　6. 「武器使用の制限なし」という問題点から、たとえばどんな状況が考えられると言っていますか。

場面6　7. 小川さんは、「こうくう機種の限定がない」という問題点について、どんな指摘をしていますか。

場面7　8. 小川さんは、「外国人も同情させる」という点について、どう言っていますか。

場面8　9. 小川さんは何を心配していますか。その点について、どう考えていますか。

場面9　10. 何がきっかけとなって、自衛隊の海外派遣が問題になったのですか。

11. 自衛隊が難民の輸送をすることについて、どう考えていますか。

場面10　12. 「冷戦時代」が終わって、これからどうなるという予測がありますか。

13. その予測に対して、「自衛隊法改正」はどのような意味を持ちますか。

③講演：「森林交付税フォーラム 梅原猛基調講演」（12分46秒）
7場面に分けて、以下の質問に答える。（講演部分だけ）

場面1　1. 人類の文明はどんなところで栄えましたか。

場面2　2. ギリシアに今残っているものは何ですか。

3. ギリシアに今残ってないものは何ですか。

場面3　4. クレタ島の文明は、ギリシア文明より前ですか。後ですか。

5. クレタの宮殿の中の絵からどのようなことがわかりますか。

6. クレタはどのように変わりましたか。

場面4　7. 山、川、海の働きと、文明はどのような関係ですか。
場面5　8. 文明はどのように移り変わっていきましたか。
場面6　9. 近代文明と森は、どのような関係ですか。
場面7　10. 梅原さんは、いま日本はどうするべきだと考えていますか。

1.3　語彙知識測定のための語彙表

語彙表の漢字語彙は振り仮名とともに提示している。ここでは、「漢語系語彙」は漢語の名詞とサ変動詞のみとした。「万引き」などの和語・漢語の混種語、また形容詞・形容動詞の活用形を持つ漢語は和語系語彙として扱った。下線の語は和語系語彙としたものである。

（1）　ビデオ①「ドラマ」語彙表
浪人／塾／性根／(性根を)たたき直す／暁／予備校／緊張感／万引き／停学／度胸／面構え／更正する／なめる／はちまき／(はちまきを)かける／塾生／鍛える／巣立つ／列／小便／鍛錬／底／病む／うみ(膿)／飽く／取り除く／真っ当な／貢献／精神構造／極めて／恐れる／やまい(病)／ぐじゅぐじゅ(する)／閉じ込もる／適面／無駄口／(無駄口を)たたく／剣道場／がばがば／(お金を)もうける／いんちきな／片棒／(片棒を)かつぐ／安～／(安)サラリー／ましな／塾長／しゃきいんと(する)／息抜き／だらしない／実態／世間／ばらす／連帯／責任／子守歌／呼吸／かかわりあいになる／潜水／訓練／集中／筋肉痛／しぶとい／警察／(警察)沙汰／割(が合う)／ちゃんとした／奴ら／根(をあげる)／降参する／貴様ら／座禅／平気／滝／飛び込む／意気地がない／うそっぱち／ばかばかしい／ペテン／(～)師／(～に)踊らされる／信用／この野郎／やった！／奇跡／とかく／無理難題／口にする／むろん／ゆめゆめ／測り知れない／秘める

（2）　ビデオ②「対談」語彙表
自衛隊機／海外／派遣／検証／緊急／援助隊／居留民／実績／原動力／協調／梃子にする／思惑／分担金／維持／選択肢／唐突な／不純な／動機／改正／出兵／口実／防衛庁／危害／邦人／ヒステリー／軍部／主導／(～)源／取材／権威／ニュースキャスター／ジャーナリズム／統合参謀本部／議長／疑惑／記者／活字／抵抗／舵取／詰め／憚る／課題／分野／運用／全うする

／使命／同胞／法文／外務大臣／閣議／当該／運営／実質上／安保／保安／要員／警務隊員／軍用機／綻び／突破口（にする）／規定／歯止め／（問題を）つめる／輸送機／テロ／拳銃／機関銃／護衛戦闘機／近距離／絡む／不信感／（〜に）触れる／機種／限定／迷彩／塗装／誤認／攻撃／反撃／後方機／後続距離／滑走路／でこぼこ／離着陸／民間型／おんなじ（物）／民間用／（答えに）窮する／副次的／内乱／救出／内臓／ピストン（で運ぶ）／シュミレーション／数機／離発着／内戦／巻き込む／画策／震源地／現地／友好国／避難／一人歩きをする／（若い）層／自由自在／世論／マスコミ／荷担する／際限がない／エスカレートする／展開／厳密／規制／政令／拡大解釈／強引な／危機管理／効率的／チャーターをする／国際赤十字／拙劣な／某〜／政府高官／予想／冷戦／イデオロギー／東西対立／〜同士／紛争／状況／予測／改正／意図／姿勢／危機感／延長／和らげる／核／査察／民主化／必然性／激動／多国籍軍／軍事力／行使／戦略／根拠地／任務／布石（を打つ）／首相／コメント／アセアン／〜諸国／首脳／根強い／プレゼンス／国連軍／風穴（をあける）／真剣な／情勢／仮に／近隣（の国）／暴発／布陣をする／サポートをする／極端な／政変／波及する／防波堤的／措置／志／国益／損なう／経済立国／土台／築く

1.4 破裂音の弁別能力測定用テスト

1) 刺激語

聞き取りテスト1		聞き取りテスト2		聞き取りテスト3		聞き取りテスト4	
1 あび	40 おと	1 あば	40 くん	1 どん	40 おび	1 いぐ	40 ぽん
2 いご	41 うば	2 うく	41 あけ	2 おと	41 あべ	2 うく	41 いた
3 おて	42 いば	3 おこ	42 びん	3 ごん	42 えべ	3 あべ	42 えぐ
4 えば	43 てん	4 うか	43 おだ	4 うて	43 あび	4 あぷ	43 おべ
5 いく	44 あげ	5 えき	44 あべ	5 えぷ	44 おか	5 いだ	44 いば
6 あぽ	45 うと	6 あご	45 いと	6 いこ	45 うぶ	6 えど	45 おぶ
7 えけ	46 ぎん	7 あて	46 おげ	7 えく	46 おぶ	7 うべ	46 あぶ
8 おき	47 うぽ	8 おど	47 うて	8 ごん	47 あぽ	8 えぐ	47 げん
9 えが	48 おて	9 うご	48 いぴ	9 びん	48 ぺん	9 えぐ	48 あで

10 えぺ	49 おき	10 いが	49 くん	10 げん	49 おく	10 おぎ	49 あか
11 おだ	50 いご	11 えぎ	50 うぴ	11 うが	50 あぐ	11 いだ	50 いど
12 えぶ	51 おば	12 おけ	51 かん	12 うけ	51 おこ	12 えぶ	51 いき
13 とん	52 うた	13 えば	52 えこ	13 ぴん	52 えば	13 うき	52 えと
14 えび	53 あぶ	14 あく	53 あぶ	14 おご	53 いと	14 きん	53 あだ
15 うば	54 ぶん	15 いぺ	54 えた	15 いぶ	54 おど	15 おが	54 おび
16 あが	55 うが	16 でん	55 うぱ	16 ぶん	55 おぺ	16 おぶ	55 いか
17 いく	56 ぽん	17 あぺ	56 あぎ	17 えぺ	56 うぐ	17 あか	56 えて
18 あば	57 うだ	18 いぽ	57 いけ	18 うげ	57 かん	18 うぎ	57 いぺ
19 うで	58 えこ	19 えび	58 おぐ	19 あた	58 おび	19 けん	58 うど
20 えた	59 えだ	20 うご	59 あと	20 えで	59 ばん	20 うば	59 おぎ
21 ぴん	60 こん	21 ばん	60 おか	21 ぐん	60 おぺ	21 いぽ	60 ばん
22 えて	61 えか	22 うこ	61 ぺん	22 どん	61 ぶん	22 あび	61 だん
23 おく	62 ぶん	23 えび	62 おぺ	23 いぽ	62 ぽん	23 えど	62 うど
24 うび	63 あご	24 おぼ	63 いぎ	24 あど	63 あこ	24 うだ	63 あど
25 えど	64 いこ	25 ぎん	64 おが	25 おぶ	64 えぽ	25 うぶ	64 あぽ
26 おご	65 えく	26 ぺん	65 えご	26 うべ	65 うか	26 えぎ	65 えけ
27 あぎ	66 うぽ	27 えぽ	66 えび	27 うぽ	66 おば	27 いて	66 あび
28 いで	67 おば	28 いぶ	67 あば	28 おた	67 いげ	28 ぺん	67 うぎ
29 いぺ	68 うぺ	29 えで	68 いが	29 えぽ	68 あた	29 ぽん	68 えき
30 だん	69 あが	30 えげ	69 いび	30 えぺ	69 いぶ	30 いぐ	69 あき
31 いば	70 てん	31 でん	70 いぎ	31 おび	70 うげ	31 あこ	70 たん
32 えぽ	71 おげ	32 いび	71 いけ	32 あぽ	71 うべ	32 あで	71 いげ
33 おで	72 えが	33 えか	72 おけ	33 きん	72 あだ	33 いか	72 おぼ
34 とん	73 うば	34 あぶ	73 いぷ	34 あげ	73 いび	34 ばん	73 うと
35 おぼ	74 うた	35 いぺ	74 けん	35 えと	74 うで	35 あぐ	74 おぐ
36 おた	75 いき	36 えご	75 ぐん	36 おば	75 いて	36 あき	75 うけ
37 いぽ	76 うぶ	37 あと	76 いで	37 うび	76 うぶ	37 がん	76 たん
38 いた	77 おぼ	38 うこ	77 おで	38 えぶ	77 がん	38 あて	77 あく
39 うき	78 えば	39 いど	78 うぶ	39 えぺ	78 いば	39 こん	78 あけ

2) 聴取テストの回答用紙

聞き取りテスト1（2～4）

氏名：_____

テープを聴いてください。「これは、_____です。」と、同じことばを2回言います。
そのことばを回答欄に書いてください。そのことばに意味はありません。

例：「これは、 まな です。 これは、 まな です。」 回答欄：
例．まな

回答欄に、 まな と書いてください。

［回答欄］

1.　　　2.　　　3.　　　4.　　　5.　　　6.

・・・・・・・・・・・・・・・・・・・・・・・・・・・・・・・・・・・・・
・・・・・・・・・・・・・・・・・・・・・・・・・・78.

3) 調査対象者に対する学習履歴調査

学習履歴調査

氏名：＿＿＿＿＿＿＿＿＿

性別：男 / 女
年齢：15〜19才 /20〜24才 /25〜29才 /30〜34才 /35〜39才 /40才〜
専攻：＿＿＿＿＿＿＿＿＿＿＿＿
出身地：12才まで主に住んでいた地域：＿＿＿＿＿＿＿＿＿
　　　　12才から現在まで主に住んでいた地域：＿＿＿＿＿＿＿
母語(方言)：＿＿＿＿＿＿＿＿
第1外国語：＿＿＿＿＿＿＿　第2外国語：＿＿＿＿＿＿＿
日本語学習期間：＿＿年＿＿ヶ月（＿＿＿＿時間/1週）
滞日経験：有り（＿＿年＿＿ヶ月）/ 無し

[質問] 日本語の4つの技能のうち、自信のある順番に1〜4まで、
　　　 （　　）に番号を書いてください。
　　　 話す（　　）聞く（　　）書く（　　）読む（　　）

研究のための資料にします。その他の目的には決して使用しませんので、ご協力くださいますようお願いします。ありがとうございました。

資料2
学習者・教師に対する
アンケート調査に用いた資料

2.1 日本語教師に対するアンケート調査

2002/03/11-15

アンケートのお願い

このアンケートは、日本語教育研究調査のために行います。研究以外の目的で使うことは決してありませんので、どうぞご協力いただけますようお願い申し上げます。

1. 日本語の授業時間に、学生の発音矯正、発音練習をしますか。②または③と答えた方は、(1)(2)にもお答え願います。

    ①特にしない(　　)　②時々する(　　)　③よくする(　　)

    (1) どの時間帯でよくしますか。複数回答、可。

    ①会話　②聴解・ビデオ　③読解　④文法
    ⑤その他(　　　　　)

    (2) 特にどのような練習をしますか。複数回答、可。

    ①文末・文頭イントネーション(　　　　　)
    ②プロミネンス(　　　　)　③アクセント(　　　　　)
    ④特殊拍(　　　　)　⑤　単音(　　　　　)
    ⑥中国人が不得意な音(　　　　　)

    (3) 中国人にとって不得意な日本語の音とは何でしょうか。
    _____

2. これまで中国において試みられた、以下の代表的な日本語教授法について伺います。

    ①対訳法(日本語の語彙表現に中国語の対訳を与え、中国語で解説

していく。)
②直接法(中国語の対訳は与えないで日本語による問答形式で進める。)
③速成式教授法(日本語の語彙表現に中国語の対訳を与えた教材を事前に予習させておき、授業では日本語による問答形式で進める)

(1) 先生は、①〜③の教授法のうち、初級教育ではどれを最も支持されますか。なぜですか。
　　・最も支持する教授法(　　　) ・その理由：＿＿＿＿＿＿
　　＿＿＿＿＿＿＿＿＿＿＿＿＿＿＿＿＿＿＿＿＿＿＿＿＿＿

(2) 先生が現在実行しておられる教授法は、①〜③のどの教授法に最も近いでしょうか。
　　＿＿＿＿＿＿＿＿＿＿＿＿＿＿＿＿＿＿＿＿＿＿＿＿＿＿

(3) 最も理想とする「日本語教授法」について先生のお考えを自由にお聞かせください。
　　＿＿＿＿＿＿＿＿＿＿＿＿＿＿＿＿＿＿＿＿＿＿＿＿＿＿
　　＿＿＿＿＿＿＿＿＿＿＿＿＿＿＿＿＿＿＿＿＿＿＿＿＿＿

　　　　　　　　　　　　　ご協力ありがとうございました。

2.2　学習者に対するアンケート調査

2002/03/11-15

アンケート調査

このアンケートは、日本語教育研究調査のために行います。研究以外の目的で使うことは決してありませんので、どうぞご協力願います。

1. あなたは、教科書以外の日本の雑誌や本を、週(月、年)にどのぐらい読みますか。週・月・年のいずれかに○をつけてください。
　　＿＿＿＿＿＿＿時間　／　週・月・年

2. あなたは、日本のテレビ番組や映画を、週(月、年)にどのぐらい見ますか。

　　　　＿＿＿＿＿＿＿時間　／　週・月・年

3. あなたは日本のラジオ番組や歌を、週(月、年)にどのぐらい聞きますか。

　　　　＿＿＿＿＿＿＿時間　／　週・月・年

4. あなたはカラオケで日本語の歌を歌いますか。週(月、年)にどのくらい歌いますか。

　　　　＿＿＿＿＿＿＿時間　／　週・月・年

5. あなたは日本人と話すことがありますか。週(月、年)にどのくらい話しますか。

　　　　＿＿＿＿＿＿＿時間　／　週・月・年

6. あなたは日本料理を食べたことがありますか。週(月、年)にどのくらい食べますか。

　　　　＿＿＿＿＿＿＿時間　／　週・月・年

7. 大学の授業のほかに日本語を、週(月、年)にどのくらい勉強しますか。

　　　　＿＿＿＿＿＿＿時間　／　週・月・年

8. 7.の日本語の勉強は、「読む・書く・話す・聞く」のうち、どれが多いですか。多い順に、1、2、3、4と、（　　　）に番号を書いてください。

　　　　読む（　　　）・聞く（　　　）・書く（　　　）・話す（　　　）

9. あなたは、自分自身の日本語が間違っているかもしれないと思ったとき、次の①、②のうち、どちらの行動をとりますか。

　　　（　　　）①どちらかといえば、間違えると恥ずかしいから話さない。
　　　（　　　）②どちらかといえば、間違っていても気にせずに話す。

10. 日本のテレビ番組や映画を見たり読書することは、あなたにとって娯楽ですか。それとも日本語の語学学習のためですか。

　　　（　　　）①どちらかといえば、娯楽のためです。
　　　（　　　）②どちらかといえば、語学学習のためです。

11. あなたは、「読む・書く・話す・聞く」の4つの技能のうち、どれが得意ですか。得意な技能の順に、1、2、3、4と、（　　　）に番号を書いてください。

　　　読む（　　　）・聞く（　　　）・書く（　　　）・話す（　　　）

12. あなたは、日本人の話し方に、何か「違い」を感じますか。
　　　はい（　　　）　　いいえ（　　　）

13. 12.で「はい」と答えた人に聞きます。
　(1) その「違い」は、次の①～④のうち、どれに近いと思いますか。「その他」の場合は、あなたが感じる「違い」について＿＿＿＿に説明してください。
　　　（　　　）①あいづちの打ち方が違う
　　　（　　　）②視線（相手のどこを見るか、見る場所）が違う
　　　（　　　）③声の大きさが違う
　　　（　　　）④顔や首の動かし方など、身振りが違う
　　　（　　　）⑤その他＿＿＿＿＿＿＿＿＿＿＿＿＿＿＿＿

　(2) あなたは、日本語を話すときは、できれば日本人のように話そうとしますか。
　　　はい（　　　）　いいえ（　　　）
　　　どちらともいえない（　　　）

14. あなたはなぜ日本語を専攻しましたか。次の①～⑧の中から、1つまたは2つ、理由を選んでください。「その他」の場合は、＿＿＿＿にあなた自身の理由を書いてください。
　　　（　　　）①将来、日本の会社に就職したいから
　　　（　　　）②将来、通訳など日本語を使える仕事をしたいから。
　　　（　　　）③日本語に興味があるから
　　　（　　　）④日本の文化社会に興味があるから
　　　（　　　）④日本の政治経済に興味があるから
　　　（　　　）⑤日本文学に興味があるから
　　　（　　　）⑥日本人と話せるようになりたいから
　　　（　　　）⑦親や先生に勧められたから

(　　)⑧特に理由はない
(　　)⑨その他

15. あなたについて教えてください。
　①氏名：＿＿＿＿＿＿＿＿＿＿(男／女)　専攻：＿＿＿＿＿＿
　②12歳まで主に住んでいた地域：＿＿＿＿＿省＿＿＿＿＿市
　　・その地域の方言：＿＿＿＿＿＿＿＿＿
　　・あなたが家で話していたことば：＿＿＿＿＿＿＿＿＿
　③12歳から今まで主に住んでいた地域：＿＿＿＿＿省＿＿＿＿＿市
　　・その地域の方言：＿＿＿＿＿＿＿＿＿
　③第一外国語：＿＿＿＿＿＿第二外国語：＿＿＿＿＿＿
　④日本語学習歴

日本語教育機関	学習期間（　年　ヶ月）	学習時間（　時間／週）

　⑤来日経験
　　・有り＿＿＿年＿＿＿ヶ月　目的：＿＿＿＿＿＿　・無し
　　　　　　　　　　　　ご協力ありがとうございました。

索引

数字

1・2級の聴解試験　11
2級以下の基本語彙・文法項目　76, 77
2級以下の語彙　71
4段階スケールで点数化　96
4つの基準　65
4要因　192
4要因が順に階層化　188
5母音　74

A

Abramson, A. S.　21

C

Christoph, P.　32
Clark, E. V.　32
Clark, H. H.　32

D

Dupoux, E.　32
D北方方言話者　98, 106, 107, 116

E

Eckman (1977) の有標性差異仮説　194, 197
Eckman, F. R.　132
Eimas, P. D.　28

Ellis, R.　36

F

Ferguson, C. A.　29
Flege & Hillenbrand の仮説　195
Flege, J. E.　10, 30, 134, 135, 195, 197
Flege, J. E. の仮説　195

G

Gass, S. M.　29, 132
Gass, S. M. の仮説　194
Gass, S. M. の第二言語習得仮説　197
Gregorg, A. F.　164

H

Hirose, Y.　32
Holliday, A.　35

I

Ioup G.　17

J

Jackson, A.　33
James A.　17
Jusczyk, P. W.　28
Jusczyk, P. W.　32

K

[k] 音　189
[k]・[t] 音　133
K1北方方言話者　107, 110, 113, 116
K1北方方言話者特有の問題　110
K1北方方言話者の特徴　123
K2北方方言話者　123
Kakei, K.　32
Kelly, P.　33

Klein, R. E. 28
K 北方方言話者 131

L

Leather, L. 17
large culture 35
Lasky, R. E. 28
Lisker, L. 21

M

Maddieson, I. 29
Major, R. C. 10, 30, 134, 143
Major, R. C. の仮説 197
Menler, J. 32
Morton, J. 33

O

Odlin, T. 9, 30

P

Port, R. 195

R

Ramsey, S. R. 17

S

S. H. Weinberger 17
Shirai, Y. 37
Siqueland, E. R. 28
small culture 35
SOV 型の韓国語系話者 16
SVO 型のヨーロッパ語系話者 16
Syrdal-Lasky, A. 28

T

[t] 音 189
[t]・[k] 114
[t]・[k] 音 105, 191
[t] 音、[k] 音 132
[t] 音、[k] 音を含む音節 132
[t] 音・[k] 音を中心とする無声破裂音の弁別能力 192

U

Uemura, Y. 26
UPSID 74
UPSID の生起頻度 29

V

Vigorito, J. 28
Voice Onset Time 21
VOT 21

あ

アカデミックな音声言語 76, 190, 201
アカデミックな音声言語理解 203
アカデミックなジャンルの音声言語 68, 77, 191
アカデミックなジャンルの音声言語理解 192
アカデミックな日本語 139
アンケート調査 146

い

閾値以上 77
閾値以上の文法知識 64
生駒裕子 37
意識面の差と聴解力 96
異質的な集団 95
意志伝達 183, 184
一般的な学習理論 15

索引　265

意味・統語処理　190, 193
意味化　61, 132
意味処理　32
意味的文脈情報　181
意味内容をコントロール　183
意味の混同　31
意味理解　189
意味を伴った応答　174
インタラクション　35
インプット　159, 165, 182
インプット方法　159
インプット量　159, 180

う

受け身的なコミュニケーション　165

え

影響　86, 94
影響しあって　131
影響力　105
影響力の規模　205
沿岸都市　144
横断的・縦断的習得調査　23

お

応答練習　182
オーディオリンガル法　205
音の欠損　31
音の脱落　89
同じカリキュラム・シラバス　88
同じ条件下　118
同じ問題　131
音韻概念の混同　196
音韻構造　64
音韻体系　81
音韻対立を持たない母語話者　189
音韻段階　32
音韻知覚能力　31, 181
音韻知覚の化石化・退行化　135

音韻知覚の混同　198
音韻転移を抑制する　4
音韻の概念　195
音韻の混同　31
音韻の知覚訓練　181
音韻の知覚混同　191
音韻の知覚能力　35, 76, 77
音韻の類似性　194
音韻レベルの聞きまちがい　132
音響信号　32, 190
音響段階　32
音響的　134, 196
音響的特性　83
音声・音韻体系　16
音声・音韻の初期教育効果　37
音声・文字情報を積極的・自発的に摂取しようとするもの　164
音声・文字情報を大量にインプットする　164
音声教育　3, 4, 182
音声言語　180
音声言語から文字言語　155
音声言語教育　149, 155, 157
音声言語教育の効果　152
音声言語重視　204
音声言語重視の教育方法　180, 182
音声言語テキスト　139
音声言語に特化　64
音声言語のジャンル　64
音声言語のテキスト分析　43
音声言語メッセージ　139
音声言語理解過程　43
音声言語理解に寄与する要因　118
音声言語理解に支障　131
音声原産　65
音声重視　191, 198, 199, 202
「音声重視」の教育方法　193
音声重視の言語観　204
音声上の聞き間違い　61
音声情報　192
音声情報処理　32
音声情報処理過程　134

音声情報のインプット方法　161
音声情報のインプット量　165
音声情報の処理過程　75
音声情報量　28, 35, 197
音声信号の情報処理　191, 192
音声段階　32, 190
音声単語認知モデル　33
音声単語の認知処理　31, 191
音声的特徴　20
音声の音響的特徴処理　190
音声分節を同定　190
音素識別力　31
音素数　75
音素の機能効率　75
音素範疇の概念　28
音読　177, 180
音変化　61

か

下位群　45, 46, 47
外国語学習環境　33, 82, 116, 118, 120, 123, 125, 134, 136, 137, 138, 139, 199, 202
外国語学習環境下　33, 182
外国語学習環境下の北方方言話者に共通する特徴　121
外国語の発音　195
階層性　192
会話中心の学習　183
会話調音声　65
会話調の音声　61
「会話」の授業　149, 156
科学的研究　205
書き言葉　64
書き言葉性　65, 67, 69
「書き言葉」的特徴　65
書き間違い　61
学習意欲　6, 158, 159, 165
学習行動　164
学習観　6, 15, 158, 183, 205
学習環境　6, 15, 33, 82, 93, 105, 116, 121, 122, 124, 136, 198

学習環境以外の言語外的要因　136, 138
学習期間　93, 107
学習後期段階　143
学習行動　35, 159, 165
学習時間　107, 147
学習時間数　25, 93, 98, 116, 130, 200, 203
学習者　6, 105, 158, 183, 198, 205
学習者の所属している地域や教育機関　138
学習者の所属する地域　136
学習者の第二言語に対する心的距離　204
学習者をとりまく教室環境　130
学習習慣を形成　150
学習初期段階　134, 143, 155, 191
学習進度に逆行　181
学習総時間数　93
学習内容　107, 147
学習方法　6, 15, 35, 155, 158, 165, 183, 198, 205
学習要綱　182
筧一彦　32
化石化、退行化現象　135
化石化・退行化現象　126, 195, 196, 198, 200, 203
化石化現象　133, 134, 137, 165, 194
仮説　3, 134
仮説モデル　39
活性化　38, 64, 77, 118, 132, 193
活性度　33
カリキュラム　116
韓国語の無気無声音の平音　21
韓国語話者　26
漢語系語彙　44, 67, 71, 76, 190
漢語系語彙知識　47, 48, 52, 57, 64, 77, 188, 190, 192
観察・記述　167
神田靖子　22
漢民族　18

き

聞いて理解する聴解テキスト　64

索引　267

記憶　161
気息音　20
基本語　47
基本語彙　44
逆相関　46
旧関東州　204
旧満州北端　204
教育カリキュラム　182
教育機関　136
教育言語　58
教育効果　151, 205
教育方法　4, 35, 105, 146, 174, 191, 198
教学大綱　93, 107, 147
教科書以外の日本の雑誌や本を読む時間　163, 164
教師・学生の日本語と母語　167
教室環境　15, 35, 37, 143, 198
教師の教育観・教育方法　205
教師の言語観　146
教師の発音　151
共通点　117
興味　159
寄与可能な一定以上の閾値　109

く

具現的な音響パターン　32, 38, 39
窪薗晴夫　134
繰り返し　67, 151
呉方言　18

け

激音　20
言語外的・社会的知識　70, 76
言語外的要因　6, 15, 137, 143, 181, 189, 191
言語学習観　198
言語観　35, 204
言語教育観　35, 149, 155, 156, 191, 198
言語教育方法　155
言語形成期　93

言語行動の違い　65
言語知識と聴解力との関係　43
言語的・言語外的要因　39
言語的・社会的要因　202
言語的要因　15, 202
言語的要因＞社会的要因2：教室環境＞社会的要因1：学習環境　203
言語的要因の階層性　188
言語内行為　183
言語能力　198, 204
言語メッセージ　70, 76, 77, 191, 203
顕著な差　88, 161

こ

語彙・文法構造　64, 71
語彙・文法知識の意味化　106
語彙知識　44, 47, 64
講義・講演　68
高誤聴率の破裂音　100
口語的構文　67
口語的文体　67
構成要因　52
高ピッチ　82
高頻度　98
「構文」上の違い　64
交流史　204
語学教育方法の違い　15
呼気　20, 23
国外 K2 北方方言話者　120, 121, 123
国内北方方言話者　122
黒龍江省　107, 116, 119, 144
五十音　155
語順　16
個人差　123, 138, 165, 192, 193, 200, 203, 205
個人の力　198
語中 [t] 音、[k] 音　123
語中・高ピッチ無声破裂音　113
語中・低ピッチの無声破裂音　100
語中・低ピッチ無声破裂音　105, 113
語中で有声化　21

語中破裂音　83
語中無声破裂音　25
語中無声破裂音［t］・［k］　100, 117
語中有声破裂音　24
誤聴　24, 84, 98, 110, 196
誤聴傾向　85, 100, 133
誤聴率　100
国境開放都市　145
語頭破裂音　82
語の一部の音が欠損　63
語の意味的制約　83
構文知識　61
語法・文法　204
コミュニカティブ・アプローチ　37, 177
コミュニケーション意欲　166
コミュニケーション能力　89

さ

崔春基　25
最小限に抑制　181
最大限に促進　205
最適子音　28
最適なロゴジェン　38
作業仮説　3
雑音　31
雑誌や本を自主的に読む　166
三項対立　20
産出　195

し

視覚情報　164
視覚的　61, 70
自己診断能力　201
時間数　182
時間単位の生起頻度　98
時間割　147
識別能力　75
歯茎破裂音［t］　74
刺激語　82
自己診断能力　126, 138, 139, 201, 203

自然習得　123, 125, 202
自然なコミュニケーション行動　174
自然な日本語コミュニケーション能力　156
自然な発話場面　182
自然な場面設定　180
視聴覚教材　155
「視聴覚」の授業　149
質疑応答　180
実際に使用される場面　177
清水克正　21, 28
社会的・状況的要因　6
社会的因子　198
社会的要因1　198
社会的要因1（学習環境要因）　202
社会的要因2　198
社会的要因2（教室環境要因）　202
上海語　134
上海語の有声破裂音　20
上海語話者　4, 25, 81, 93, 94, 98, 106, 126, 131, 133, 138
重回帰分析　101, 114, 159
集団規模　165, 191, 192, 200, 203, 205
習得　98, 114, 133, 189, 197, 199
習得困難　9, 29, 114, 117, 123, 125, 132, 133, 134, 136, 137, 189, 194, 197, 203
習得困難な音韻　105
習得困難な破裂音　112, 118, 123
習得困難な破裂音の生起環境　100
習得差　6, 35, 81, 123, 126, 131, 136, 137, 139, 143, 166, 189, 203, 205
習得順序　133
習得難易度　130
習得の進度　100
習得の難易度　136
自由な練習　183
「授業外の発話のための勉強」時間　164
授業時間の配分　149
授業内容　149
熟達者　36
朱春躍　22
述部要素　60

主流派　168
上位群　45, 46, 47
情意的側面　15
上級　113, 118, 121, 126, 131, 138, 164, 165, 184, 192, 196, 197, 201, 202, 203
上級段階　92, 100, 106, 117, 121, 123, 125, 137, 161, 163, 166, 195
状況的　15, 147
状況的・社会的環境　6, 94
使用頻度　63, 71, 77
情報処理過程　43
情報量　34
初期段階　4, 33, 183
初級段階　146
初級・中級　192
初級には不向き　152
処理段階　64
シラバス　146
新音　30, 196, 197
身体教育　150
進度　194
心内辞書　32, 39, 78, 161, 190, 192, 202, 204
心内辞書内の文法・語彙知識　132

す

数量的・音響的分析　23
杉藤美代子　22

せ

生起環境　99
生起頻度　74, 75, 131, 133, 189, 191, 194, 197
精神・身体鍛錬　149, 151, 181
生成能力　205
成績評価　89
声帯振動　24
生得的　28
正の音韻転移　118, 137, 181, 191, 199, 202
正の転移　9, 16, 30, 131

積極的・能動的に聴いて学ぼうとする学習手段　164
積極的な理解行為　165
前提的構成要因　3, 106
前提的要因　132
詹伯慧　17

そ

相違点　9, 105, 117
相関　123, 138
相関関係　45, 47, 121, 138
相関性　31
相関分析　101, 114, 159
相互に影響しあって　102, 117, 131
促進　191, 197, 198, 202
促進・抑制　182, 193
促進する　181
速成法　146, 151, 154, 156

た

「タ、テ、ト」　74
第1要因　192
第2要因　192
第3要因　192
第4要因　192
第一言語からの正の音韻転移　137
第一言語からの負の音韻転移を抑制　164
第一言語で無標の項目　194
第一言語と第二言語の類似点　30
第一言語にある音韻対立　131
第一言語にある第二言語の音韻対立　118, 122, 125, 137, 179
第一言語に音韻対立がない第二言語の類似音　134
第一言語に第二言語と同じ音韻対立を持つ母語話者　133
第一言語に第二言語の音韻対立がある　199, 202
第一言語に第二言語の音韻対立がない　199, 202

第一言語に第二言語の破裂音と同じ音韻対立を持つ母語話者　197
第一言語に第二言語の破裂音と異なる音韻対立を持つ母語話者　197
第一言語にない音韻対立　131
第一言語にない第二言語の音韻対立　118, 123, 125, 143
第一言語による正の音韻転移　205
第一言語の音韻獲得仮説　29, 134, 194, 197
第一言語の音韻体系　130, 139
第一言語の音韻対立を代用　28
第一言語の音韻転移　81, 105, 197, 202
第一言語の正・負の音韻転移　7, 182, 193, 202
第一言語の正の音韻転移　106, 116, 125
第一言語の正の転移　133, 194
第一言語の破裂音の音韻体系　86
第一言語の負の音韻転移　106, 116, 118, 125, 131, 133, 143, 181, 197
第一言語の負の転移　194
第一言語の類似音　133, 135, 195
第一言語の類似の音韻対立を転用　198
大意把握　64, 77
待遇語　67
退行化　137, 189, 190
退行化現象　110, 114, 116, 131, 134, 181, 184
ダイナミックな法則性　189
第二言語学習環境　33, 82, 118, 121, 123, 124, 136, 137, 192, 197, 202
第二言語学習環境下　28, 92, 123
第二言語学習の初期段階　4
第二言語習得仮説　132
第二言語と異なる音韻対立を持つ母語話者　133
第二言語の音韻　135, 194, 195
第二言語の音韻習得　198, 202
第二言語の音韻習得に関与する3要因　203
第二言語の音韻習得のメカニズム　197
第二言語の音韻対立　124, 198, 202

第二言語の音声・文字情報　164, 165
第二言語の音声言語理解　39
第二言語の音声情報処理　33
第二言語の新音　133
第二言語の聴解のための勉強　166
第二言語の破裂音の弁別特徴　197
第二言語の有声・無声の二項対立の音韻体系　133
第二言語の有声・無声の二項対立の枠組み　195
第二言語のラジオ番組や歌　166
第二言語の類似音　197
題目化　60
対訳法　146, 151, 154, 157
大連市D機関のD北方方言話者　93
対話　177
対話形式　67
高い相関　46
高野陽太郎　32
多面的な観点　187
多量に聴く　183
多量の指示文　183
短期記憶　32
単文を接続　67
談話全体の意味理解　31
談話の話題　60

ち

地域的特性　144
知覚　27, 133, 135, 151, 196, 197, 205
中・上級用の教授法　152
中級　113, 118, 126, 161, 196, 201, 203
中級・上級課程のK2北方方言話者　119
中級・上級の学習時間数　139
中級段階から自然習得　137
中国語系話者特有の傾向　12
中国語系話者　43, 52, 196
中国語系話者と韓国語話者の聴解力の問題　12
中国語による語法解説　174
中国最大方言　2

索引　271

中立的なていねい表現　67
長音、促音の間違い　63
調音上の困難　133
調音点　84, 132, 193, 197
調音点、調音法、母音の弁別特徴　110
調音点による破裂音の習得順序　133
調音点による無声破裂音の習得　194
調音法　84, 132, 193, 197
聴解学習　159
聴解得意意識　118, 124, 125, 126, 179, 201, 202, 203
聴解のための勉強　164
聴解力　31, 52, 57, 64, 81, 84, 88, 105, 114, 117, 119, 121, 124, 130, 152, 157, 158, 165, 179, 182, 190, 201, 202
聴解力に寄与する学習観・学習方法　166
聴解力に寄与する学習者側の要因　159
聴解力に対する得意意識　105
聴解力の自己診断能力　125
聴解を主体とした授業　156
聴覚的　61, 70, 76, 139, 161
長期記憶　32
調査対象地域　6
聴取能力　205
直接法　146, 151, 154, 156, 157, 178
地理的要因　145

つ

呟き音　20

て

ディクテーション　55, 56
低ピッチ　82, 196
テキスト構造　64
転移　132, 197
転用　30

と

同一条件　107, 116

同一母語の北方方言話者　92, 143
同音韻対立を持つ非中国語系話者　51
動機付け　34
統計的意味　92
統計的に分析可能　83
同質的な誤聴傾向　114
統制　87, 94
動的に関与　202
討論・対談　68
特殊拍　89
独話形式　67
読解　88, 159
読解・文法試験　11
聴解を主体とした授業　149
トップダウン情報　33, 63, 77, 190, 193
トップダウンの聞き方　181

な

内破の持続時間　24
内容理解テスト　55, 59
中東靖恵　26
訛り　195
軟口蓋破裂音 [k]　74

に

苦手意識　139, 201
二項対立　20
日常会話　68, 70, 76, 77, 190, 192, 201, 203
日本語・日本関連の情報　34, 159
日本語・日本関連の情報量　94, 146
日本語学習の初期段階　3
日本語学習の動機　150
日本語教育カリキュラム　94
日本語教育史的背景　204
日本語教育における級別語彙　71
日本語教育の級別語彙　76
日本語教育方法の違い　183
日本語教師　6, 155, 156, 198
日本国外　182
日本国内　87

日本国内・国外　124, 130, 139
日本語能力試験　1, 5, 11
日本語の音声・音韻教育　151
日本語の音声・音韻体系の教育　156, 182
日本語のカリキュラム　93
日本語の語中・低ピッチ無声破裂音　194
日本語の語中無声破裂音　196
日本語の語頭無声破裂音　196
日本語の発想　152, 156
日本語の破裂音の弁別能力　189
日本語の無声・有声の二項対立の枠組み　135
日本語の文字・文法体系の教育　182
日本語の文字体系の導入　151
日本語の有声破裂音　196
日本語のラジオ番組や歌を聞く時間　164
日本語の履修科目数　93
日本語破裂音　17, 77, 81
日本語破裂音の具現的な音響パターン　78
日本語破裂音の発音と知覚の問題　23
日本語破裂音の弁別能力　88, 131
日本語破裂音の類似音　165
日本語らしい表現力　152
日本人・日本語との接触量　146
日本人と話がしたいというコミュニケーション意欲　164
日本人と話す　163, 164
日本人の言語行動　76
日本人母語話者　56
日本のラジオ番組や歌を聴く時間　161
認知　190, 196
認知科学　36

の

濃音　20, 26
延べ語数　73, 190

は

媒材の違い　64

パイロット調査　43
発音　27, 133, 152, 157, 205
発音と知覚の問題　28
発達プロセス　143
発話　159, 194, 197
発話意図　167
発話速度　63, 65
発話中心の学習方法　165
発話量　167, 180
話し言葉　64
話し言葉性　65, 67, 69
場面・状況　76
場面性を持つ質問　174
破裂音　28, 63, 74
破裂音 [k]・[t]　76
破裂音1音当たりに生じる誤聴率　99
破裂音の習得上の問題　26
破裂音の生起頻度　76, 78
破裂音の前後の母音　132, 193, 197
破裂音の知覚　4, 132
破裂音の調音点、調音法、先行・後続母音の誤聴数　122
破裂音の聴取テスト　2
破裂音の弁別特徴の習得順序　193
破裂音の弁別能力　2, 3, 77, 119, 124, 161, 188, 201, 203
破裂音の有声・無声の音響パターン　202, 204
破裂音の有声・無声の対立　81
破裂音の有声・無声の対立を持たない中国語系話者　51
破裂音の有声・無声の対立を持つ母語話者　188, 192
破裂音の有声・無声の弁別　122
破裂音の有声性・無声性の誤聴　98
破裂音を含む音節　73, 89

ひ

非言語情報　70
非言語的知識　76
非言語的メッセージ　69, 76, 77, 139

非言語メッセージ　164, 192, 203
非主流派　168
非中国語系話者　43, 52, 81, 87, 126
筆記量　180
ビデオ視聴　149, 157
評価　155
表記法　196
ひらがな・カタカナ教育　155
ひらがな学習　181
ひらがな教育　147, 150, 156, 182
拼音　195, 196

ふ

フィラー　83
福岡昌子　22
複合的に影響　130, 139
複文　67
不整表現　67
負の音韻転移　138, 191, 199, 203
負の音韻転移を最小限に抑制　205
負の音韻転移を抑制する効果　4
負の転移　9, 16, 30
プロミネンス　65
文化教育　149, 182, 204
文型練習　180
文語的構文　67
文語的文体　67
「文体」上の違い　64
文法・語彙知識　38
文法・語彙の意味化　118
文法・語彙の活性度　190
文法・語法解説　148, 168, 180, 182
文法・語法重視　191, 198, 199, 202
「文法・語法」の授業　157
文法・和語知識　61
文法体系　16
文法知識　44, 48, 52, 53, 77, 85, 95, 102, 117, 121, 131, 161, 188, 189, 190, 192
文法知識が高い学習者　48
文法知識が低い学習者　49
文法知識と聴解力の関係　105
文法積み上げ方式の教授法　156
文法的な解説　155
文末がていねい体　67
文脈上の類推　60
文脈情報　31

へ

平音　20, 26
平音と濃音の対立　28
平均文節数　69
閉鎖音　28
北京語　18
北京語話者　25
ベトナム語話者　204
弁別特徴　84
弁別特徴別誤聴数　121
弁別能力　81
弁別範囲を調整　195

ほ

母音　84, 91
ポーズ　65
母語グループ別　1, 11
母語による負の音韻転移　89
母語の影響　1, 143
母語の音韻転移　87
母語の音韻の影響　2
母語の言語体系の影響　15
母語の正の転移　134, 189
母語の負の音韻転移　3, 39, 189
母語方言　25, 94, 116
補足的情報　70
北方方言　2, 18, 134
北方方言話者　4, 81, 87, 118, 124, 126, 131, 133
北方方言話者特有の傾向　161
北方方言話者特有の特徴　109
ボトムアップ情報　33, 63, 64, 77, 190, 193
ボトムアップ的情報処理　39

ま

マイナス　199
真似　151, 155

み

ミニマルペアの聴取訓練　205

む

無意味語　82
ムード表現　67
無音部分　24
無気・有気の音韻対立を転用　135
無気音　25
無声性の範疇内で実現化　133
無声破裂音［t］・［k］音の習得　131
無声破裂音［t］・［k］の弁別能力　106
無声破裂音の誤聴　98
無声破裂音の発音　133
無声破裂音の弁別能力　102, 117, 131, 189
無声有気音　23
無標の音　133
無標の項目　29, 132
無標の無声性　197

め

名詞修飾節　67
メタ言語　177

も

目標言語　34, 180
目標言語の音声情報量　182
文字・語彙試験　11, 88
文字・語彙体系　16
文字・語彙知識　16
文字教育　155
文字言語　204
文字言語教育　149, 181
文字体系の教育　157

や

ヤーコブソン、R.　28, 132, 134, 194
ヤーコブソン、R. の有標性仮説　193, 197
訳読法　37
山田玲子　37

ゆ

有意差　47, 98
有気・無気の弁別　26
有気音　25
有機的関連　204
有気無声音と無気無声音の二項対立　18
有声・無声の誤聴数　91
有声・無声破裂音の具現的な音響パターン　189, 192
有声音　63, 132, 133
有声音、有気無声音、無気無声音の三項対立　18
有声性・無声性　21, 28, 110, 132, 193, 197
有声破裂音　17, 100, 113, 123, 134
有標性仮説　28, 132
有標性差異仮説　29, 132
有標性スケール　197
有標の音　134

よ

要因の仮説モデル　5
抑制　137, 138, 143, 191, 198, 202

り

理解過程　59
理解の前提　139, 191
遼寧省大連市　144

る

類似音　9, 28, 30, 134, 136, 196, 197
類似した複数の無声破裂音　135
類似の音韻対立　28
類似の破裂音　189

れ

歴史的・地域的環境　198
歴史的遺産　204

ろ

朗読調　61, 65
ローマ字表記法　196, 198
ロゴジェン　78, 190, 193
ロゴジェンモデル　33

わ

和語　47
和語・基本語の語彙知識　48
和語系語彙　44, 71, 76
和語系語彙知識　53, 70, 77, 188, 190, 192

[著者] **山本富美子**（やまもと・ふみこ）

1950年、愛知県に生まれる。現在、武蔵野大学文学部・大学院言語文化専攻教授。
略歴
名古屋大学大学院文学研究科社会学専攻修士課程修了。博士（日本語学・日本語教育学　2007年、名古屋外国語大学）。名古屋大学非常勤講師、富山大学専任講師、立命館大学助教授、立命館アジア太平洋大学教授を経て現職。
主要著作・論文
『国境を越えて』（新曜社　2007(2001)　編著）、「タスク・シラバスによる論理的思考力と表現力の養成」『アカデミック・ジャパニーズの挑戦－教室の日本語から社会の日本語へ』（門倉正美・筒井洋一・三宅和子編　ひつじ書房　2006）、「日本語談話の聴解力と破裂音の知覚との関係－中国北方言話者と上海語方言話者に対する比較調査より」『音声研究』第8巻第3号（日本音声学会　2004）。

シリーズ言語学と言語教育
【第17巻】
第二言語の音韻習得と音声言語理解に関与する
言語的・社会的要因

| 発行 | 2009年5月15日　初版1刷 |

定価	6500円＋税
著者	©山本富美子
発行者	松本功
装丁者	吉岡透 (ae) ／明田結希 (okaka design)
本文フォーマット	向井裕一
印刷所	三美印刷 株式会社
製本所	田中製本印刷 株式会社
発行所	株式会社 ひつじ書房

〒112-0011　東京都文京区千石2-1-2 大和ビル 2F
Tel 03-5319-4916　Fax 03-5319-4917
郵便振替　00120-8-142852
toiawase@hituzi.co.jp
http://www.hituzi.co.jp

造本には充分注意しておりますが、落丁・乱丁などがございましたら、小社かお買上げ書店におとりかえいたします。
ご意見、ご感想など、小社までお寄せ下されば幸いです。

ISBN978-4-89476-419-4　C3080
Printed in Japan

ひつじ書房「シリーズ言語学と言語教育」新刊案内

シリーズ言語学と言語教育　18
日本語学習者の「から」にみる伝達能力の発達
　　木山三佳著　　6800円+税　　978-4-89476-418-7

シリーズ言語学と言語教育　19
日本語教育学研究への展望　柏崎雅世教授退職記念論集
　　藤森弘子・花薗悟・楠本徹也・宮城徹・鈴木智美編　　7200円+税
　　978-4-89476-441-5